供给侧结构性改革下提升资本形成效率的财税政策研究

GONG JICE JIE GOUXING GAIGE XIA
TISHENG ZIBEN XINGCHENG XIAOLU DE
CAISHUI ZHENGCE YAN JIU

席卫群／著

人 民 出 版 社

责任编辑:吴焰东

封面设计:姚 菲

图书在版编目(CIP)数据

供给侧结构性改革下提升资本形成效率的财税政策研究/席卫群 著. —
北京:人民出版社,2019.12

ISBN 978 - 7 - 01 - 021563 - 6

Ⅰ.①供… Ⅱ.①席… Ⅲ.①财政政策-研究-中国 ②税收政策-研究-
中国 Ⅳ.①F812.0②F812.422

中国版本图书馆 CIP 数据核字(2019)第 275532 号

供给侧结构性改革下提升资本形成效率的财税政策研究

GONGJICE JIEGOUXING GAIGE XIA TISHENG ZIBEN XINGCHENG
XIACLÜ DE CAISHUI ZHENGCE YANJIU

席卫群 著

人民出版社 出版发行

(100706 北京市东城区隆福寺街 99 号)

北京华联印刷有限公司印刷 新华书店经销

2019 年 12 月第 1 版 2019 年 12 月北京第 1 次印刷

开本:710 毫米×1000 毫米 1/16 印张:16.5

字数:200 千字

ISBN 978 - 7 - 01 - 021568 - 6 定价:66.00 元

邮购地址 100706 北京市东城区隆福寺街 99 号

人民东方图书销售中心 电话 (010)65250042 65289539

目　录

图目录

表目录

第一章　研究概述

第一节　选题依据

一、选题目的

资本形成是影响一国经济增长率的重要因素。在相当长的时期里，一国的经济增长主要取决于下列三个要素：（1）在一国技术知识既定的情况下，现有资源存量的使用效率；（2）随着时间的推移，生产性资源（包括人力资本和其他形式的无形资本）的积累；（3）技术进步，对大多数国家来说，主要取决于吸收外国技术的能力。由此可见，资本形成是一国经济发展，特别是发展中国家经济增长的最重要战略因素之一。资本的形成主要包括储蓄的增加、将储蓄转化为投资资金和利用储蓄投资于物质资本、人力资本、技术资本三个阶段。吉利斯·波金斯（1999）认为，对于那些增量资本—产出比①为3.0的国家要维持每年5.0%产出的持续增长，其必要但不充分的条件是要保证资本来源等于国民生产总值的15%；那些增量资本—产出比为4.5的国家，则需要将其国民生产总值的22.5%转化

————————

① 增量资本—产出比＝增量资本/产出。

为投资，才能达到同等水平的产出增长。麦迪逊的分析也证明了这一点。通过对 1950—1965 年 22 个发展中国家的经济增长进行分析，他得出：人力资源对经济增长的贡献为 35%，资本对经济增长的贡献为 55%，资源配置效率对经济增长的贡献为 10%。[①]

　　财税政策作为资源配置的基本手段之一，会影响资本的形成，从而影响经济的增长。财税政策通过财政收支活动和再分配功能直接参与投资和生产的活动，与投资、产出以及资源配置、结构调节等存在着较为直接的关系。在财政政策发挥作用的过程中，主要通过收入分配、货币供给额以及价格调整的相互作用形成一个有机联系的整体，实现提高资本形成效率的政策目标。收入分配机制，主要体现在个人可支配收入的改变：一方面，通过个人所得税的调整，缩小居民收入差距；另一方面，通过社会保障支出或增加财政补贴，增加低收入者的个人收入。而居民收入的变化会影响居民的储蓄和消费行为，进而影响劳动者的生产积极性，从而影响总产出水平。政策工具变量调整对企业利润分配的影响主要体现在企业税后利润的分配上。国家可以通过企业所得税影响企业税后利润的变化，从而影响企业的生产经营行为，特别是影响企业的投资行为，最终对社会产出水平产生重要影响。另外，货币供给是社会需求的载体，任何财政收支的增减都必须通过货币供给量这个媒介作用于总需求。同时，财政补贴、税收等政策工具的作用通过价格作月体现出来。资本形成一般经过三个阶段：（1）储蓄的增加；（2）将储蓄转化为投资资金；（3）利用储蓄投资于人力资本、技术资本和物质资本。财政税收在这三个阶段都会产生

---

① 　德布拉吉·瑞：《发展经济学》，北京大学出版社 2002 年版。

影响，通常会给社会增加一定的成本。征税的目标之一就是使这些成本最小化以鼓励储蓄或投资，从而促进资本的形成。所以，制定良好的财税政策有助于资本的形成和效率的提高。

我国经济增长的变化以及提高资本形成质量的要求都对财税政策提出了新的挑战。近年来，随着国内外形势的变化，我国加快了经济结构调整的决策，2015 年起大力推行的供给侧结构性改革对经济全局和长远发展进行战略性调整，希望提高经济的整体素质和竞争能力，化解经济领域潜在风险，谋求我国未来经济的持续、快速、健康发展。在经济调整的过程中，资本形成质量的提高就成为非常关键的因素。然而我国反映资本形成状况的固定资产投资效果系数非常不理想。根据《中国统计年鉴》的数据测算，我国固定资产投资效果系数①在 1993 年以后出现了螺旋式的下降。1993 年每百元固定资产投资可以使 GDP 增加 23.77 元，2003 年为 11.43 元，2010 年为 15.48 元，2016 年只有 7.4 元，资本边际效率加速递减。

为此，我国"十三五"规划提出，要推进供给侧改革，要求以提高资本形成效率为核心推动相关领域改革，要注重以中长期的高质量制度供给统领全局的创新模式，提高经济增长质量和效益，提升各方面的要素生产率。在这样的经济发展过程中，我国的财政税收政策应发挥什么作用？如何减轻或消除财税政策对资本形成的负面效应？财税政策应如何通过提升资本的形成和效率以优化产业结构？所有这些问题都需要进一步研究，而这正是本书的研究目的所在。

---

① 固定资产投资效果系数＝新增 GDP／固定资产投资。

二、选题意义

资本形成是一国经济发展的最重要的战略因素之一。财税政策作为宏观调控的工具，不仅参与社会财富的分配，而且影响资本的成本，从而改变资本的报酬率，进而影响资本的形成效率。近年来，我国经济增速的逐年下滑，实际上是一个物质资本深化速度过快和投资收益递减的结果，而不能完全归结为短期的总需求不足。针对这一问题，我国政府作出了加快经济结构调整的决策，希望通过战略性调整来提高经济的整体素质和竞争能力。在经济调整的过程中，提升资本形成效率就成为关键因素。长期以来，我国运用财税政策来促进资本的形成，但效果不尽如人意。在经济新常态下，对我国促进资本形成的财税政策重新反思，就具有重要的理论和现实意义。在理论上，深刻地考察财政税收与资本形成效率的关系有助于完善相关理论建设，并在此基础上建立完整、全面的理论框架和理论体系。再者，对促进资本形成效率的财税政策进行研究，有助于揭示各种财政补贴、税收刺激可能出现的问题，并为解决这些问题提供思路。此外，还有助于把握我国今后财税改革的长期方向，为实际的财税政策研究提供参考。

第二节　国内外研究综述

资本理论是经济理论中最重要也是争论最激烈的领域，国内外的相关研究已经扩展到生产、收入分配、资本积累与经济增长、动态均衡与非均衡、资源配置等许多方面，资本理论已成为现代经济理论的核心组成部分。

一、关于资本形成对一国经济增长重要性的研究

经济增长是永恒的话题，众多研究围绕"资本积累是一国经济增长的核心内容"展开。亚当·斯密（1776）认为资本积累通过促进分工和技术进步而促进经济增长。戴维·理查德（David Ricardo，1817）指出，由于土地存在收益递减现象，不考虑其他因素的话，当利润率最终降为零时，将不再发生资本积累，经济也将处于无增长的静止状态。根据哈罗德—多马模型，实际储蓄率和实际资本产出比率决定了经济实际增长率，资本积累对经济增长产生决定作用。索洛—斯旺模型则主要研究为实现经济稳定在一条均衡的增长路径上所需要的均衡的人均资本存量。罗默（1986）的知识外溢模型和卢卡斯（1988）的人力资本模型则将人力资本的重要性引入内生经济增长模型分析之中。纳克斯的"贫困的恶性循环"、纳尔逊的"低水平均衡陷阱"、缪尔达尔的"循环累计因果关系"、罗森斯坦-罗丹的"大推进"、莱宾斯坦的"临界最小努力"等理论将物质资本形成在发展中国家中的积极作用提高到无以复加的地步。

20世纪50年代以来，众多学者通过考察不同的国家，对资本形成与经济增长的关联进行实证研究。麦迪逊（Madison，1970）以1950—1965年22个欠发达国家（地区）为例进行研究，发现在欠发达国家（地区）的经济增长中，资本是最重要的因素，其重要性高于劳动投入、资源配置效率等。纳蒂斯（Nadirs，1971）、布林顿（Briton，1967）、罗宾逊（Robinson，1971）等学者的研究证实，资本形成在发展中国家的贡献远远大于发达国家。索洛（1957）、德森（Denson，1962）、库茨涅兹（1989）等学者的测算结果表明，发达国家经济增长的主要源泉是知识进步（即技术资本）而不是物质资

本形成。国内学者也纷纷以我国为研究对象，强调资本形成对经济的重要贡献。如王小鲁、樊纲（2001），王星闽（2001），李治国、唐国兴（2002），张军（2003）等。

二、关于促进资本形成的着力点研究

资本形成一般经过三个阶段：（1）储蓄的增加；（2）将储蓄转化为投资资金；（3）利用储蓄投资于物质资本、人力资本和技术资本。虽然经济学家都承认资本积累对经济增长的重要作用，但基于资本形成的不同阶段，着力点应放在哪些阶段，所持的观点却不尽相同。其中凯恩斯主义认为，在实际资本增长中起主导作用的是投资而不是储蓄，如果缺乏投资意愿以及投资能力不足，就会阻碍资本的形成。由于储蓄是收入的函数，投资是利率的函数，因此储蓄不能完全实现投资的自我转化。为此，凯恩斯主义主张采用扩张性的经济政策，通过增加投资来弥补私人市场的有效需求不足。为了促进经济的发展，应该进行减税，减税的目的在于刺激总需求（包括消费需求与投资需求），因而减税的重点在于个人所得税及公司所得税中与投资需求有关的部分。新凯恩斯主义还主张运用税收政策增加人力资本、研究开发等具有广泛外溢性的各种创新活动的投资。

供给学派认为资本积累决定着生产增长速度，国内储蓄的多少直接影响到资本积累，即储蓄决定投资。罗伯斯特（1978）明确提出过高的边际税率改变了劳动与休闲的代价，相对于储蓄，现时消费的成本下降，因为现时储蓄承担的税负较高。由此得出，高税负会导致工作热情和储蓄与投资下降。因此他们也主张减税，但减税的目的在于刺激总供给，刺激个体的储蓄、投资等方面，因而减税的重点首先在于公司所得税；在个人所得税减税方面，主要围绕刺激劳动力供应、鼓励储蓄而进行。保罗·罗伯茨还在《供应学派革命》中指出："家庭向市场提供资本和劳动力的数量受到边际税率的影响。边际税率越高，人们利用资源通过非市场性活动或地下经济以增加收入的可能性就越大。"

三、财税政策对资本形成的作用机理分析

根据新古典增长模型，人均增长会由于物质资本的收益率递减而停滞不前。基于此，新古典学派认为财政政策在资源配置方面具有重要作用，通过提高税收可以动员额外资源增加投资水平，但又认为在促进长期经济增长方面，财政的作用很小。而内生增长理论认为经济长期增长的动因包括获取新知识（包括革新、技术进步、人力资本投资等）、刺激新知识用于生产、提供运用新知识的资源（人力、资本等）。政府运用财政政策来增加对教育、高科技研究开发等方面的投资，不仅能提高人力资本的质量，而且能促进经济的长期稳定增长。根据罗默模型，企业进行知识的投资主要是基于私人收益考虑，而实际中知识投资具有正外部效应，因此如果没有政府的干预，企业的研发活动将是次优的。所以，财政政策如果能够引导私人资本从消费转移到投资，将会提高福利。政府可以通过税收、补贴等手段鼓励私人企业增加研究与开发支出。卢卡斯（1988）对人力资本的投资也持有类似的观点。森杰·普勒德汉（Sanjay Pradhan，1996）则从市场缺陷、资本市场缺陷和不完全信息等角度，指出运用财政政策鼓励人力资本形成的必要性。安体富、郭庆旺（1998）认为一方面政府应直接投资于人力资本，另一方面要通过税收优惠或财政补贴等方

式鼓励企业增加人力资本投资。贝斯·杰克斯（Bas Jacobs，2000）的研究表明，税收不会对人力资本投资产生扭曲，因此应建立一个更为灵活的税收制度，以提高人力资本投资的公平度。

但巴罗（1990）认为由于劳动力供给是外生变量，财政不能对其产生直接影响，因此，只能通过政府公共支出来影响资本的积累，进而影响经济的增长。严成樑等（2010）建立了一个资本积累和创新相互作用的框架，将劳动力因素内生化，通过论证发现：如果政府通过征收所得税来为政府公共支出融资，所得税率与经济增长率之间存在着倒 U 型关系。郭庆旺等（1999）的研究表明，财政赤字对资本形成的影响要视情况而定：在财政支出政策不变的情况下，如果是由于减税导致了财政赤字的发生，赤字会促进资本的形成；在税收政策不变的情况下，如果是由于财政支出增加导致了财政赤字的，赤字将会阻碍资本的形成。

四、财税政策对资本形成效率的实证研究

（一）财政支出对资本形成有效果

汪柱旺（2012）以我国 28 个省（自治区、直辖市）1994—2010 年间的数据为样本，论证财政支出、社会物质资本形成与经济增长的关系时发现，一方面财政如果是直接用于物质资本性的支出，会对经济增长产生负面效应；但另一方面随着物质资本的外溢作用，又会产生正向的间接效应。财政的非物质资本性支出产生相反的效应。而李涛等（2014）通过研究政府的投资与固定资产交付率和资本形成率的数量关系，以 1995—2012 年的数据为依据，发现政府投资的资本形成效率要高于民间投资的资本形成效率。孙永君（2014）的研究

认为，财政对资本的投入应集中于具有较强外部性的研发投资，提高对研发主体的投入，优化研发主体的资源配置，推动经济尽早进入到主要依靠技术进步的发展轨道上来。王志刚（2015）也赞同财政政策可以促进物质资本的积累，认为 PPP 模式不仅不会产生"挤出"效应，反而会调动社会资本参与公益性项目投资尤其是基础设施建设领域的积极性，产生"挤入"效应。但是，布朗茨尼（Bronzini）、布拉斯克（Blasio，2006）、哥伦布（Colombo，2013）、祖尼嘎-维森特（Zúñiga-Vicente，2014）的实证研究却表明，虽然理论上财政补贴是推动企业研发投入、缓解融资约束以及扩大投资等的重要工具，但现实中却不一定总有效。

（二）转移支付有助于人力资本的形成

李放、许美娟（2005）认为财政贴息是激活民间资本的有效方式，政府运用财政贴息可以优化社会资源的配置，减少银行惜贷现象。朱盛华等（2009）根据我国 1978—2007 年的财政转移支付数据，利用协整检验和格兰杰因果关系检验等方法，认为财政转移支付和人力资本不会直接对我国经济增长产生影响，而是经济增长对财政转移支付和人力资本产生影响，所以财政转移支付应由现阶段以基础教育投入为重点向中等职业教育投入倾斜，促进人力资本向现实生产力的转化。为此，孙祖芳（2005）提出要调整财政性教育经费的三级教育支出结构，一方面建立地方公债制度，另一方面实行初、中等教育纵向转移支付制度和高等教育横向转移支付制度相结合。贾洪文（2014）在分析我国西部地区资本形成不足成因的基础上，指出为了鼓励西部地区的发展，应进一步加大对西部地区基础设施的建设力度，规范财政转移支付制度，提高财政投资的扶持效应。

（三）税收对资本形成效率显著

乔根森（Jorgenson，1967）指出，税收作为资本投资回报抵减因素，会影响资本成本和投资收益，所得税通过影响资本使用者的成本对投资产生影响。为此，霍尔和乔根森（Hall & Jorgenson，1969）运用乔根森所建立的资本使用者成本模型考察美国税制改革对企业投资的影响，发现税收的固定资产折旧和投资抵免政策明显促进了企业净投资额的增长。其中1962年实施的投资抵免政策使制造业和非制造业的投资增长率分别达到了79%和150%。阿约比奇和霍斯特（Auerbach & Hassett，1992）分析1986年美国所得税政策变化对企业投资行为的影响，发现资本使用者成本下降1%，企业投资额提高0.99%。克林科等（Chirinko et al.，1999）认为美国部分企业的资本使用者成本每下降1%，投资相应增加0.25%。阿斯顿·卡伦（Asghedom，Karen，2009）通过加拿大锯木行业（1961—2000）的数据分析了税收激励对长期动态全要素生产率（TFP）的增长和资本形成的影响，认为税收优惠确实刺激资本形成和 TFP 增长。托宾（Tobing，2011）考察了20世纪80年代中期印度尼西亚政府降低资本所得税对经济增长的影响，通过扩展的长期内生增长模型研究发现，提高人力资本形成的公共政策比鼓励实物投资的税制改革更有利于经济增长。李成、王哲林（2010）针对中国的数据进行研究，也得出近乎相似的结论，认为"企业资本使用成本下降1%，国有企业的投资额就将提高0.8%"。席卫群（2005）、吕冰洋等（2015）则分别从所得税角度和省际范围测算我国资本承担的税负，都认为我国资本承担的税负远高于劳动和消费承担的税负，对资本形成产生了负面影响。而张斌（2013）以VAR 模型为基础，实证检验积极财政政策影响资本形成的动态效应，结果表明，我国税收政策对资本形成的作用效果比较显著，累计贡献率为 39.76%。

在此基础上，不少学者进一步研究所得税改革对企业投资的影响。李嘉明、甘慧（2007）在乔根森理论基础上分析，认为我国1994 年的企业所得税改革优化了企业资本投资结构。万华林等（2012）根据 2005—2010 年的上市公司样本数据，采用双重差分法发现企业所得税制改革显著提高了企业的投资意愿。梁东黎、刘和东（2012）运用 1992—2007 年的数据进行实证分析，认为我国企业所得税负的下降，有利于企业持续增加投资。行伟波等（2012）的实证研究显示，实际有效税率的提高或税收总额的增加会导致固定资产投资的下降。

但是，也有学者对此持不同看法，认为税制的改革对不同投资结构效果有差异，甚至存在负向的作用。陈亚雯（2006）的研究认为中国现行的税收政策对投资产生的负面影响大于正面影响，在一定程度上抑制了正常的投资水平。刘慧凤、曹睿（2011）基于 2004—2008 年的上市公司数据，实证分析后认为我国所得税改革虽然降低了企业投资成本，但对企业投资并无显著促进作用。毛德凤等（2016）基于全国工商联 2006—2012 年的民营企业抽样调查数据，采用倍差法研究税收激励对民营企业投资行为的影响，发现税收激励有结构性的偏向，虽然促使企业投资水平比改革前的平均水平提高了36.9%，但对研发投资的正向作用较弱，对人力资本投资的促进作用不明显。付文林、赵永辉（2014）的研究也论证了结构性偏向的问题。他们利用 1998—2012 年的上市公司面板数据，发现税收激励对企业权益性投资的促进作用要显著大于固定资产投资。而库密等（Cummins et al.，1996）利用荷兰、法国、西班牙等 14 个国家 3000 多家企业的数据进行评估 1981 年后所得税改革对企业投资的影响，发现除荷兰、西班牙外，其他 12 个国家的所得税改革都对企业投资产生了显著的负向影响。

（四）不同财税政策对资本形成效果的比较分析

戴晨、刘怡（2008）逼过实证分析发现，政府直接补贴和税收优惠对不同所有制类型企业的研发活动激励有差异。直接补贴对内资企业的研发强度显著正相关，对外资企业的研发强度显著负相关；税收优惠对港澳台投资企业的研发有较强的促进作用，总体上税收优惠优于直接补贴。武云（2013）以特定行业为研究对象，也认为税收优惠的效果更明显。而柳光强等（2015）基于上市公司数据，比较分析了税收优惠、财政补贴对信息技术、新能源产业发展的影响，不过他们认为这两个政策工具对信息技术、新能源产业都有显著的正影响。当然也有学者持不同意见。张同斌等（2012）在构建了一般均衡 CGE 模型后进行分析，发现税收优惠政策对高新技术产业的激励作用并不显著。魏志华等（2015）也认为财政补贴对新能源类上市公司并不存在显著的正向影响，企业未必将财政补贴用于研发和投资项目中。而卢盛峰等（2015）的研究表明，财政政策对于技术创新作用呈现一种倒 U 型关系。

五、研究评述

通过文献梳理发现，现有研究对资本形成效率与经济增长之间的关系进行了较深入地探讨，但对如何运用财税政策提高资本形成效率的研究视角、作用机制、实证分析等方面还有深入的空间。

（一）目前的研究有待进一步上升到供给侧视角

供给侧是市场交易中与需求对应的一面，直接与投资、生产、经营、销售等行为相关。2007 年以来，我国经济增速逐年下滑，供需错配是实质，而长期以来，我国财税政策研究主要立足需求，从需求视角研究得多，从供给侧视角研究财税政策的较少。

（二）财税政策对资本配置效率影响的机理分析较为欠缺

资本配置效率高低对一国经济的影响很大，阿弗洛等（Alfaro et al.，2008）通过对 79 个发达国家和发展中国家的比较分析，发现因资源错配导致的企业规模分布差异可以解释各国人均收入差距的58%。而目前国内研究更多地注重分析财税政策对某类资本，如物质资本、人力资本或技术资本等的影响力度，但对不同资本之间的配置究竟会产生多大影响、如何促进资本配置效率的提高均缺乏研究。

（三）财税政策对人力资本影响的重视程度有待提高

目前我国学者的研究重心是挖掘财税政策对物质资本、技术资本的效果，而对人力资本的重视程度不够。随着经济的发展，人力资本质量的提高对经济的贡献程度呈上升趋势。岳希明等（2008）指出，1982—2000 年我国从业人数年均增长率为 1.8%，考虑劳动力质量改善后的劳动投入年均增长率达 3.23%。因此，充分研究财税政策对提高人力资本效率的影响，并针对性地提出相关建议很重要。

（四）财税政策的系统性研究有待加强

财政政策和税收政策的作用激励有所不同，需要相互配合，以促进资本形成效率的提高。但目前的研究往往只考虑财政政策或税收政策，虽然有一些政策效果的比较研究，但没有形成有机整体，为此，本书尝试将二者结合，提出系统的政策体系。

第三节　研究内容

一、研究对象

本书从供给侧视角出发，实证分析财税政策对资本形成效率的激励效果，指出当前存在的问题，并在借鉴国外促进资本形成效率的财税政策做法的基础上，构建基于物质资本、人力资本、技术资本三个维度的财税调控体系，以促进资本形成效率的提高。

二、总体框架

本书主要分六个部分展开研究，总体框架如下：

（一）财税政策对资本形成效率的作用机理

资本形成分为"储蓄的增加，将储蓄转化为投资资金，利用储蓄投资于物质资本、人力资本和技术资本"三个阶段。本书着重从理论上分析财政税收政策对后两个阶段的作用机理：首先，基于收入效应和替代效应简略分析财政税收政策对储蓄的影响，包括对政府储蓄和私人储蓄的影响；其次，分析财政税收政策对储蓄转化为投资资金的影响；最后，分析财政税收政策对投资的作用，包括对物质资本、人力资本、技术资本的影响机理，强调财政政策主要通过事前的安排、税收政策主要通过事后的安排降低投资风险。

（二）我国资本形成效率的现状及成因

首先测算我国资本形成效率。从供给侧视角，运用统计年鉴数据和全国第二次经济普查数据等，分析不同产业、不同性质企业以及不同地区的资本形成效率，得出资本形成效率低下的结论；其次从资源错配视角分析资本形成效率低下的原因。尝试采用聚类分析方法，分析物质资本、人力资本和技术资本对宏观经济增长的贡献度，希望通过论证，得出我国资本形成效率低下的原因主要是资源错配，其中物质资本对经济增长贡献过度，尤其是传统、落后的物质资本投入过多，而人力资本、技术资本贡献偏低。

（三）我国财税政策对资本形成效率影响的实证分析

首先，梳理我国现行鼓励资本形成的财税政策。分别从促进物质资本形成、技术资本形成和人力资本形成三方面归纳和整理现行财税政策。其次，实证分析财政政策对技术资本形成效率的影响。基于数据的可取得性，本书以 2007 — 2015 年期间 Wind 数据库中的制造业1153 家上市公司数据为样本，运用 OLS 估计以及 SLS 估计建立回归模型分析财政补贴对企业创新活动的影响。在此基础上，又从资本密集度视角，进一步分析财政补贴对企业创新行为的影响效应。再次，分析营改增对服务业结构转型的影响。本书运用社会调查研究方法，以某省为例，一方面到税务部门调研，另一方面向营改增企业发放调查问卷，了解和掌握营改增对服务业税收负担和结构转型的影响。复次，分析企业所得税对资本形成效率的影响。最后，分析企业所得税对物质资本和技术资本形成效率的影响程度。在分析对物质资本形成效率的影响程度时，分别从宏观和微观角度分析企业所得税对不同行业的固定资产投资的影响程度和对小微企业发展的影响程度；在分析对技术资本形成效率的影响程度时，主要分析研发费用加计扣除税收政策对研发投入的影响程度。一是运用中国统计年鉴、工业企业科技活动年鉴、中国劳动年鉴、中国税收年鉴、中国经济年鉴、中国房地

产年鉴、中国投资年鉴、中国金融年鉴等，构建资本使用成本模型

$$FC + \delta = \frac{1 - t_c Z}{1 - t_c}(R + \delta)$$，其中资本的使用成本为 FC，$R = (1 - \beta)r_e + \beta[(1 - t_c)i - \pi]$，$\delta$—经济折旧率，$\beta$—债务与资本比率，$\pi$—通货膨胀率，$i$—名义利率，$Z$—税收折旧率，$t_c$—企业所得税名义税率，$r_e$—企业税后股权收益率，选取制造业、采掘业、电、煤气和水供应业、建筑业、批发零售贸易业、餐饮业和房地产业六个行业，测算 2008—2015 年期间的固定资产承担的所得税负；在此基础上，进一步测算 2002—2016 年期间制造业分省的资本承担所得税负情况，分析 2008 年企业所得税改革对制造业资本承担的所得税产生的影响。二是运用调查研究方法，选取 2013—2016 年的年度数据，以××市国税局所辖范围采取查账征收方式征税的小微企业为研究对象，探讨企业所得税优惠政策对小微企业的绩效影响。三是运用调查研究方法，选取 2008—2015 年的年度数据，以某省国税局提供的 2008 版、2014 版企业所得税申报表及附表中的享受研发费用加计扣除政策企业为研究对象，分析研发费用加计扣除税收政策对企业研发活动的实施效果。

（四）现行财税政策在促进资本形成过程中存在的问题

基于实证分析，梳理我国现行财税政策在促进资本形成过程中存在的主要问题：一是财政补贴分布不均衡；二是营改增后政策存在复杂和多样现象；三是物质资本承担的所得税负存在行业和地区差异；四是小微企业所得税优惠政策存在改进空间；五是研发费用加计扣除政策实施力度有待提高。

（五）国外促进资本形成的财税政策比较与借鉴

选择具有代表性的发达国家（美国、日本和德国等）和发展中

国家（印度、俄罗斯、巴西等），介绍这些国家运用财税政策提升资本形成效率的做法。其中在发达国家，主要介绍提升技术资本和人力资本效率的财税政策；在发展中国家，主要介绍促进物质资本有效配置的财税政策。在此基础上，提炼可供我国借鉴的经验及启示。

（六）构建合理的财税政策，促进我国资本形成效率的提高

基于资本资源错配的现实，在综合要素率（技术进步贡献率）偏低的情况下，经济的增长应逐步由物质资本刺激为主转变为人力、技术资本投资为主导，提高资本形成的效率，促进经济的可持续发展，因此应充分发挥财税政策的收入效应和替代效应，构建基于物质资本、人力资本、技术资本三个维度的调控资本形成效率的财税体系。（1）引导物质资本从低端、落后产能流向高端、高品质产能的财税政策安排；（2）促进技术资本效率提高的财税政策安排；（3）提升人力资本效率的财税政策安排。

三、研究重点

（1）运用统计年鉴等数据，深入剖析我国资本形成效率低下的原因。

（2）实证分析财政政策对我国资本形成效率的激励效果。

（3）实证分析税收政策对我国资本形成效率的激励效果。

四、主要目标

（1）从供给侧视角，重新认识财税政策与资本形成效率的关系。

（2）从资本形成的三个阶段出发，论证我国财税政策的着力点主要在储蓄转化为投资资金，以及提高投资效果两个阶段。

（3）基于物质资本、人力资本、技术资本三个维度构建提升资本形成效率的财税调控体系。

第四节　思路方法

一、研究思路

本书基于资本形成的三个阶段，针对我国资本形成效率不高的状况，运用实证分析方法评价财税政策对资本形成效率的激励效果，并分析存在的问题，在此基础上从物质资本、人力资本、技术资本三个维度构建提升资本形成效率的财税调控体系，具体技术路径见图1-1。

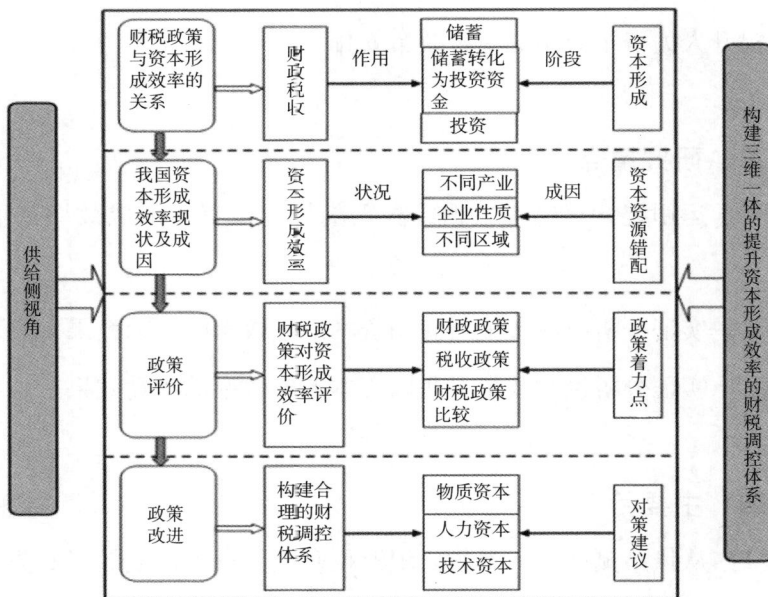

图1-1　技术路径

二、研究方法

（一）文献研究法

本书运用文献研究分析方法，梳理国内外相关文献，了解关于资本形成的财税政策研究的学术动态与理论前沿，系统地掌握财税政策对资本形成效率的作用机理，为本书的研究提供理论依据和基础。

（二）系统分析法

本书拟考察财税政策对资本形成效率的影响，这种考察不是零星的，而是试图以一个比较系统连贯的分析框架来进行，总体思路是根据这种系统连贯的框架来安排。

（三）规范与实证相统一的研究方法

所谓规范，体现在通过 GLS 等多元回归模型的构建，对提升资本形成效率的财政税收效应进行分析；所谓实证，体现在对模型的检验及对我国财税政策进行研究。通过调查研究方法、数据库的挖掘和查找统计年鉴等收集整理数据，并在此基础上建立模型进行分析和检验，以得出有价值的研究结论。

（四）归纳演绎法

在研究过程中，首先将理论上的研究现状进行综合统一，从供给侧视角分析财税政策对资本形成效率的作用机理；其次在新古典经济模型和内生增长理论的基础上建立多元回归模型、GLS 模型等，从实证上分析我国财税政策对资本形成效率的效果，并对构建我国财税调控体系进行系统研究，从而得出对策建议。

第五节　创新和不足之处

一、创新之处

（一）学术思想上的创新

理论系统化。虽然很多经济学家从不同角度阐述了财税政策对资本形成的影响，但往往散见于其论著中，比较零星，没有形成完整的体系。而本书系统地从理论上分析财政税收对资本形成效率的作用机理，并围绕物质资本、人力资本、技术资本三个维度构建有效的财税调控系统。

在新古典经济模型和内生增长理论的基础上，建立适合我国经济发展的财政税收分析模型，并将其运用到对我国财税政策的分析上。

（二）学术观点的创新

财政税收通过改变资本的使用成本影响人们的投资预期和投资决策，进而影响资本的形成效率。在我国由于存在资本资源错配问题，因此，运用财税政策引导资本资源的有效配置，提高资本形成的效率，是适应供给侧结构性改革的有效举措。

（三）研究方法的创新

本书将经济学、财政学、计量经济学等多学科结合，采用理论研究、比较分析、调查研究、实证研究、计量模型等相结合的研究方法和研究工具，进行科学、系统、全方位的研究。

二、不足之处

（一）研究理论还有待深入

本书虽然梳理了财税政策对资本形成的作用机理，但说服力还有待进一步加强。

（二）研究内容还有待完善

由于数据收集的难度，本书没有进行财政与税收政策对资本形成效率效果的比较分析。

（三）对策建议还有待完善

本书在基于实证分析的基础上，提出了基于物质资本、人力资本、技术资本三个维度的调控资本形成效率的财税政策建议，但由于视野的局限性，这些建议的针对性还有待进一步提高。

第二章　财税政策对资本形成效率的作用机理

　　资本的形成主要包括储蓄的增加、将储蓄转化为投资资金和利用储蓄投资于物质资本、人力资本、技术资本三个阶段。财税政策通过财政收支活动和再分配功能而直接参与投资和生产的活动，与投资、产出以及资源配置、结构调节等存在着较为直接的关系。在财政政策发挥作用的过程中，主要通过收入分配、货币供给额以及价格调整的相互作用形成一个有机联系的整体，实现提高资本形成效率的政策目标。

　　收入分配机制，主要体现在个人可支配收入的改变。一方面，通过个人所得税的调整，缩小居民收入差距；另一方面，通过社会保障支出或增加财政补贴，增加低收入者的个人收入。而居民收入的变化会影响居民的储蓄和消费行为，进而影响劳动者的生产积极性，从而影响总产出水平。国家可以通过企业所得税的调整来影响企业税后利润的变化，从而影响企业的生产经营行为，尤其是企业的投资行为，最终对社会产出水平产生重要影响。另外，货币供给是社会需求的载体，任何财政收支的增减都必须通过货币供给量这个媒介作用于总需求。同时，财政补贴、税收等政策工具的作用通过价格作用体现出来。因此，财税政策对资本形成的作用机理，主要体现在资本形成的各环节。

第一节　财税政策与储蓄

资本形成是影响一国经济增长的重要因素，投资规模决定了资本形成的规模，而储蓄规模又决定了投资规模的大小。因此，在一国经济增长过程中，储蓄发挥着重要作用。

一、储蓄与储蓄形成的影响因素

一国国民收入扣除用于当期消费后的余额就是国民总储蓄，国民总储蓄包括了政府储蓄、企业储蓄和居民储蓄（个人储蓄）三部分，对应的储蓄主体分别为国家、企业、居民。储蓄是国民收入决定中的一个重要因素，储蓄的大小直接影响投资规模，涉及总供求的平衡与增长。根据《中国统计年鉴》的资金流量表数据，在2000—2013年，我国居民储蓄率总体处于逐步增长阶段，企业储蓄在2000—2008年比较稳定，但之后开始下降，2012年为最低点后开始反弹，政府部门储蓄率则基本处于上涨态势，具体见图2-1。

（一）居民储蓄

在经济的运行过程中，一般最主要的储蓄主体是居民。居民可支配收入扣除消费后的剩余部分就是居民储蓄。居民可支配收入一般包括劳动收入、财产收入、其他收入和转移收入等。

凯恩斯认为储蓄与绝对收入相关，由于人们的消费习惯相对稳定，一般消费者的消费倾向会随收入的增加而降低，储蓄倾向会随收

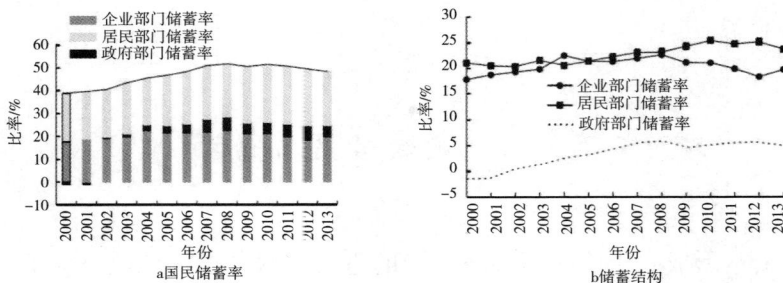

图 2-1　2000—2013 年我国各部门储蓄率和储蓄结构

入的增加而提高。因此，个人收入水平是影响个人消费和储蓄的主要因素。此外，凯恩斯认为利率的温和变动虽然对实际储蓄量产生一定的影响，但对储蓄倾向影响不大。因为如果总收入不变，温和的利率变动难以改变人们的生活习惯。但是，凯恩斯的理论并未解决长期消费函数与短期消费函数在实证上产生的矛盾，因此，又产生了相对收入假说（杜森贝里）、持久收入假说（弗里德曼）和储蓄生命周期假说（莫迪利安尼）。

杜森贝里的相对收入假说认为在分析个人消费储蓄行为时，必须把社会因素和心理因素引入到个人消费函数中。弗里德曼的持久收入假说则认为消费与储蓄是有固定的比例关系的，和时间长短无关。莫迪利亚尼的储蓄生命周期假说认为要从一个人的生命周期来分析储蓄和消费，将储蓄与终生收入和个人的生命周期紧密联系在一起。如果经济是停滞的，工作期间的储蓄总额正好等于退休后的消费总额；但如果经济是持续稳定增长的且年轻人口比重高、退休人口比重低，则存在着巨大的净储蓄。此外，如果生产力的进步是经济增长的主要推动力，工作阶段的人口占绝大部分，也会出现储蓄大于消费的情况。

尽管上述理论观点各异，但都认为决定居民储蓄变动的根本因素是收入与消费，影响收入与消费的因素都会影响居民储蓄。综合来看，影响居民储蓄的因素主要有：

1. 收入和消费

收入和消费是影响储蓄的两个根本性变量。过去的收入、当期的实际收入和未来的收入都会影响储蓄；此外，收入的增长率、收入的分配状况以及收入中持久收入与暂时收入的构成比例等也会影响储蓄。除收入因素外，消费也会影响储蓄。无论是消费者的年龄构成、持有的资产，还是消费信贷条件、政府税收政策、商品供求结构的适应程度以及人口增长及就业率等都会影响到储蓄。

2. 利率

利率水平的高低在一定程度上影响着储蓄水平，产生收入效应和替代效应。当利率较高时，利息的增加提高了人们的将来收入，一方面发生收入效应，促使人们当期消费更多，而较少储蓄。但另一方面也会产生替代效应，人们以牺牲现在的消费来增加储蓄，通过储蓄的增加来换取较多的未来消费。

3. 物价水平

在收入水平一定的条件下，如果预期未来商品的价格将上升，消费者就会将收入中的较大部分用于当前消费；如果预期未来商品价格会下降，人们就会增加储蓄，减少消费。在名义利率不变的条件下，物价上升，储蓄就减少。如果物价上涨幅度超过名义利率，储蓄将减少，甚至出现反储蓄现象（用存款抢购）；反之，储蓄将增加。[1]

---

[1]　李锁云：《论储蓄增长原因的理论假说及启示》，《山西财经学院学报》1996 年第 4 期。

4. 其他投资渠道

由于储蓄是居民牺牲当前消费获取收益的一种投资行为，所以如果没有其他投资渠道，储蓄与现金就成为居民消费剩余存在的方式。但如果有其他投资渠道，比如股票、债券等，居民就会选择其他投资方式，以获取更多的收益。

5. 制度因素

制度因素也是影响居民储蓄的重要因素。居民的储蓄决定是一个复杂的过程，人们所处的社会环境，尤其是政府制定的政策环境都会影响人们的抉择。

（二）企业储蓄

企业储蓄是国民储蓄的重要组成部分，是指经库存估价和资本消耗调整后的未分配公司利润，它也是投资的重要来源。近年来，我国企业储蓄在国民储蓄中的占比不断上升，根据国民经济核算的资金流量表，1992 年至今，我国居民储蓄率在逐渐下降，而政府和企业储蓄率却逐渐上升，并且企业储蓄的增幅大于政府储蓄。其中，2015 年非金融企业储蓄率 16.425%，居民储蓄率 22.73%，政府部门储蓄率 4.48%。[1] 根据苗佳雯（2016）的研究，企业储蓄率与总储蓄率存在长期协整关系，相关系数为 0.098。[2]

企业的储蓄动机，凯恩斯认为主要有进取动机、流动性动机、改善动机以及财务上的谨慎动机等。进取动机指取得资金，以便能进行更多的资本投资而又不承担债务或在市场上筹资；流动性动机，即取得流动性资产，以便对付紧急事项、困难情况和经济萧条；改善动

---

[1]　根据《2017 年中国统计年鉴》数据计算得出，储蓄率＝储蓄额/GDP。
[2]　苗佳雯：《中国企业高储蓄的原因解析》，《财经纵览》2016 年第 7 期。

机，即取得逐年增加的收入；财务上的谨慎动机以及处于"正确的地位"的迫切愿望将促使储备基金超过使用者成本与补充成本，以便能在资本设备被磨损殆尽和老化到不堪使用期限前清偿债务和收回成本，这一动机的强度主要取决于资本设备的数量和特点以及技术变革的速度。

在现实经济中，企业通过金融市场融资往往会受到各种限制，难以达到筹资的目的，从而影响投资的抉择。错过有利的投资机会，给企业造成损失。为了避免出现这种情况，不少企业会进行储蓄，通过自用资金的融资来保障投资行为。而企业储蓄的多少很大程度上取决于企业家现在的希望和过去的经验，取决于资本设备的规模和技术水平。因此，影响企业储蓄的主要有企业利润总额、投资的预期收入与投资的机会、银行业内部结构因素和财政职能。如果财政支出以投资支出为主，那么大量的政府储蓄就以资本转移的方式转化为企业投资。

（三）政府储蓄

一定时期政府财政收入大于经常性财政支出后的部分就是政府储蓄，所以，政府储蓄的形成及规模与一定时期财政收入及财政支出结构有着直接的关系。在其他手段效果不显著或副作用较大时，通过财政收支的合理安排以保持一个较大规模的政府储蓄就可以补充民间储蓄的不足。

1. 财政收入

政府储蓄形成的前提是财政收入。在经常性财政支出既定的条件下，财政收入的规模决定着政府储蓄的规模。财政收入规模越大，政府储蓄的规模就越大；反之，政府储蓄的规模就越小。

2. 财政经常性支出比重

在财政收入既定的条件下，经常性支出在财政支出中的比重又决定了政府储蓄规模的大小。经常性支出的比重越大，政府储蓄的规模越小；反之，政府储蓄的规模就越大。

3. 政府间财力分权度

中央政府与地方政府之间的财力集权与分权程度会直接影响政府的储蓄规模。在中央政府的边际储蓄倾向大于地方政府的条件下，如果财力主要集中在中央，政府储蓄的规模就大；反之，政府储蓄的规模就小。

二、财税政策影响储蓄的作用机理

（一）税收影响储蓄的机理

税收作为取得财政收入的重要手段，在政府储蓄的形成方面发挥着重要作用。税收对储蓄的影响，主要是通过税收政策的改变，影响不同主体的储蓄倾向从而改变全社会的储蓄率。因为征税虽然可以增加政府储蓄的规模，但也会对私人储蓄产生挤出效应。

宏观上，税收对政府储蓄的影响，主要体现在税收收入规模对预算收入的影响。理论上，所有通过加强税收征管来提高税收收入的行为，都会提高政府的储蓄规模。不过税收收入水平的提高受到经济发展水平的制约，如果征收过度，超过了临界点，损害了经济发展，税收收入不一定能够增长。

微观上，税收的储蓄效应分为收入效应和替代效应两种。收入效应是指由于税收降低了居民的可支配收入，人们降低储蓄倾向和消费倾向；替代效应则是因为税收减少了居民实际的利息收入，为了维持未来的消费水平，人们增加储蓄。收入效应与替代效应的相对大小决定了税收对居民储蓄行为的正向还是负向的影响。所得税、利息税、流转税等都会对居民储蓄产生影响。

1. 所得税对储蓄的影响

在个人收入和边际消费倾向不变的情况下，个人所得税的课征会减少人们的储蓄额。由于边际消费倾向递减，收入越高，边际储蓄倾向就越大，所以累进所得税对居民储蓄产生的替代效应大于比例税率。

如前所述，企业储蓄的目的很大程度上是为投资进行自有融资，企业所得税的征收将直接减少企业的税后留利，不利于企业的扩大再生产，从而降低企业的储蓄倾向。

2. 利息税对储蓄的影响

在不征收利息税的情况下，税收对储蓄只会产生收入效应。但利息税的征收将会产生收入效应和替代效应。一方面，利息税的征收会减少储蓄的收益，从而降低储蓄报酬率，影响个人的储蓄倾向和消费倾向。另一方面，由于储蓄行为属于潜在消费，对储蓄利息征税之后会迫使人们提高储蓄水平，以保证未来的消费水平。因此，利息税对储蓄的影响是双重的，取决于个人偏好。

3. 流转税对储蓄的影响

流转税主要通过改变消费倾向来影响储蓄。在储蓄率或社会平均储蓄水平一定的情况下，流转税对储蓄不会产生替代效应，人们的储蓄水平不会改变，只会对消费产生收入效应，人们通过减少消费支出来抵消税收支出。但在实际中，储蓄率难以保证既定条件，所以流转税会对储蓄产生影响，其中边际税率决定替代效应的强弱，平均税率决定收入效应的强弱。

（二）社会保障对私人储蓄的影响

社会保障作为财政的重要组成部分，对私人储蓄具有财富替代效应、退休效应以及遗赠效应，从而影响国民储蓄规模。

根据财富替代效应，个人储蓄降低的数额与社会保障缴款的数额相等。尽管个人第一期的收入水平没有改变，但由于社会保障项目改变了收入获取的时间，从而影响储蓄。为了保证第一期的消费数额，必须降低等同于社会保障缴款的储蓄额。虽然在第二期只有较少的个人财富，但降低部分可以由社会保障财富来弥补。

退休效应是指社会保障会促进人们提早退休，但为了保证退休后的消费水平，人们在工作期间反而会加大储蓄数量。遗赠效应则是指储蓄存在另外一个动机，就是把遗产留给后代。由于社会保障实际是将收入从子女（纳税人）转移到父母（社会保障金的领取人）。因此，作为反馈，父母也许会进行更多的储蓄，遗留更多的遗产，以抵消社会保障对子女收入的影响。

（三）财政收支对政府储蓄的影响

政府投资的资金既来源于政府储蓄，也有相当部分要来源于居民储蓄和企业储蓄。在民间储蓄供给有限的情况下，政府储蓄就成为政府投资顺利进行的保证。所以，政府投资规模越大，所需的政府储蓄规模也就越大。

在其他条件一定的情况下，一般国民收入水平与民间储蓄水平正相关。国民收入水平较高对应着较高的民间储蓄水平，国民收入水平较低可能有着较低的民间储蓄水平。因此，当一定时期内国民收入成为制约民间储蓄的主要因素时，国民收入水平的高低就决定了政府储蓄规模的大小。如果国民收入水平高，民间储蓄水平相应高，则所需要的政府储蓄规模就小；反之，所需要的政府储蓄规模就大。

（四）财政赤字对国民储蓄的影响

根据凯恩斯主义的观点，财政赤字也会对国民储蓄水平产生影响。当政府为了解决赤字的融资问题而发行公债时，由于公债的发行，政府不必增加税收，人们往往就会将由公债代替增税的那部分减税额当成是"即期可支配收入的增加"，从而产生收入效应，增加消费和储蓄。但如果人们储蓄的增加额小于税收减少额，那么社会总储蓄还将会减少。如果是由于经常性财政支出大于财政收入导致的赤字，就意味着部分民间储蓄转化成了政府消费，从而降低了国民储蓄水平。

第二节 财税政策与投资

一、财税政策在储蓄—投资转化环节的作用

储蓄是投资的来源和前提，投资是储蓄的运用，只有储蓄转化为有效的投资，才能形成资本积累，增加社会财富。一方面，储蓄向投资的转化要受到储蓄供给的影响，储蓄供给的上限就是储蓄能转化为投资的上限。尽管储蓄的水平和数量不等于储蓄转化为投资的水平和数量，但储蓄规模程度直接影响着储蓄能转化为投资的规模大小。另外，投资是资金形成的需求力量，投资需求影响着储蓄向投资的转化。投资需求促使储蓄向投资转化，所以，投资需求的程度也将影响储蓄可以转化为实际投资的比例。

储蓄向投资的转化包括直接转化与间接转化两种方式。企业和居

民用自有储蓄进行实物投资是储蓄向投资的直接转化方式，企业通过资本市场进行直接融资，及向银行等金融机构间接融资进行的投资属于储蓄向投资的间接转化方式。当居民将储蓄进行实物投资时，企业收入增加，促使企业加大投资，招聘更多工人，则人们收入增长，居民消费增加，企业进一步扩大生产，经济处于良性循环状态。

财税政策通过作用于储蓄形成以及投资需求形成环节，促进投资需求的转化。一般，财税政策通过增加财政支出和减税来扩大投资需求。以企业所得税为例，当政府征收企业所得税时，会降低企业的投资收益，从而降低投资的吸引力，进而导致投资者减少投资而增加消费支出，就产生了税收的替代效应；但如果投资者为了维持原有收益水平而增加投资，就产生了税收的收入效应。收入效应和替代效应的相对大小，就影响着投资需求，进而影响储蓄向投资的转化。

二、财税政策影响投资的作用机理

（一）财政政策工具的宏观效应

宏观上看，财税政策在投资环节的作用主要是通过财政收入和支出的运用对国民收入、投资需求、投资意愿等各方面产生影响，进而影响投资行为。

在财政收入方面主要有税收和国债。税收一大职能就是优化资源配置，促进经济的增长。税收可以通过控制社会资金的流动，对社会供求总量和结构产生直接或间接的影响。对鼓励的产业，可以降低税率或给予减免等；对限制发展的产业，可以提高税率。优化资源配置，促进经济增长。

国债对投资可以产生五种效应：（1）挤出效应，由于国债发行吸收了私人部门的资金，使私人部门的消费和投资减少，从而调节私人或企业的投资；（2）货币效应，国债的发行会增加政府的开支，产生乘数效应，通货膨胀压力增大；（3）收入（转移）效应，未来年度增加税收；（4）流动效应，通过改变国债的流动性程度来影响社会的流动性状况，从而对投资产生正向或负向作用；（5）利率效应，通过调整国债的利率水平去影响金融市场的利率，从而影响社会的投资需求和消费需求。如果调低国债的发行利率，将带动金融市场利率的下降，从而刺激投资和消费需求；如果提高国债利率，将带动金融市场利率的上升，从而抑制投资和消费。此外，政府还可以通过大量买进债券刺激国债价格上升，促使利率水平的下降，对投资产生刺激效应。

财政支出方面主要包括经常项目和政府投资两方面。经常项目是政府满足纯公共需求的一般性支出，包括购买性支出和转移性支出两部分。购买性支出规模直接影响着社会总需求的增减，它是决定国民收入大小的主要因素之一。转移性支出包括社会福利支出和财政补贴。其中财政补贴包括生产性补贴和消费性补贴。生产性补贴主要是针对特定的生产投资活动的补贴，比如投资补贴、财政贴息等，通过直接增加生产者的收入来提高生产者的投资和供给能力；消费性补贴主要直接增加消费者的可支配收入，从而刺激消费需求。一般在有效需求不足时，主要增加消费性补贴；在有效供给不足时，主要增加生产性补贴。

政府投资是财政用于资本项目的建设支出，最终形成固定资产。政府投资能力与投资方向对经济结构的调整起关键性作用，视不同条件对私人投资产生"挤出"或"挤进"效应。在引入政府投资和政府储蓄的情况下，储蓄—投资的恒等式表示为：政府投资＋民间投资＝政府储蓄＋民间储蓄。[①]

　　该恒等式还可改写为：政府投资－政府储蓄＝民间储蓄－民间投资

　　如果政府投资大于政府储蓄，则出现预算赤字；如果民间储蓄大于民间投资，则存在民间储蓄盈余。

　　由于基础设施（如公路、码头、机场、供排水等）的投资所需资金大、周期长，民间资本往往难以承受，因此需要政府进行投资。一方面，可以降低投资的风险；另一方面，作为诱发性投资可以释放受基础瓶颈抑制的民间部门的生产力，刺激私人投资。政府还可以通过税收补贴或投资优惠等方式鼓励人力资本的积累，促进经济的发展。

　　但是政府投资也可能对民间投资产生挤出效应。当政府大举投资时，由于资金的缺乏，可能会通过向民间举债来弥补资金缺口。债券的发行会吸收一部分私人储蓄，导致私人储蓄的减少。当私人储蓄不足以满足民间投资需求时，民间投资就被挤出了。此外，如果公债融资导致均衡利率上升的话，也将间接挤出一部分民间投资。

　　（二）税收对投资的效应

　　税收对投资有正面和负面两方面的效应。一方面，政府通过税收取得财政收入后为社会成员收入提供公共产品，保护产权、提供基础设施、改善投资环境，从而刺激私人投资，扩大全社会投资规模；另一方面，征税导致了私人部门用于投资的可支配资源减少，在一定程度上促使了投资可预期风险的增加，从而对私人投资产生了负面影响。

---

　　①　胥良：《储蓄—投资转化的理论分析与现实思考》，《金融研究》1998 年第 8 期。

在税收规模和公共支出水平较低的条件下，由于公共设施和公共服务的供给短缺，这时如果增加税收，其对公共产品提供的边际正效应将大于税收边际成本的增加，即征税的收入效应大于替代效应。所以适当提高税收的比重，总体上会促进投资和经济的增长。相反，在税收规模和公共支出已经偏大的条件下，如果再增加税收，其对公共产品提供的边际正效应小于税收边际成本的增加，即税收的替代效应大于收入效应，增税将抑制投资和经济的增长。①

1. 税收对私人投资的效应

投资是促进经济增长的三驾马车之一，为此，各国都积极运用税收政策来鼓励私人投资，尤其处于经济增长低迷、需要扩大投资时期。通过降低税率、扩大税收优惠和允许加速折旧等措施来刺激私人投资，不断发挥企业所得税以及流转税的作用，降低私人投资的资本成本，提高投资收益率或降低投资风险。但当经济处于过度繁荣时期，反而会通过提高税率、减少税收优惠等措施来提高资本成本，降低投资者的税后收益，抑制投资行为，给经济降温。

2. 税收对政府投资的效应

税收对政府投资的效应主要体现在通过税收数量或总规模的变化来改变政府的投资总量和投资结构。

（1）税收对政府投资总量的影响。在经常性财政支出既定的情况下，税收规模越大，可供政府投资的规模就越大。在一定时期内，私人投资和政府投资构成社会投资总量。当私人投资规模既定时，政府投资规模的大小就决定了投资总量的大小。而政府如果扩大投资，

---

① 刘慧娟：《基于税收与经济增长二者关系的理论分析》，《经济研究导刊》2010 年第 6 期。

就必须增加税收，以便于政府的再分配，因此税收总量与政府投资规模之间互为依存。

（2）税收对政府投资结构的影响。政府可以通过税收政策的制定，影响投资决策，最终影响投资方向和投资结构。对国家需要鼓励和扶持的投资方向，实行低税率，或减免税等优惠，降低投资成本，提高投资收益；对国家需要抑制的投资方向，实行重税或取消税收优惠，增加投资成本，从而降低投资收益，改变私人投资的抉择。

第三节　财税政策影响资本形成的作用机理

舒尔茨认为，全面的资本概念应当包括物和人两方面，即物质资本和人力资本（包括技术资本）。[1] 物质资本＝固定资产+存货（各种中间产品、在制品、制成品、库存等），人力资本是指人们通过教育、培训和经验而获得的知识与技能。

资本的积累水平主要取决于一定时期一个社会所拥有的投资品的数量。更多的投资品意味着更高的资本形成水平，但投资品的增加必须要有足够的储蓄资金予以支持。因此，国民收入中用于消费后的剩余就转化为储蓄，储蓄又转化为资本积累，资本积累再转化为投资，而投资转化为一定的生产能力的过程就是资本形成。在经济的发展过程中，资本的形成发挥着不可替代的作用。如何运用财税政策促进资本的形成就成为经济增长理论研究的核心内容。

---

① Schultz T., "Investment in Human Capital", *American Economic Review*, No. 1, 1961.

一、财税政策在物质资本形成中的作用

根据新古典增长模型，物质资本的收益率递减会导致人均增长的停滞不前，财政政策在资源配置方面具有重要作用，通过增加税收可以动员额外资源增加投资水平。具体来说，资本增长下降和潜在产出增长下降的基本原因是资本税后报酬率的下降，税收政策通过影响租金价格进而影响到预期的资本存量从而介入投资决策。如果替代弹性（即对于其价格比率中 1% 的变化，在一项给定的产出水平下，资本对劳动比率变化的百分比）大到 1，货币和税收政策会通过改变资本的税后租金价格来改变预期的资本—产出率。①

美国现代新古典学派认为国内储蓄的多少直接影响到资本积累，即储蓄决定投资，灵活的利率将确保更高的储蓄率会被转化为增加的投资而不是降低总需求，因此减税对私人储蓄有重大影响，减税将提高全部储蓄。② 这是因为伴随着减税，私人储蓄的增加将多于政府赤字的增加。此外，由于紧缩性货币政策对住宅建设有很强的抑制作用，所以可以实行紧缩性货币政策以减少住宅投资，同时实行减税以刺激营业投资，从而刺激资本转向营业部门。如果把这种方法与限制性财政政策（减少公共和私人的消费）和宽松性货币政策结合起来，那么效果会更好。

欧洲现代新古典学派在主张减税的同时还指出，过高的实际工资率也会导致利润率的降低并削弱对投资的刺激，而工资和价格不完全是由市场力量决定。过高的失业保险是失业和高实际工资的一个主要原因，而失业又是过度高工资的结果。这些单凭市场力量无法解决，

---

① 巴瑞·P. 博斯沃斯：《税收刺激与经济增长》，中国财政经济出版社 1998 年版。

② 邓子基、邓力平：《美国加拿大税制改革比较》，中国财政经济出版社 1991 年版。

所以需要进行结构性改革来提高生产率。为此，降低税负的同时需要降低单位劳动成本，提高利润率和增强投资刺激。

供给学派虽然所持主张和新古典学派有很大差异，但在物质资本形成方面也极力主张减税。埃文斯认为，私人部门对投资、生产率、收入等的增减变化在很大程度上取决于其储蓄（即资本积累行为），而资本积累行为对税负变动非常敏感，资本的税后报酬率会直接影响资本的投入。① 罗伯斯特（1978）明确提出过高的边际税率改变了劳动与休闲的代价，相对于储蓄，现时消费的成本下降，因为现时储蓄承担的税负较高。由此得出，高税负会导致工作热情和储蓄与投资下降。因此他们也主张减税。但减税的目的在于刺激总供给（因为供给自行创造需求），刺激各种生产要素的供给，刺激个体的储蓄、投资等方面。因而减税的重点首先是企业所得税；在个人所得税减税方面，主要围绕刺激劳动力供应、鼓励储蓄而进行。与此同时，他们认为减税虽然在短期内可能扩大财政赤字，但从长期看，减税会刺激私人投资和储蓄，从而促进经济增长，使税基扩大，最终使政府财政收入增加，即私人储蓄的提高加上来自更高税收收入水平的税收二次补偿，将大于最初的赤字，因此减税时并不需要削减政府支出。

二、财税政策在技术资本形成中的作用

新增长理论在强调人力资本作用的同时，也强调技术的作用，但认为是其外生变量。人力资本和技术之间存在着密切联系，技术资本的积累离不开人力资本的积累。为了技术进步，企业进行着人力资本

---

① 邓子基、邓力平：《美国加拿大税制改革比较》，中国财政经济出版社 1991 年版，第 41 页。

的积累，人力资本的积累又带来未来收入的增加，从而促进经济的持续增长。

内生经济增长理论则认为技术进步是经济增长的内生因素，因为技术进步是追逐利润最大化的厂商有意识的投资导致的。在没有政府干预的情况下，经济均衡的增长率通常表现为一种次优状态，经济的均衡增长率往往低于最优增长率，为此，需要政府制定经济政策促使经济尽可能达到最优状态。由于知识溢出的不断深化、基础与应用研究之间的互补性、研究部门面临的信贷约束、创新特性不可能性所导致的合同不完备性等均会阻碍研发投资和新技术的扩散，决定了公共干预在补贴研发活动以及分配和执行创新产权方面可以发挥一定的作用。

由于技术创新具有明显的正外部性和负外部性，政府为了达到正外部性而实施补贴有两种途径：

（一）政府通过给相关的企业提供资金来补贴研发，具体又分为定向补贴和非定向补贴两种

定向补贴是将补贴给特定的计划、企业或部门，前提是掌握足够的信息，能很好地知道哪个计划具有更大的正外部性。当公共基金成本高昂，同时在道德风险问题外还存在逆向选择问题时，政府可以通过对不同的企业提供事前或事后的奖励"菜单"，保证所提供的资金被更有效的使用。非定向补贴是面向所有参与研发的部门，一般是在政府没有足够的信息来明确指定哪些企业应当受到补贴的情况下使用，要做到的是保证应当补贴的企业获得正确的补贴数量。

（二）政府给成功的创新授予产权，允许相关企业因为创新而获得垄断租金

政府应根据研发企业的不同生产力，设定不同的专利期限。如果

消费的替代品与原来产品差别不大，创新者就可以通过定价来阻止替代，所以，长期的、范围窄的专利保护比较适用；如果消费替代品效用差别大，则短期的、范围广的专利可能更适合。

三、财税政策在人力资本形成中的作用

财税政策在影响物质资本投资的同时，还通过改变人力资本的成本与收益比来影响人力资本的投资。人力资本是体现在劳动力上的资本，国家、社会和个人等迫过投资于教育、职业训练和卫生保健等来提高劳动力的质量、工作能力和技术水平，从而提高劳动生产率，以获取价值增值的劳动产出及由此带来的收入和其他收益的增加。人力资本的形成需要有足够的投资才能发生。政府、企事业单位和个人是人力资本的投资主体。人力资本的来源主要有：（1）教育投资，这是人力资本最基础的部分，它不仅能够作为生产要素投入到物质产品和服务中，而且是其他类型人力资本投资的投入要素和形成基础；（2）专业技术知识投资，专业技术知识投资是人们通过接受专业技术教育活动获得的知识和技能；（3）边干边学，这种人力资本形成就是人们通过在生产和服务过程的实际来积累经验，教育资本存量和提供劳动与服务时间的长短决定了人力资本的大小；（4）健康资本，指人的本能精力、健康状况与寿命长短。因此，对于教育的投资是人力资本形成的重要来源，需要个人或企业对人力资本进行持续投资。

无论是新古典增长理论还是内生增长理论都强调人力资本的重要性，区别在于：新古典增长理论认为人力资本对经济增长是外生的，而内生增长理论认为人力资本是经济增长的内生因素，持续的人力资本投资、知识积累与技术进步等内生因素能保证经济的长期增长，资

本边际收益率才不会出现递减现象。人力资本投资所形成的知识以及由此引起的创新和发明具有很强的正外部性，因为市场价格无法准确反映人力资本交易的全部边际社会收益或边际社会成本，从而影响人们的决策，导致资源配置难以达到有效状态。因此，为了促进人力资本的形成，需要政府干预。政府通过财政政策增加对教育、高科技研究开发等方面的投资，不仅能提高人力资本的质量，而且能促进经济的长期稳定增长。在税收政策方面，政府应该采取一定的优惠措施降低创新所需要的固定成本，使创新厂商得到更多的利益，通过降低资本税、关税等政策鼓励物质资本和人力资本的积累。

罗森曾经就美国税收对就读大学概率的影响进行实证研究，发现累进所得税降低了就读大学的概率，对人力资本投资产生了抑制。[①]此外，不同的所得税对人力资本的影响也有所不同。索伦森利用并扩展了卢卡斯的以人力资本为基础的内生增长模型，[②]研究结果表明：资本所得征税的提高只会影响利率，长期则会降低生产的资本密集度，但对经济增长率的影响微乎其微。而劳动所得的征税对经济增长的影响则要视情况而论。如果政府提高学费，对劳动所得的征税会降低经济增长率；但如果政府补贴教育，对劳动所得的征税反而会促使经济增长率的提高。因此为了鼓励人力资本的形成，应通过资本所得的征税为政府提供生产性服务筹措收入。[③]

---

① 郭庆旺：《税收与经济发展》，中国财政经济出版社 1995 年版，第 182 页。

② 卢卡斯建立的以人力资本为基础的内生增长模型为：$\dfrac{dh/dt}{h} = \delta(1-u)$，其中 h 是人力资本，δ 是正常数，$1-u$ 是人力投资占总投资份额。

③ 查尔斯·I. 琼斯：《经济增长导论》，北京大学出版社 2002 年版。

第三章 我国资本形成效率的 现状及成因

第一节 我国资本形成效率的测算

资本包括物质资本、技术资本和人力资本，根据不同的资本类型，反映资本形成效率的指标也是不同的，为此，本章通过《中国统计年鉴》《中国科技统计年鉴》《中国人口和就业统计年鉴》等所提供的数据分别分析物质资本、技术资本和人力资本的形成效率。

一、物质资本形成效率的测算

物质资本在我国经济发展过程中发挥着不可替代的作用。改革开放以来，我国物质资本形成总额快速增长，由 1978 年的 1413 亿元增加到 2016 年的 329727 亿元，[①] 资本形成效率也有一定提高，但不同地区、不同行业却存在比较大的差异。

（一）分省物质资本形成效率的测算

由于从 1999 年起，我国才开始统计分地区的国民生产总值收入

---

① 数据来源于《2017 年中国统计年鉴》。

法构成项目,因此本书测算分地区物质资本形成效率涉及的数据跨度是 1999—2016 年。一般衡量物质资本形成效率的指标主要是资本平均产出率=(生产税净额+营业盈余)÷物质资本形成总额,根据《中国统计年鉴》GDP 收入法构成项目提供的数据,计算出的分地区物质资本产出率见表 3-1。从表 3-1 和图 3-1 可知不同省份物质资本形成效率存在较大差异,总体分析来看:东部省份物质资本形成效率高于中部省份,中部省份又高于西部省份,东北的辽宁和黑龙江由居于全国领先地位转为中下水平。具体到省份,辽宁、黑龙江、云南、西藏、甘肃、新疆这几个省份 2016 年物质资本形成效率明显低于 1999 年,其中辽宁和西藏属于单边下滑,黑龙江、云南、新疆是先逐步上升,到达高点后再逐步下滑,但三个省份高点的年份不同;而其他省份均是 2016 年高于 1999 年,但大多数省份的态势是先上升,到 2008 年达到高峰后开始回落;在 1999—2016 年总体保持增长态势的主要是上海、江苏、湖北。

为进一步比较不同地区情况,本书运用聚类分析方法对表 3-1 进行分组,结果如图 3-2 所示:

第一类为北京、黑龙江、上海、浙江、广东,在 1999—2016 年,总体上这 5 个省市的物质资本产出率最高,其中广东平均达到了 114.65%,排在第一位。

第二类为天津、河北、山西、内蒙古、吉林、江苏、安徽、福建、江西、山东、河南、湖北、湖南、广西、海南、重庆、四川、贵州、云南、陕西、甘肃、新疆。这些省份资本产出率基本上都先由低到高,然后在 2008 年或 2009 年达到高点后逐步降低,总体在全国处于中等水平。

表3-1　1999—2016年分省物质资本产出率

单位:%

地区/年份	1999	2000	2001	2002	2003	2005	2006	2007	2008	2009	2010	2011	2012	2014	2015	2016	平均值
北京	54.15	68.78	114.5	123.19	133.94	79.26	84.87	96.52	131.76	81.88	86.4	91.32	87.82	93.79	89.98	87.2	94.09
天津	62.68	72.49	81.62	85.5	84.41	102.29	105.07	99.57	105.44	68.09	65.16	64.15	64.44	63.8	72.9	80.84	79.9
河北	75.73	82.48	81.68	89.47	89.98	98	99.27	96.63	106.8	60.88	61.35	63.99	62.79	61.49	59.01	59.79	78.08
山西	81.16	80.9	112.46	109.31	115.52	95.89	94.95	103.24	114.92	58.72	68.07	65.75	59.91	48.75	47.59	47.57	81.54
内蒙古	59.17	60.05	96.4	83.1	67.86	65.81	66.1	74.77	93.99	54.92	57.31	59.27	53.57	51.15	50.3	52.08	65.37
辽宁	132.45	129.05	131.84	124.44	108.67	81.23	77.61	79.09	72.14	57.7	59.37	64.01	62.01	63.39	88.44	88.43	88.74
吉林	67.48	87.43	80.39	80.36	76.94	81.6	57.73	56.88	61.83	51.7	53.25	56.75	58.65	56.22	50.97	57.81	64.75
黑龙江	107.63	135.3	112.62	96.36	102.35	142.07	136.68	117.71	124.32	79.27	93.61	95.19	82.57	70.67	60.65	60.62	101.1
上海	89.07	87.4	98.28	104.33	99.14	108.9	106.77	112.79	128.78	102.21	110	118.87	121.6	121.93	118.55	111.08	108.73
江苏	82.79	83.5	83.85	84.22	76.95	91.52	90.92	103.66	113.31	84.02	88.79	87.82	87.98	94.61	98.15	100.27	90.77
浙江	89.12	81.59	92.66	91.65	84.73	95.7	98.42	102.52	112.63	102.94	105.15	103.26	101.02	92.9	89.44	88.95	95.79
安徽	91.33	89.43	86.03	86.46	88.47	91.65	91.33	91.3	105.25	74.07	79.33	77.47	75.47	76.94	75.98	77.48	84.87
福建	81.56	91.43	83.61	81.95	79.12	95.04	89.02	89.96	97.17	63.26	71.97	69.32	67.3	63.9	61.01	61.96	77.97
江西	59.62	79.8	77.77	74.21	64.15	86.22	92.54	98.7	118.66	76.21	82.58	82.68	83.41	97.64	89.41	88.01	84.48
山东	84.57	77.43	73.03	74.51	74.34	99.1	101.76	102.51	120.74	76.84	85.25	85.82	85.78	79.75	72.93	81.35	85.98
河南	61.82	62.51	56.79	60.55	61.78	92.14	91.35	86.84	94.36	58.59	54.58	53.8	51.75	48.75	49.09	50.66	64.71
湖北	57.59	54.86	24.57	29.53	42.42	91.61	91.93	92.92	107.25	70.53	81.09	69.96	69.07	66.17	66.57	67.79	67.74

续表

地区/年份	1999	2000	2001	2002	2003	2005	2006	2007	2008	2009	2010	2011	2012	2014	2015	2016	平均值
湖南	73.43	73.67	59.4	59.05	72.78	109.51	98.37	98.61	109.52	75.81	71.71	70.86	70.44	67.23	71.82	73.61	78.47
广东	84.41	93.74	135.59	144.22	141.8	127.45	127.86	136.02	155.63	107.75	107.54	104.44	97.47	92.2	90.18	88.08	114.65
广西	71.58	74.84	63.9	68.69	75.63	88.52	89.41	79.79	93.02	35.87	33.48	32.58	39.54	54.23	52.36	52.56	62.88
海南	63.23	66.39	77.1	74.15	74.22	83.04	76.35	90.53	99.58	56.38	58.47	58.22	48.92	37.91	45.42	45	65.5
重庆	75.65	74.62	71.36	68.32	59.38	81.84	83	84.8	85.25	66.41	69.34	69.68	70.81	85.47	84.43	83.2	75.85
四川	77.18	86.05	71.65	69.95	69.97	88.13	79.38	76.55	88.21	68.87	74.66	80.97	82.65	85.34	77.13	76.26	78.31
贵州	35.99	41.41	55	59.1	60.99	78.03	82.75	89.3	111.18	56.54	58.32	59.61	55.25	50.13	47.17	45.91	61.67
云南	71.62	83.61	76.88	88.71	75.63	57.92	68.43	75.34	109.82	63.11	53.28	49.33	46.94	43.5	41.79	40.38	65.39
西藏	74.83	69.26	91.37	67.09	63.69	54.25	30.58	33.64	46.23	24.55	19.27	24.34	20.63	19.84	23.29	24.12	42.94
陕西	66.72	49.34	63.82	73.46	61.98	87.68	79.64	84.49	92.28	65.47	72.71	72.3	72.01	66.05	62.17	59.36	70.59
甘肃	71.59	69.21	74.79	69.38	90.23	82.57	76.64	79.69	77.52	62.59	57.71	64.69	63.62	57.18	50.98	47.26	68.48
青海	44.57	46.44	41.3	40.35	40.07	59.65	53.94	58.69	79.73	39.95	47.4	45.97	42.69	22.38	20.79	17.81	43.86
宁夏	43.26	42.43	57.29	57.05	55.21	50.8	47.91	51.83	67.89	31.72	34.34	41.22	37.93	28.39	22.83	25.39	43.47
新疆	66.01	87.4	67.61	63.96	61.05	64.52	65.29	69.94	95.16	52.5	57.31	57.19	41.95	33.19	25.73	26.43	58.45

注：包括全国 31 个省、自治区、直辖市数据，未包括港、澳、台数据。

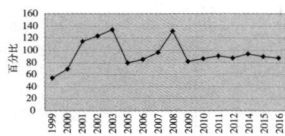

北京

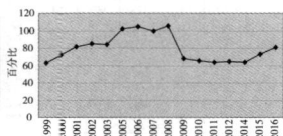

天津

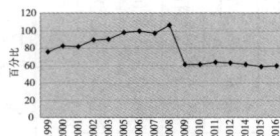

河北

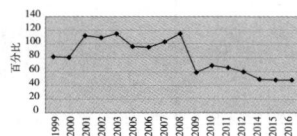

山西

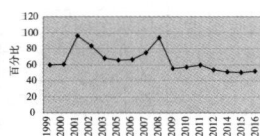

内蒙古

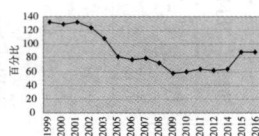

辽宁

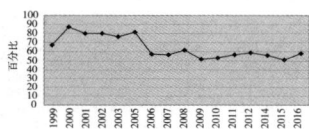

吉林

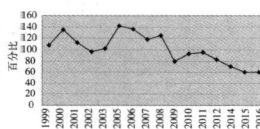

黑龙江

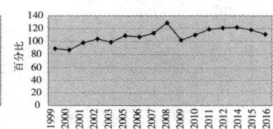

上海

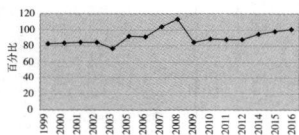

江苏

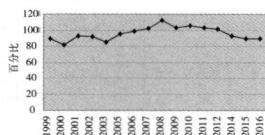

浙江

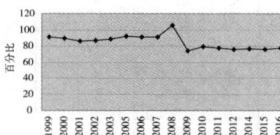

安徽

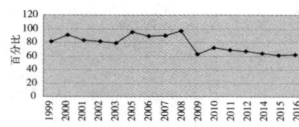

福建

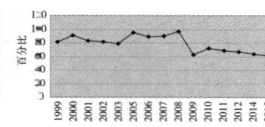

江西

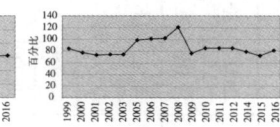

山东

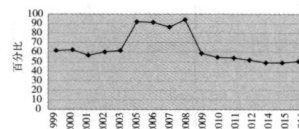

河南

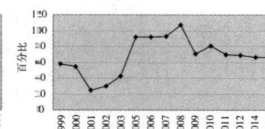

湖北

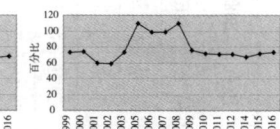

湖南

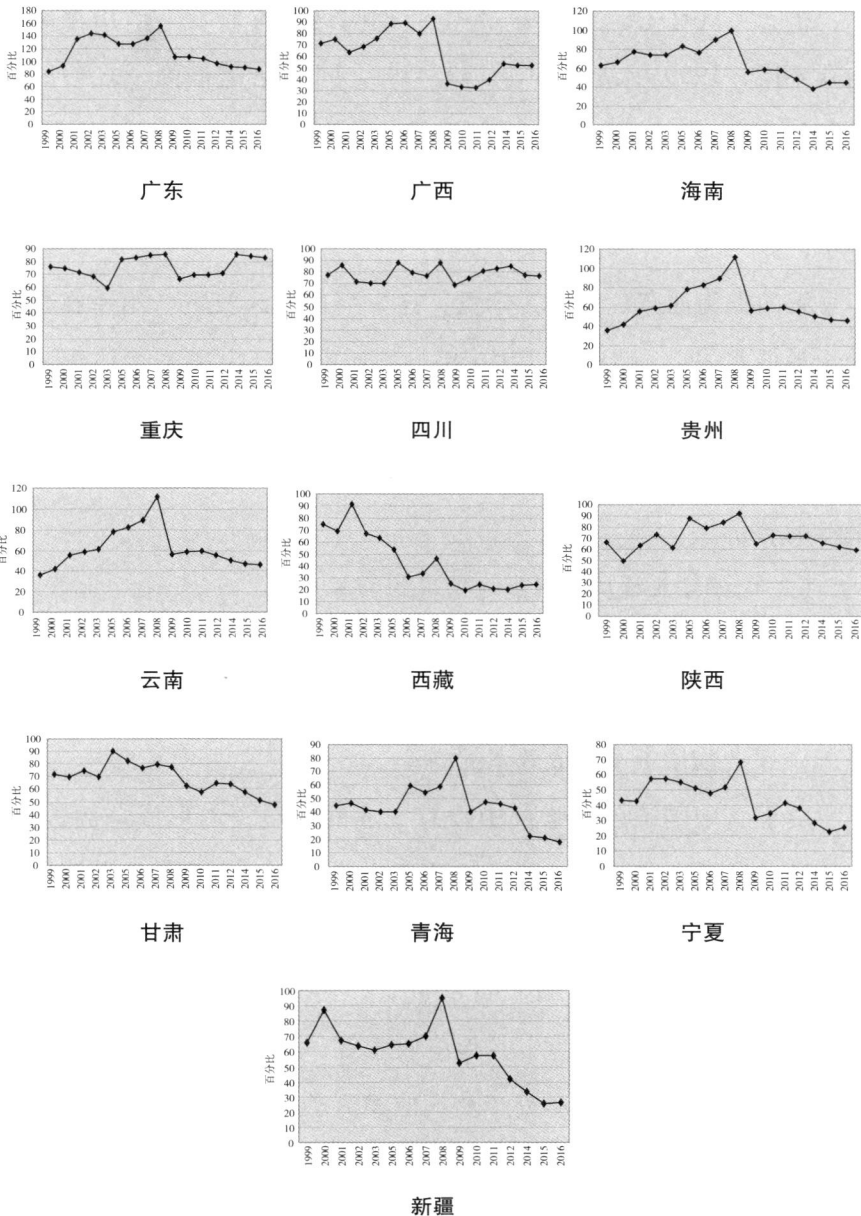

图 3-1　各省份 1999—2016 年物质资本产出率态势

注：包括全国 31 个省、自治区、直辖市数据，未包括港、澳、台数据。

第三类只有辽宁。1999—2016 年期间这个省的资本产出率态势与众不同，1999 年最高，达 132.45%，同年全国最高，之后一路下降到 2009 年的 57.7%后开始反弹，到 2016 年又增长到 88.43%。尽管波动幅度大，但如果从平均值来看，88.74%还处于全国偏上水平。

第四类为西藏、青海、宁夏，这 3 个自治区资本产出率在全国处于最低水平，在 1999—2016 年，物质资本产出率平均值都未超过 50%，其中西藏基本属于单边下降态势，由 1999 年的 74.83%降到 2016 年的 24.12%。而青海在 2016 年连 20%都不到，成为全国最低的省份。

（二）分行业物质资本形成效率的测算

基于数据的可取得性，本书主要测算工业、建筑业、房地产业、限额以上批发业、零售业以及住宿餐饮业的物质资本形成效率。

1. 工业物质资本形成效率的测算

由于《中国统计年鉴》中没有工业的物质资本形成总额数据，因此用非流动资产代替工业的物质资本。资产一般包括流动资产和非流动资产两方面，其中流动资产包括一般在一个会计年度内可以变现、出售或耗用的存货、货币资金、交易性金融资产、预付款项、应收票据、应收账款、其他应收款等；非流动资产包括长期股权投资、固定资产、无形资产及其他非流动资产等，反映的是历史上投资流量和折旧（或摊销）的变化。由于物质资本形成主要包括固定资产形成（投资）和存货变动，反映的是当年流量的变化，所以口径上还是有所差异的。但是从长期来看，资本也应是存量的概念，是企业多年投资的积累。因此，非流动资产代替资本还是可

使用平均连接（组间）的谱系图

重新标度的距离聚类组合

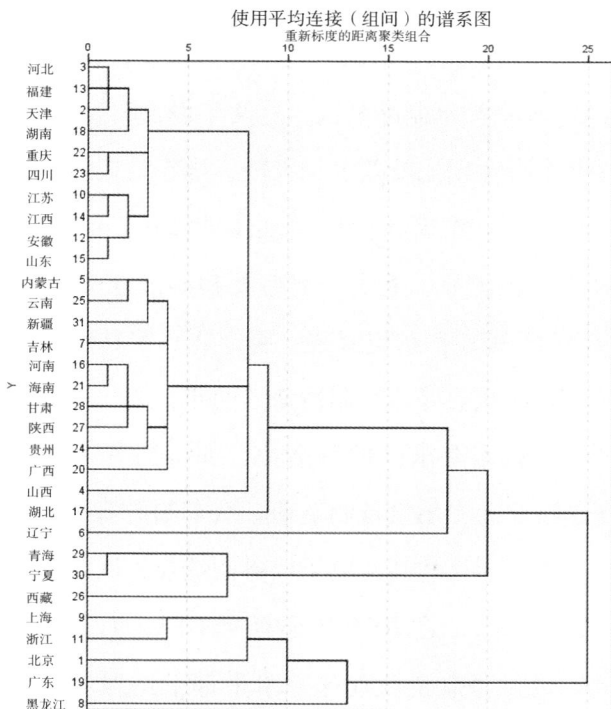

图 3-2　各省级物质资本产出率聚类分析情况

注：包括全国 31 个省、自治区、直辖市数据，未包括港、澳、台数据。

取的。

　　基于此，作为反映工业物质资本形成效率的指标，资本平均产出率＝（税金总额+利润+利息支出）／（资产总额−流动资产），其中税金包括主营业务税金及附加和应交增值税。

　　由于统计年鉴不同年份统计的口径不同，基于数据的可取得性，对工业资本产出率的测算，主要选取 2015 年、2016 年的数据分行业进行计算。其中税金是全部工业口径，其他数据是规模以上工业口径，因此计算的资本平均产出率比实际情况会略高。总体上工业资本平均产出率 2015—2016 年都达到了 20% 以上，不过 2016 年比 2015

年略有下降。具体到不同的行业，资本产出率变化存在很大差异。其他采矿业资本产出率最高，2015 年达到 995.83%，2016 年虽然大幅下降，也有 503.2%；烟草制品其次，这两年也都超过了 200%；其他行业水平与这两个行业相比就差了一大截，排在第三的其他制造业为 70% 略高，石油加工、炼焦和核燃料加工业 2016 年为 52.97%，比 2015 年有明显提高；皮革、毛皮、羽毛及其制品业和制鞋业则略有下降，2016 年为 43.67%；纺织服装、服饰业，家具制造业，印刷和记录媒介复制业，纺织业等传统制造业这两年在 20%—30% 之间。需要引起重视的是，技术要求高的制造业，如医药制造业，金属制品业，通用设备制造业，专用设备制造业，汽车制造业，电气机械和器材制造业，计算机、通信和其他电子设备制造业，以及仪器仪表制造业等也维持在这一水平，且 2016 年还有所下降；而铁路、船舶、航空航天和其他运输设备制造业连这一水平都未达到，2015 年、2016 年分别为 19% 和 18.03%（见表 3-2、表 3-3）。

表 3-2　2015 年工业各行业资本和产出指标

行业	资本（亿元）			产出（亿元）					资本产出率（%）
	资产总计	流动资产合计	非流动资产	营业税金及附加	应交增值税	利息支出	利润	小计	
总计	1023398	469207.3	554190.9	12963.68	21198.09	13484.24	66187.07	113833.1	20.54
煤炭开采和洗选业	53788.47	19852.98	33935.49	390.38	814.8	847.09	405.07	2457.34	7.24
石油和天然气开采业	20570.46	2632.28	17938.18	342.31	591.19	180.96	692.37	1806.83	10.07
黑色金属矿采选业	10588.32	4188.27	5400.05	65.28	102.86	131.46	519.26	818.86	12.79
有色金属矿采选业	5829.68	2153.3	3676.38	84.76	94.82	79.68	450.82	710.08	19.31
非金属矿采选业	4110.94	1636.12	2474.82	291.05	86.94	59.21	422.24	859.44	34.73
开采辅助活动	2760.84	1390.66	1370.18	—	—	12.7	49.99	62.69	4.58
其他采矿业	13.84	4.73	9.11	46.18	42.62	0.47	1.45	90.72	995.83

续表

行业	资本（亿元）			产出（亿元）					资本产出率（％）
	资产总计	流动资产合计	非流动资产	营业税金及附加	应交增值税	利息支出	利润	小计	
农副食品加工业	32888.25	16898.01	15990.24	14.41	184.43	554.71	3423.92	4177.47	26.13
食品制造业	14677.48	7118.51	7558.97	37.37	472.12	152.89	1876.57	2538.95	33.59
酒、饮料和精制茶制造业	15599.8	8027.51	7572.29	299.8	308.26	140.12	1799.65	2547.83	33.65
烟草制品业	9190.25	6740.87	2449.38	4720.56	1159.9	-16.78	1199.6	7063.28	288.37
纺织业	24304.04	12394.68	11909.36	43.76	515.2	473.98	2224.26	3257.2	27.35
纺织服装、服饰业	13043.73	7417.16	5626.57	40.52	484.36	148.82	1363.03	2036.73	36.2
皮革、毛皮、羽毛及其制品业和制鞋业	7323.85	4339.31	2984.54	19.39	292.26	100.2	980.8	1392.65	46.66
木材加工和木、竹、藤、棕、草制品业	6416.39	2901.67	3514.72	13.05	111.72	121.95	874.09	1120.81	31.89
家具制造业	5012.7	2727.13	2285.57	10.81	139	57.87	512.64	720.32	31.52
造纸和纸制品业	14024.04	6527.03	7497.01	16.53	219.37	257.71	792.82	1286.43	17.16
印刷和记录媒介复制业	5529.08	2803.74	2725.34	11.95	154.02	59.7	577.97	803.64	29.49
文教、工美、体育和娱乐用品制造业	8361.22	5086.58	3274.64	14.61	171.84	106.39	927.82	1220.66	37.28
石油加工、炼焦和核燃料加工业	24795.95	10064.08	14731.87	4328.61	1203.9	416.86	732.49	6681.86	45.36
化学原料和化学制品制造业	72573.12	30555.62	42017.5	115	99.75	1266.03	4669.98	6150.76	14.64
医药制造业	25071.09	13040.47	12030.62	52.36	74.21	244.47	2717.35	3088.39	25.67
化学纤维制造业	6695.12	3184.02	3511.1	7.31	81.79	132.71	306.79	528.6	15.06
橡胶和塑料制品业	21550.62	11092.53	10458.09	44.5	597.19	296.01	1962.38	2900.08	27.73
非金属矿物制品业	49076.71	22356.36	26720.35	54.91	755.62	741.67	3789.36	5341.56	19.99
黑色金属冶炼和压延加工业	64748.32	24672.85	40075.47	49.17	538.66	1142.59	589.94	2320.36	5.79
有色金属冶炼和压延加工业	37996.29	18418.82	19577.47	28.17	352.16	742.75	1459.53	2582.61	13.19
金属制品业	25889.81	14249.09	11640.72	61.19	677.43	322.97	2239.34	3300.93	28.36

续表

行业	资本（亿元）			产出（亿元）					资本产出率（%）
	资产总计	流动资产合计	非流动资产	营业税金及附加	应交增值税	利息支出	利润	小计	
通用设备制造业	41842.85	24922.92	16919.93	70.83	1037.15	407.54	3142.93	4658.45	27.53
专用设备制造业	35455.17	21308.37	14146.8	60.24	760.56	351.79	2186.65	3359.24	23.75
汽车制造业	59940.81	33920.66	26020.15	1057.67	1623.37	367.51	6243.25	9291.8	35.71
铁路、船舶、航空航天和其他运输设备制造业	22416.91	13695.2	8721.71	34.04	376.26	139.96	1106.68	1656.94	19
电气机械和器材制造业	57153.76	36400.52	20753.24	83.65	1169.4	501.5	4524.31	6278.86	30.25
计算机、通信和其他电子设备制造业	67231.29	44587.93	22643.36	115.91	1183.66	328.69	4563.74	6192	27.34
仪器仪表制造业	8024.43	5129	2895.43	12.71	151.85	52.52	743.75	960.83	33.18
其他制造业	2404.2	1374.2	1030	69.44	469.88	16.79	183.95	740.06	71.85
废气资源综合利用业	1980.71	1067.66	913.05	—	—	27.53	210.86	238.39	26.11
金属制品、机械和设备修理业	1303.91	755.26	548.65	—	—	11.02	48.24	59.26	10.8
电力、热力生产和供应业	124622.8	17636.88	106986	204.79	2404.45	2326.81	4976.28	9912.33	9.27
燃气生产和供应业	7928.92	2600.46	5328.46	18.5	78.56	80.14	507.21	684.41	12.84
水的生产和供应业	10691.94	3333.77	7358.17	18.09	54.87	107.24	187.69	367.89	5

表 3-3　2016 年工业各行业资本和产出指标

行业	资本（亿元）			产出（亿元）					资本产出率（%）
	资产总计	流动资产合计	非流动资产	营业税金及附加	应交增值税	利息支出	利润	小计	
总计	1085865.94	500852.8	585013.14	12963.68	21083.13	12650.57	71921.43	118618.81	20.27
煤炭开采和洗选业	53371.26	18929.41	34441.85	390.38	799.21	849.12	1159.53	3198.24	9.29
石油和天然气开采业	19995.66	2909.66	17086	342.31	368.15	165.02	-567.05	308.43	1.81
黑色金属矿采选业	9674.29	3483.81	6190.48	65.28	88.04	132.92	410.91	697.15	11.26
有色金属矿采选业	5884.61	2090.49	3794.12	84.76	93.07	77.46	458.75	714.04	18.82

续表

行业	资本（亿元）			产出（亿元）					资本产出率（%）
	资产总计	流动资产合计	非流动资产	营业税金及附加	应交增值税	利息支出	利润	小计	
非金属矿采选业	3995.55	1692.52	2303.03	291.05	87.39	56.48	405.7	840.62	36.5
开采辅助活动	2825.78	1390.39	1435.39			-23.48	-67.84	-91.32	-6.36
其他采矿业	22.03	8	14.03	46.18	22.43	0.45	1.55	70.61	503.28
农副食品加工业	33924.5	17230.77	16693.73	14.41	18l.77	544.34	3623.58	4364.1	26.14
食品制造业	15496.83	7475.01	8021.82	37.37	475.47	144.85	2083.43	2741.12	34.17
酒、饮料和精制茶制造业	16761.53	8867.68	7893.85	299.8	295.02	133.3	1908.52	2636.64	33.4
烟草制品业	10210.17	7156.67	3053.5	4720.56	1048.6	-19.17	1038.05	6788.04	222.3
纺织业	24522.83	12343.89	12178.94	43.76	466.38	437.81	2285.63	3233.58	26.55
纺织服装、服饰业	13748.08	7696.88	6051.2	40.52	430.87	161.91	1428.29	2061.59	34.07
皮革、毛皮、羽毛及其制品业和制鞋业	7396.26	4292.6	3103.66	19.39	250.74	97.02	988.07	1355.22	43.67
木材加工和木、竹、藤、棕、草制品业	6498.02	2889.58	3608.44	13.05	117.14	115.43	905.18	1150.8	31.89
家具制造业	5552.82	3032.6	2520.22	10.81	137.83	57.01	574.39	780.04	30.95
造纸和纸制品业	14117.32	6393.39	7723.93	16.53	241.73	230.06	866.87	1355.19	17.55
印刷和记录媒介复制业	5941.04	3003.29	2937.75	11.95	150.53	55.53	575.22	793.23	27
文教、工美、体育和娱乐用品制造业	8932.02	5262.73	3669.29	14.61	157.98	110.7	1018.76	1302.05	35.49
石油加工、炼焦和核燃料加工业	26508.18	11631.12	14877.06	4328.61	1276.72	390.28	1884.97	7880.58	52.97
化学原料和化学制品制造业	76073.78	31939.51	44134.27	115	1056.26	1175.96	5180.3	7527.52	17.06
医药制造业	28789.11	15119.3	13669.81	52.36	806.77	238.51	3114.99	4212.63	30.82
化学纤维制造业	7148.68	3336.88	3811.8	7.31	79.72	124.95	388.75	600.73	15.76
橡胶和塑料制品业	22633.58	11825.35	10808.23	44.5	593.91	282.31	2080.81	3001.53	27.77
非金属矿物制品业	50865.83	23290.97	27574.86	54.912	800.14	701.58	4243.65	5800.282	21.03
黑色金属冶炼和压延加工业	63537.39	24691.76	38845.63	49.17	577.21	996.69	1773.76	3396.83	8.74
有色金属冶炼和压延加工业	40157.03	18947.15	21209.88	28.176	372.14	675.18	1991.69	3067.186	14.46

续表

行业	资本（亿元）			产出（亿元）					资本产出率（%）
	资产总计	流动资产合计	丰流动资产	营业税金及附加	应交增值税	利息支出	利润	小计	
金属制品业	26725.62	14656.91	12068.71	61.193	718.36	300.13	2392.88	3472.563	28.77
通用设备制造业	43335.59	25768.57	17567.02	70.8308	1001.28	376.61	3178.66	4627.3808	26.34
专用设备制造业	36841.47	21938.54	14902.93	60.238	747.65	360.56	2280.04	3448.488	23.14
汽车制造业	68536.75	39853.53	28683.22	1057.67	1772.23	355.6	6853.77	10039.27	35
铁路、船舶、航空航天和其他运输设备制造业	23662.54	14255.97	9406.57	34.04	355.78	130.86	1175.7	1696.38	18.03
电气机械和器材制造业	63139.09	40030.68	23108.41	83.65	1149.22	449.64	5150.27	6832.78	29.57
计算机、通信和其他电子设备制造业	79055.49	52615.82	26439.67	115.91	1126.63	305.23	5070.17	6617.94	25.03
仪器仪表制造业	8832.94	5615.91	3217.03	12.71	148.05	47.24	820.7	1028.7	31.97
其他制造业	2341.14	1332.37	1008.77	69.44	477.77	17.55	176.33	741.09	73.46
废气资源综合利用业	2119.25	1117.51	1001.74	—	50.3	32.17	213.18	295.65	29.51
金属制品、机械和设备修理业	2198	1269.53	928.47	—	—	29.01	14.22	43.23	4.66
电力、热力生产和供应业	134531.39	19338.62	115192.77	204.79	2405.1	2145.55	4126.41	8881.85	7.71
燃气生产和供应业	8287.77	2589.09	5698.68	18.5	79.41	78.16	504.39	680.46	11.94
水的生产和供应业	11674.71	3538.24	8136.47	18.09	76.14	109.97	208.26	412.46	5.06

　　从表 3-4 可以发现，虽然总体上工业在 2015—2016 年的物质资本产出率变化不大，但涉及具体行业存在较大差异。其他采矿业减少程度最大，烟草制品业减少幅度也不小，石油加工、炼焦和核燃料加工业作为增幅最大的行业，也只增加了 7.64 个百分点。

表 3-4　2015—2016 年工业各行业物质资本产出率变化情况

单位:%

行业	2015 年	2016 年	增减
总计	20.54	20.27	-0.27
煤炭开采和洗选业	7.24	9.29	2.05
石油和天然气开采业	10.07	1.81	-8.26
黑色金属矿采选业	12.79	11.26	-1.53
有色金属矿采选业	19.31	18.82	-0.49
非金属矿采选业	34.73	36.5	1.77
开采辅助活动	4.58	-6.36	-10.94
其他采矿业	995.83	503.28	-492.55
农副食品加工业	26.13	26.14	0.01
食品制造业	33.59	34.17	0.58
酒、饮料和精制茶制造业	33.65	33.4	-0.25
烟草制品业	288.37	222.3	-66.07
纺织业	27.35	26.55	-0.8
纺织服装、服饰业	36.2	34.07	-2.13
皮革、毛皮、羽毛及其制品业和制鞋业	46.66	43.67	-2.99
木材加工和木、竹、藤、棕、草制品业	31.89	31.89	0
家具制造业	31.52	30.95	-0.57
造纸和纸制品业	17.16	17.55	0.39
印刷和记录媒介复制业	29.49	27	-2.49
文教、工美、体育和娱乐用品制造业	37.28	35.49	-1.79
石油加工、炼焦和核燃料加工业	45.36	52.97	7.61
化学原料和化学制品制造业	14.64	17.06	2.42
医药制造业	25.67	30.82	5.15
化学纤维制造业	15.06	15.76	0.7
橡胶和塑料制品业	27.73	27.77	0.04
非金属矿物制品业	19.99	21.03	1.04
黑色金属冶炼和压延加工业	5.79	8.74	2.95
有色金属冶炼和压延加工业	13.19	14.46	1.27

续表

行业	2015 年	2016 年	增减
金属制品业	28.36	28.77	0.41
通用设备制造业	27.53	26.34	-1.19
专用设备制造业	23.75	23.14	-0.61
汽车制造业	35.71	35	-0.71
铁路、船舶、航空航天和其他运输设备制造业	19	18.03	-0.97
电气机械和器材制造业	30.25	29.57	-0.68
计算机、通信和其他电子设备制造业	27.34	25.03	-2.31
仪器仪表制造业	33.18	31.97	-1.21
其他制造业	71.85	73.46	1.61
废气资源综合利用业	26.11	29.51	3.4
金属制品、机械和设备修理业	10.8	4.66	-6.14
电力、热力生产和供应业	9.27	7.71	-1.56
燃气生产和供应业	12.84	11.94	-0.9
水的生产和供应业	5	5.06	0.06

2. 其他行业的物质资本形成效率的测算

首先测算建筑业的物质资本形成效率。由于统计年鉴自 2014 年开始才有建筑业相关税金等数据，因此建筑业的资本平均产出率统计的是 2014—2016 年的数据。

需要说明的是，《中国统计年鉴》中建筑业企业的主要经济指标没有资产和流动资产、利息支出等指标，建筑业一般也没有存货，因此，基于年鉴提供数据的可取得性，建筑业的资本平均产出率 = （主营业务税金及附加 + 利润总额）÷ 固定资产原值。

从表 3-5 可以看出，建筑业的资本产出率不错，而且比较稳定，2014—2016 年都在 60% 以上。

表 3-5　2014—2016 年建筑业资本产出率

年份	固定资产原值（亿元）	主营业务税金及附加（亿元）	利润总额（亿元）	主营业务税金+利润（亿元）	资本产出率（%）
2014	17940.31	5325.48	6407.13	11732.61	65.40
2015	18823.2	5425.2	6451.23	11876.43	63.09
2016	18979.84	5905.29	6986.05	12891.34	67.92

再看房地产业，由于房地产业在生产经营的过程中需要大量融资，自有资金占比较低，财务费用较大，所以在测算房地产业的资本产出率时，将财务费用视为衡量产出的一个指标。因此，房地产业的资本产出率=（主营业务税金及附加+利润总额+财务费用）÷本年投资额。出乎意料的是，2007—2016 年间，房地产业的资本产出率并不高，虽然总体趋势有所上升，但最高年份 2013 年也只有 29.45%。2007 年最低，为 18.17%。如果产出指标中剔除财务费用，则资本产出率还要下降近 10 个点（见表 3-6），属于高投入低产出类型。

表 3-6　2007—2016 年房地产业资本产出率

年份	本年投资额（亿元）	主营业务税金及附加（亿元）	营业利润（亿元）	财务费用（亿元）	产出（亿元）	产出/投资（%）
2007	25288.84	1660.3	2436.61	499.02	4595.93	18.17
2008	31203.19	1829.2	3432.23	603.57	5865.00	18.80
2009	36241.81	2585.49	4728.58	658.00	7972.07	22.00
2010	48259.40	3464.66	6111.48	763.09	10339.23	21.42
2011	44319.50	3832.98	5798.58	1026.50	10658.06	24.05
2012	49374.21	4610.87	6001.33	1356.92	11,969.12	24.24

续表

年份	本年投资额（亿元）	主营业务税金及附加（亿元）	营业利润（亿元）	财务费用（亿元）	产出（亿元）	产出/投资（%）
2013	58950.76	6204.10	9562.67	1592.85	17,359.62	29.45
2014	64352.15	5968.43	6143.13	2026.84	14,138.40	21.97
2015	64595.24	6202.38	6165.54	2350.95	14718.87	22.79
2016	68703.87	6651.62	8673.23	2528.19	17853.04	25.99

批发零售业的资本产出效率比房地产业要好，批发零售业的资本平均产出率＝（主营业务税金及附加+利润总额）÷（期末商品库存额+固定资产）。2014—2016 年间，限额以上批发业和零售业资本产出率呈逐年上升态势，总体上批发业的资本产出效率比零售业高约10 个百分点（见表 3-7、表 3-8）。

表 3-7　2014—2016 年限额以上批发业资本产出率

年份	期末商品库存额（亿元）	固定资产合计（亿元）	资本（亿元）	主营业务税金及附加（亿元）	主营业务利润（亿元）	产出（亿元）	产出/资本（%）
2014	26080.9	8552.5	34633.4	1496.7	22714.2	24210.9	69.91
2015	25378.5	8322.1	33700.6	2127.1	22376.1	24503.2	72.71
2016	27295.7	8672.4	35968.1	2450.4	24845.1	27295.5	75.89

表 3-8　2014—2016 年限额以上零售业资本产出率

年份	期末商品库存额（亿元）	固定资产合计（亿元）	资本（亿元）	主营业务税金及附加（亿元）	主营业务利润（亿元）	产出（亿元）	产出/资本（%）
2014	12042.9	7737.6	19780.5	553.3	10689.5	11242.8	56.84

年份	期末商品库存额（亿元）	固定资产合计（亿元）	资本（亿元）	主营业务税金及附加（亿元）	主营业务利润（亿元）	产出（亿元）	产出/资本（%）
2015	11213.2	7835.9	19049.1	574.9	11117.2	11692.1	61.38
2016	11092.9	8384.6	19477.5	561.4	12449.6	13011	66.80

由于统计年鉴中住宿业和餐饮业没有利润总额数据，只有主营业务利润，因此住宿餐饮业的资本平均产出率＝（主营业务税金及附加＋主营业务利润）÷固定资产。根据测算，我们发现，限额以上的餐饮业由于行业的特点，相对投入低，形成的固定资产少，所以资本产出率较高且稳定，2014—2016年都超过了150%。相比之下，住宿业的投入要大，形成的固定资产规模高，资本产出率比餐饮业低了一大截，2014—2016年都未超过50%（见表3-9、表3-10）。

表3-9 2014—2016年限额以上住宿业资本产出率

年份	固定资产合计（亿元）	主营业务税金及附加（亿元）	主营业务利润（亿元）	产出（亿元）	产出/固定资产（%）
2014	4479.1	190.1	1952.2	2142.3	47.83
2015	4673.1	190	2006.6	2196.6	47.01
2016	4812.1	101.7	2108.6	2210.3	45.93

表3-10 2014—2016年限额以上餐饮业资本产出率

年份	固定资产合计（亿元）	主营业务税金及附加（亿元）	主营业务利润（亿元）	产出（亿元）	产出/固定资产（%）
2014	1467.7	227.5	1999.4	2226.9	151.73

年份	固定资产合计（亿元）	主营业务税金及附加（亿元）	主营业务利润（亿元）	产出（亿元）	产出/固定资产（%）
2015	1531.1	247.1	2097.7	2344.8	153.14
2016	1573.3	122.3	2256	2378.3	151.17

二、技术资本效率的测算

在经济的发展过程中，技术资本发挥着越来越重要的作用，衡量技术资本效率的指标主要有研发强度（即 R&D 占 GDP 比重）、人均研发资金、每万人专利申请授权数和科技活动人员数等指标，根据《中国科技统计年鉴》提供的数据，我国技术资本形成效率还不高，与先进国家相比还存在较大差距，具体通过以下指标反映，除特别注明的数据外的其他数据均采自《中国科技统计年鉴》。

（一）研发强度（R&D 占 GDP 比重）

从表 3-11 可以发现，1995—2017 年期间，我国研发经费支出规模大幅提升，由 1995 年的 348.7 亿元提高到 2017 年的 17500 亿元，人均研发资金由 28.79 元提高到 2017 年的 1258.92 元，R&D 占 GDP 比重由 1995 年的 0.57% 提高到 2017 年的 2.12%，超过欧盟 15 国 2.1% 的平均水平。其中 2002 年突破 1%，2014 年突破 2%，在世界上已属于中上水平了。从表 3-12 可以看出，目前 R&D 占 GDP 比重超过 4% 的只有韩国，超过 3% 的国家主要有日本、瑞典、奥地利、丹麦、芬兰，德国、美国、法国、捷克、比利时、荷兰和新加坡超过 2%。金砖四国中，中国最高，巴西、俄罗斯超过了 1%，而印度连 1% 都未达到（见表 3-12）。

表 3-11　1995—2017 年间中国 R&D 指标

指标	R&D 经费支出（亿元）	R&D 占 GDP 比重（%）	人均研发资金（元）
1995	348.7	0.57	28.79
1996	404.5	0.56	33.05
1997	481.5	0.60	38.95
1998	551.1	0.65	44.17
1999	678.9	0.75	53.97
2000	895.66	0.89	70.67
2001	1042.49	0.94	81.68
2002	1287.64	1.06	100.24
2003	1539.63	1.12	119.14
2004	1966.33	1.21	151.27
2005	2449.97	1.31	187.37
2006	3003.1	1.37	228.46
2007	3710.24	1.37	280.80
2008	4615.98	1.44	347.58
2009	5802.11	1.66	434.78
2010	7062.58	1.71	526.70
2011	8687	1.78	644.75
2012	10298.41	1.91	760.57
2013	11846.6	1.99	870.61
2014	13015.63	2.02	951.56
2015	14169.88	2.06	1030.82
2016	15676.75	2.11	1133.77
2017	17500	2.12	1258.92

表3-12　不同国家（地区）R&D占GDP的比重

单位：%

国家（地区）	1995	1996	1997	1998	1999	2000	2001	2002	2003	2004	2005	2006	2007	2008	2009	2010	2011	2012	2013	2014
中国	0.57	0.56	0.64	0.65	0.75	0.89	0.94	1.06	1.12	1.21	1.31	1.37	1.37	1.44	1.66	1.71	1.78	1.91	1.99	2.02
美国	2.40	2.44	2.47	2.50	2.54	2.62	2.64	2.55	2.55	2.49	2.51	2.55	2.63	2.77	2.82	2.74	2.76	2.70	2.74	—
日本	2.92	2.81	2.87	3.00	3.02	3.04	3.12	3.17	3.20	3.17	3.32	3.41	3.46	3.47	3.36	3.25	3.38	3.34	3.48	3.59
英国	1.79	1.71	1.66	1.67	1.75	1.72	1.71	1.72	1.67	1.61	1.63	1.65	1.68	1.69	1.74	1.69	1.69	1.62	1.66	1.70
法国	2.29	2.27	2.19	2.14	2.16	2.15	2.20	2.23	2.17	2.15	2.10	2.11	2.08	2.12	2.26	2.25	2.25	2.29	2.23	2.26
德国	2.13	2.14	2.18	2.21	2.33	2.39	2.39	2.42	2.46	2.42	2.42	2.46	2.45	2.60	2.73	2.71	2.80	2.87	2.83	2.90
澳大利亚	—	1.61	—	1.44	—	1.48	—	1.65	—	1.73	—	2.00	—	2.25	—	2.19	2.12	—	2.11	—
加拿大	1.66	1.61	1.62	1.72	1.76	1.86	2.03	1.98	1.97	2.00	1.98	1.95	1.91	1.86	1.92	1.84	1.80	1.79	1.69	1.61
意大利	0.97	0.99	1.03	1.05	1.02	1.01	1.04	1.08	1.06	1.05	1.05	1.09	1.13	1.16	1.22	1.22	1.21	1.27	1.31	1.29
瑞典	3.28	—	3.47	—	3.57	—	4,18	—	3.85	3.62	3.60	3.68	3.40	3.70	3.60	3.40	3.37	3.41	3.30	3.16
瑞士	—	2.65	—	—	—	2.53	—	—	—	2.90	—	—	—	2.99	—	—	—	2.97	—	—
土耳其	0.38	0.45	0.49	0.50	0.63	0.64	0.72	0.66	0.48	0.52	0.59	0.58	0.72	0.73	0.85	0.84	0.86	0.92	0.95	1.01
奥地利	1.53	1.58	1.66	1.74	1.85	1.89	2.00	2.07	2.18	2.17	2.38	2.37	2.43	2.59	2.61	2.74	2.68	2.93	2.96	3.07
比利时	1.64	1.73	1.79	1.82	1.89	1.92	2.02	1.89	1.83	1.81	1.78	1.81	1.84	1.92	1.99	2.05	2.16	2.36	2.43	2.47
捷克	0.95	0.97	1.08	1.15	1.14	1.21	1.20	1.20	1.25	1.25	1.41	1.49	1.48	1.41	1.48	1.56	1.85	1.88	1.91	2.00
丹麦	1.82	1.84	1.92	2.04	2.18	—	2,39	2.51	2.58	2.48	2.45	2.48	2.58	2.85	3.06	3.06	3.09	2.98	3.06	3.05
芬兰	2.20	2.45	2.62	2.79	3.06	3.25	3.20	3.26	3.30	3.31	3.33	3.34	3.35	3.55	3.75	3.73	3.64	3.42	3.29	3.17
希腊	0.43	—	0.45	—	0.60	—	0.58	—	0.55	0.53	0.58	0.56	0.58	0.66	0.63	0.60	0.67	0.70	0.81	0.84

续表

国家（地区）	1995	1996	1997	1998	1999	2000	2001	2002	2003	2004	2005	2006	2007	2008	2009	2010	2011	2012	2013	2014
冰岛	1.50	—	1.79	1.96	2.25	2.60	2.88	2.87	2.74	—	2.70	2.92	2.58	2.54	2.66	—	2.49	—	1.87	1.89
爱尔兰	1.22	1.27	1.24	1.21	1.15	1.09	1.05	1.06	1.12	1.18	1.19	1.20	1.23	1.39	1.61	1.61	1.53	1.56	1.54	1.49
墨西哥	0.28	0.28	0.31	0.34	0.38	0.33	0.35	0.39	0.39	0.39	0.40	0.37	0.37	0.40	0.43	0.45	0.43	0.43	0.50	0.54
荷兰	1.85	1.86	1.87	1.76	1.84	1.81	1.82	1.77	1.81	1.81	1.79	1.76	1.69	1.64	1.69	1.72	1.90	1.94	1.96	2.00
新西兰	0.95	—	1.09	—	1.00	—	1.10	—	1.15	—	1.12	—	1.16	—	1.25	—	1.23	—	1.15	—
挪威	1.65	—	1.59	—	1.61	—	1.56	1.63	1.68	1.55	1.48	1.46	1.56	1.56	1.72	1.65	1.63	1.62	1.65	1.71
葡萄牙	0.52	0.55	0.56	0.62	0.68	0.72	0.76	0.72	0.70	0.73	0.76	0.95	1.12	1.45	1.58	1.53	1.46	1.38	1.33	1.29
西班牙	0.77	0.79	0.78	0.85	0.84	0.88	0.89	0.96	1.02	1.04	1.10	1.17	1.23	1.32	1.35	1.35	1.33	1.28	1.26	1.23
韩国	2.20	2.26	2.30	2.16	2.07	2.18	2.34	2.27	2.35	2.53	2.63	2.83	3.00	3.12	3.29	3.47	3.74	4.03	4.15	4.29
中国台湾	1.69	1.72	1.79	1.88	1.94	1.91	2.02	2.10	2.22	2.26	2.32	2.43	2.47	2.68	2.84	2.80	2.90	2.95	3.00	3.00
新加坡	1.10	1.32	1.42	1.74	1.82	1.82	2.02	2.07	2.03	2.10	2.16	2.13	2.34	2.62	2.16	2.01	2.15	2.00	2.00	2.20
匈牙利	0.71	0.63	0.70	0.66	0.67	0.79	0.91	0.98	0.92	0.86	0.93	0.99	0.96	0.99	1.14	1.15	1.20	1.27	1.40	1.37
波兰	0.62	0.64	0.64	0.66	0.68	0.64	0.62	0.56	0.54	0.56	0.57	0.55	0.56	0.60	0.67	0.72	0.75	0.88	0.87	0.94
俄罗斯	0.85	0.97	1.04	0.95	1.00	1.05	1.18	1.25	1.29	1.15	1.07	1.07	1.12	1.04	1.25	1.13	1.09	1.13	1.13	1.19
巴西	0.87	0.77	—	—	—	0.99	1.02	0.95	0.88	0.83	0.97	1.02	1.07	1.09	1.18	1.16	1.14	1.15	1.24	1.26
印度	—	—	—	—	—	0.86	0.82	0.82	0.80	0.78	0.61	0.88	0.76	0.89	0.80	0.79	0.85	0.91	0.91	0.82

注："—"表示数据缺失。

　　与此同时，我们也注意到，在全国 R&D 研发强度逐年提升的情况下，各地区也在提高，但差异非常明显。从表 3-13 可以看出，北京研发投入非常大，2008—2015 年，R&D 研发强度由 4.95% 提高到 6.01%，在省级单位中遥遥领先，上海、天津也进入了 3% 的阵营，江苏、广东、浙江、陕西的 R&D 研发强度超过了 2%，但不到 3%；而内蒙古、广西、海南、贵州、云南、西藏、青海、宁夏和新疆的 R&D 研发强度低于 1%，其他省市则在 1%—2%（不含）之间。

表 3-13　2008—2015 年各地区 R&D 研发强度

单位:%

地区	2008	2009	2010	2011	2012	2013	2014	2015
全国	1.44	1.66	1.71	1.78	1.91	1.99	2.02	2.07
北京	4.95	5.5	5.82	5.76	5.95	5.98	5.95	6.01
天津	2.32	2.37	2.49	2.63	2.8	2.96	2.96	3.08
河北	0.68	0.78	0.76	0.82	0.92	0.99	1.06	1.18
山西	0.86	1.1	0.98	1.01	1.09	1.22	1.19	1.04
内蒙古	0.4	0.53	0.55	0.59	0.64	0.69	0.69	0.76
辽宁	1.39	1.53	1.56	1.64	1.57	1.64	1.53	1.27
吉林	0.82	1.12	0.87	0.84	0.92	0.92	0.95	1.01
黑龙江	1.04	1.27	1.19	1.02	1.07	1.14	1.07	1.05
上海	2.53	2.81	2.81	3.11	3.37	3.56	3.66	3.73
江苏	1.88	2.04	2.07	2.17	2.38	2.49	2.54	2.57
浙江	1.61	1.73	1.78	1.85	2.08	2.16	2.26	2.36
安徽	1.11	1.35	1.32	1.4	1.64	1.83	1.89	1.96
福建	0.94	1.11	1.16	1.26	1.38	1.44	1.48	1.51
江西	0.91	0.99	0.92	0.83	0.88	0.94	0.97	1.04
山东	1.4	1.53	1.72	1.86	2.04	2.13	2.19	2.27
河南	0.68	0.9	0.91	0.98	1.05	1.1	1.14	1.18
湖北	1.32	1.65	1.65	1.65	1.73	1.8	1.87	1.9
湖南	0.98	1.18	1.16	1.19	1.3	1.33	1.36	1.43

地区	2008	2009	2010	2011	2012	2013	2014	2015
广东	1.37	1.65	1.76	1.96	2..17	2.31	2.37	2.47
广西	0.47	0.61	0.66	0.69	0.75	0.75	0.71	0.63
海南	0.22	0.35	0.34	0.41	0.48	0.47	0.48	0.46
重庆	1.04	1.22	1.27	1.28	1.4	1.38	1.42	1.57
四川	1.27	1.52	1.54	1.4	1.47	1.52	1.57	1.67
贵州	0.53	0.68	0.65	0.64	0.61	0.58	0.6	0.59
云南	0.54	0.6	0.61	0.63	0.67	0.67	0.67	0.8
西藏	0.31	0.33	0.29	0.19	0.25	0.28	0.26	0.3
陕西	1.96	2.32	2.15	1.99	1.99	2.12	2.07	2.18
甘肃	1	1.1	1.02	0.97	1.07	1.06	1.12	1.22
青海	0.38	0.7	0.74	0.75	0.69	0.65	0.62	0.48
宁夏	0.63	0.77	0.68	0.73	0.78	0.81	0.87	0.88
新疆	0.38	0.51	0.49	0.5	0.53	0.54	0.53	0.56

注：包括全国 31 个省、自治区、直辖市数据，未包括港、澳、台数据。

总体上，经济发达省份研发投入高，研发强度大，而经济落后省份则相反。从表 3-14 可以看出，东部地区 R&D 经费支出总额占 R&D 比重达 68.05%，其中广东为 12.78%、江苏 12.57%、山东 9.98%、北京 9.93%、浙江 7.11%、上海 6.77%；中部地区为 15.00%，其中湖北 3.98%、安徽 3.03%；西部地区为 12.33%，其中四川 3.57%、陕西 2.76%；而东北地区仅 4.71%。

表 3-14　2015 年各地区研发投入占 R&D 的比重

地区	R&D 经费支出总额（百万元）	各地区占 R&D 比重（%）
全国	148892548	
东部地区	101324669	68.05
中部地区	22338115	15.00

续表

地区	R&D 经费支出总额（百万元）	各地区占 R&D 比重（%）
西部地区	18219390	12.33
东北地区	7010575	4.71
北京	14783447	9.93
天津	5327539	3.58
河北	3619779	2.43
山西	1394540	0.94
内蒙古	1422151	0.96
辽宁	3827677	2.57
吉林	1505645	1.01
黑龙江	1677054	1.13
上海	10081942	6.77
江苏	18720534	12.57
浙江	10592931	7.11
安徽	4508268	3.03
福建	4112954	2.76
江西	1812016	1.22
山东	14866129	9.98
河南	4442470	2.98
湖北	5923775	3.98
湖南	4257048	2.86
广东	19024452	12.78
广西	1102263	0.74
海南	194963	0.13
重庆	2561405	1.72
四川	5311829	3.57
贵州	655993	0.44
云南	1141746	0.77

地区	R&D 经费支出总额（百万元）	各地区占 R&D 比重（%）
西藏	32637	0.02
陕西	4104747	2.76
甘肃	959310	0.64
青海	120549	0.08
宁夏	266873	0.18
新疆	539890	0.36

注：包括全国 31 个省、自治区、直辖市数据，未包括港、澳、台数据。

进一步地运用聚类分析方法，31 个省区市研发投入强度从高到低可以分为以下 5 类（见图 3-3）：

第一类为北京；

第二类为天津、上海；

第三类为江苏、浙江、山东、广东、陕西；

第四类为河北、山西、辽宁、吉林、黑龙江、安徽、福建、江西、河南、湖北、湖南、重庆、四川、甘肃；

第五类为内蒙古、广西、海南、贵州、云南、西藏、青海、宁夏、新疆。

（二）每万人专利申请授权数

随着研发投入的不断增加，我国技术水平也在逐步提升，通常用万人专利申请授权数指标来反映原创性技术进步。从表 3-15 可以看出，1994—2017 年间，我国专利申请授权数突飞猛进，由 1994 年的 4.3 万件增加到 2017 年的 183.6 万件，每万人专利申请授权数由 0.36 件提高到 13.28 件。

使用平均连接（组间）的谱系图
重新标度的距离聚类组合

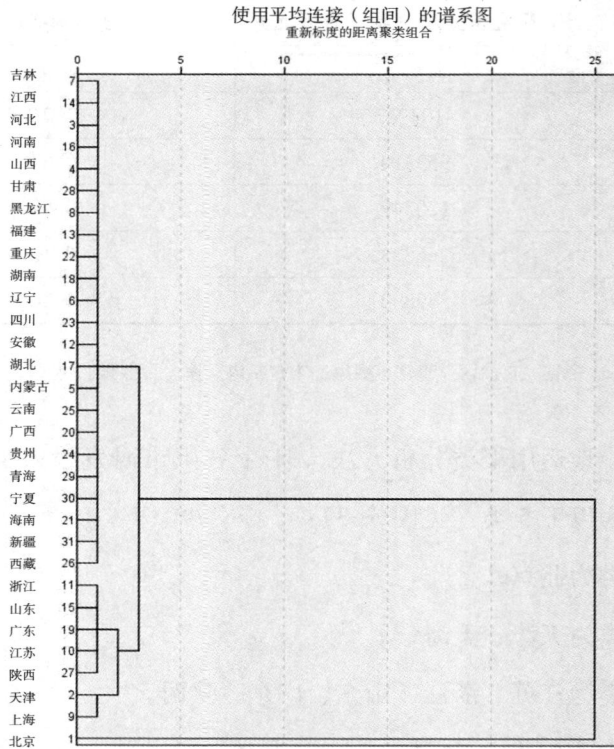

图3-3 各省区市研发投入强度聚类分析情况

注：包括全国31个省、自治区、直辖市数据，未包括港、澳、台数据。

表3-15 1994—2017年每万人专利申请授权数

年份	专利申请授权数（件数）	每万人专利申请授权数（件数）
1994	43297	0.36
1995	45064	0.37
1996	43780	0.36
1997	50992	0.41
1998	67889	0.54
1999	100156	0.80
2000	105345	0.83

续表

年份	专利申请授权数（件数）	每万人专利申请授权数（件数）
2001	114251	0.90
2002	132399	1.03
2003	182226	1.41
2004	190238	1.46
2005	214003	1.64
2006	268002	2.04
2007	351782	2.66
2008	411982	3.10
2009	581992	4.36
2010	814825	6.08
2011	960513	7.13
2012	1255138	9.27
2013	1313000	9.65
2014	1302687	9.52
2015	1718192	12.50
2016	1753763	12.68
2017	1836000	13.28

（三）科技活动人员数

随着教育的普及和程度的提高，我国每百万人中从事 R&D 活动人员数由 1994 年的 1283 人/年提高到 2015 年的 3988 人/年（见表3-16）。

表 3-16　1994—2015 年每百万人中从事 R&D 活动人员数

年份	从事 R&D 活动人员数（人/年）	每百万人中从事 R&D 活动人员数（人/年）
1994	2575869	1283
1995	2624734	1283
1996	2903153	1379

年份	从事 R&D 活动人员数（人/年）	每百万人中从事 R&D 活动人员数（人/年）
1997	288569	1349
1998	2814479	1194
1999	2905635	1267
2000	3223519	1614
2001	3141085	1623
2002	3281822	1691
2003	3284005	1744
2004	3481417	1732
2005	3811654	1958
2006	4131542	2128
2007	4543868	2368
2008	496748	2586
2009	3183687	2386
2010	3542244	2642
2011	4017578	2982
2012	461172	3406
2013	5018218	3688
2014	5351472	3912
2015	5482528	3988

注：研发人员数来源于《中国科技统计年鉴》，人口数来源于《中国统计年鉴》。

　　但是需要指出的是，由于人口总量大，我国从事 R&D 活动的人员和研究人员数量在全球处于前列，可是每万人就业人员中从事 R&D 活动人员只有 49 人/年、研究人员只有 21 人/年，远低于发达国家水平，R&D 活动人员数量只略高于土耳其（见表 3-17）。而丹麦、瑞典、韩国、日本、比利时等每万人就业人员中从事 R&D 活动的研究人员均超过了 100 人/年，分别为 147 人/年、141 人/年、135 人/年、105 人/年、103 人/年。

表 3-17 中国与发达国家研发人员比较

国家	年份	从事 R&D 活动人员（千人/年）	其中：研究人员（千人/年）	每万人就业人员中从事 R&D 活动人员（人/年）	其中：研究人员（人/年）
中国	2015	3758.8	1619	49	21
澳大利亚	2010	147.8	100.4	132	90
奥地利	2014	68.1	41.6	160	97
比利时	2014	68.7	46.9	151	103
加拿大	2013	226.6	159.2	126	88
捷克	2014	64.4	36	126	71
丹麦	2014	58.7	40.6	212	147
法国	2014	422.5	269.4	155	99
德国	2014	603.9	351.1	141	82
意大利	2014	246.4	120	101	49
日本	2014	895.3	682.9	137	105
韩国	2014	430.9	345.5	168	135
瑞典	2014	83.5	66.6	176	141
瑞士	2012	75.5	36	158	75
土耳其	2014	115.4	89.7	45	35
英国	2014	387.9	273.6	126	89
美国	2013	—	1308	—	89
俄罗斯	2014	829.2	444.9	116	62

注："—"表示数据缺失。

其中，作为我国从事研发的生力军，工业企业集聚了最多的研发人员，2015 年达到 364 万多人（占全部科研人员的 66.55%），占工业用工人数比重为 3.73%，但从不同行业来看，研发人员分布差异非常明显：仪器仪表制造业比重最高，为 8.65%，其次医药制造业研发人员占用工人数的比重为 7.68%，铁路、船舶、航空航天和其他运输设备制造业为 7.57%；而水、燃气生产和供应业，黑色金属和非金属矿采选业及皮革、毛皮、羽毛及其制品业和制鞋业的研发人员比重却连 1%都不到（见表 3-18）。

表 3-18　2015 年不同行业规模以上工业企业研发人员占劳动力比重

行业	研发人员（人）	用工人数（人）	研发人员占用工人数比重（%）
总计	3645948	97750200	3.73
煤炭开采和洗选业	74324	4432100	1.68
石油和天然气开采业	29692	735200	4.04
黑色金属矿采选业	4474	578000	0.77
有色金属矿采选业	7395	499000	1.48
非金属矿采选业	4653	570600	0.82
农副食品加工业	67203	4247500	1.58
食品制造业	47087	2120500	2.22
酒、饮料和精制茶制造业	34889	1668200	2.09
烟草制品业	8311	208900	3.98
纺织业	91746	4644500	1.98
纺织服装、服饰业	49684	4494900	1.11
皮革、毛皮、羽毛及其制品业和制鞋业	23233	2939400	0.79
木材加工和木、竹、藤、棕、草制品业	17520	1407800	1.24
家具制造业	16537	1200800	1.38
造纸和纸制品业	34393	1349500	2.55
印刷和记录媒介复制业	18807	980700	1.92
文教、工美、体育和娱乐用品制造业	38300	2344900	1.63
石油加工、炼焦和核燃料加工业	22004	932900	2.36
化学原料和化学制品制造业	258364	4920300	5.25
医药制造业	177028	2304800	7.68
化学纤维制造业	27282	466500	5.85
橡胶和塑料制品业	97134	3396800	2.86
非金属矿物制品业	115823	5898600	1.96

续表

行业	研发人员（人）	用工人数（人）	研发人员占用工人数比重（%）
黑色金属冶炼和压延加工业	137758	3649000	3.78
有色金属冶炼和压延加工业	90688	2024200	4.48
金属制品业	122646	3808200	3.22
通用设备制造业	284483	4712800	6.04
专用设备制造业	242589	3541200	6.85
汽车制造业	290196	4721700	6.15
铁路、船舶、航空航天和其他运输设备制造业	144092	1903700	7.57
电气机械和器材制造业	380990	6298700	6.05
计算机、通信和其他电子设备制造业	518675	9092600	5.70
仪器仪表制造业	91038	1052300	8.65
其他制造业	13675	427500	3.20
金属制品、机械和设备修理业	7605	166900	4.56
电力、热力生产和供应业	38174	2801500	1.36
燃气生产和供应业	2363	271700	0.87
水的生产和供应业	2795	458200	0.61

目前我国科研人员的学历以本科为主，2015 年本科比重为29.28%，硕士比重为14.68%，博士比重为6.51%，不过研发机构和高等学校博士比重分别达到16.83%和27.53%，硕士比重分别为33.54%和38.66%。从地区看，东北地区科研人员中博士和硕士比重最高，分别为11.53%和20.65%，其次是西部地区，而中部地区的最低，分别为5.23%和13.32%。东部地区博硕士比重也只是略比中部高一点，但科研人员人数却是最多的，达344 万多人；而东北只有30 万左右的科研人员（见表3-19）。

表 3-19　2015 年科研人员中大学及以上学历所占的比重

分类	总数（人）	博士毕业（人）	硕士毕业（人）	本科毕业（人）	博士比重（％）	硕士比重（％）	本科比重（％）
总计	5482528	357146	804876	1605228	6.51	14.68	29.28
企业	4017913	42950	303520	1185992	1.07	7.55	29.52
规模以上工业企业	3645948	34419	249329	1073315	0.94	6.84	29.44
研发机构	436284	73416	146329	148892	16.83	33.54	34.13
高等学校	838786	230928	324311	239966	27.53	38.66	28.61
其他	189545	9852	30707	30378	5.20	16.20	16.03
地区							
东部地区	3447546	215216	470985	1026864	6.24	13.66	29.79
中部地区	985246	51546	131237	279537	5.23	13.32	28.37
西部地区	749132	55715	140569	221734	7.44	18.76	29.60
东北地区	300604	34669	62076	77093	11.53	20.65	25.65

（四）R&D 研究类型

长期以来，我国研发活动侧重于试验发展研究，基础研究和应用研究薄弱，2015 年三者的比例分别为 84.1∶5.1∶10.8，而很多国家一般都高度重视基础研究和应用研究，捷克的基础研究投入比例达到 30.0％，应用研究也有 36.3％，日本投入的基础研究和应用研究分别达到了 25.3％和 48.9％。在表 3-20 中，我国是基础研究和应用研究投入比例最少的国家。基础研究代表着一国的科技原创研究水平，是推动应用研究的源泉，为国家的需求提供支撑，支撑着国民经济各行各业的发展；应用研究是将研究的成果转化为生产力，二者实现研究的顶天立地；试验发展是利用从基础研究、应用研究和实际经验所获得的知识，为产生新的产品、材料和装置，建立新的工艺、系统和服务，以及对已产生和建立的上述各项作实质性的改进而进行的系统性工作。过度关注试验发展，缺乏基础研究和应用研究的支撑，会导致一国科技发展受制于人，最终使经济发展处于被动地位。

表 3-20　不同国家研究类型比较

单位:%

国家	年份	基础研究	应用研究	试验发展
中国	2015	5.1	10.8	84.1
澳大利亚	2008	20.1	38.7	41.2
奥地利	2011	19	35.1	45.9
捷克	2012	30	36.3	33.7
丹麦	2012	18.3	27.6	54.1
法国	2012	18.3	27.6	54.1
德国	2012	24.2	37.4	38.4
日本	2012	25.3	48.9	25.8
韩国	2013	12.6	20.9	66.5
瑞典	2013	18	19.1	62.9
土耳其	2012	30.4	40.7	28.9
美国	2012	15.5	47	37.5
俄罗斯	2013	17.6	19.9	62.5

三、人力资本效率的测算

现实生活中，每个劳动者都是作为劳动力和人力资本的集合体，但由于所从事的工作不同而创造不同的劳动。因此，本书依据生产过程的不同，将为衣食住行生产的人称为劳动力，将在完成衣食住行基础上进行知识生产的人称为人力资本，包括教育、文化娱乐、体育、情趣等知识和精神生产的劳动者，为此，本书将受过大学以上教育（含受过高等职业教育、大学专科、大学本科、研究生教育，即受教育年限在 15 年以上）的劳动者作为人力资本。根据《2017 年中国人口和就业统计年鉴》提供的数据，2005—2016 年期间，我国劳动力占人口比重和就业人员占人口比重比较稳定，分别在 58% 和 56% 左右（见表 3-21）。

表 3-21　2005—2016 年劳动人口、就业人口分别占总人口的比重

年份	劳动力占人口比重（%）	就业人员占人口比重（%）
2005	59.56	57.09
2006	59.52	57.04
2007	59.52	57.01
2008	59.76	56.99
2009	58.08	56.82
2010	58.46	56.76
2011	58.32	56.72
2012	58.27	56.65
2013	58.28	56.57
2014	58.26	56.48
2015	58.26	56.34
2016	58.36	56.12

随着教育投入的加大及对教育重视程度的提高，接受大学教育的人口数量有了较大增长，2015 年大学以上教育人口占总人口的比重为 10.88%，其中北京达到了 31.32%、上海 26.04%、天津 20.26%，而云南、贵州最低，分别为 5.67% 和 6.01%（见表 3-22）。

表 3-22　2015 年大学以上教育人口占总人口的比重

地区	大学以上占总人口比重（%）
全国	10.88

续表

地区	大学以上占总人口比重（%）
北京	31.32
天津	20.26
河北	9.71
山西	12.46
内蒙古	11.62
辽宁	12.46
吉林	9.43
黑龙江	10.55
上海	26.04
江苏	15.04
浙江	14.93
安徽	8.25
福建	11.11
江西	7.35
山东	9.26
河南	8.14
湖北	10.1
湖南	9.48
广东	11.67
广西	8.08
海南	8.64
重庆	11.73
四川	8.08
贵州	6.01
云南	5.67
西藏	6.96
陕西	11.45
甘肃	8.42
青海	11.17
宁夏	12.4
新疆	13.53

在就业人口中，大学以上教育人口占比为 19.4%，其中北京达到了 55.8%、上海 46.4%、天津 36.1%，而云南、贵州最低，分别为 10.1%和 10.7%（见表 3-23）。

表 3-23　2015 年全国分地区就业人员受教育程度构成

单位:%

地区	未上过学	小学	初中	高中	中等职业教育	高等职业教育	大学专科	大学本科	研究生	大学以上占就业人口比重
全国	2.6	17.5	43.3	12.3	4.9	1.3	9.6	7.7	0.8	19.4
北京	0.2	2.4	22	12.1	7.5	1.7	19.7	27.6	6.8	55.8
天津	0.5	8.5	33.7	11.3	9.9	1.8	14.5	17.6	2.2	36.1
河北	1.1	12.9	50.4	12.8	5.3	1.1	9.5	6.2	0.5	17.3
山西	1.3	11.6	46.2	13.2	5.5	0.9	11.4	9.2	0.7	22.2
内蒙古	2.1	16	45.7	11.8	3.6	0.7	11.5	8	0.5	20.7
辽宁	0.5	12.6	49.7	9.6	5.4	1.5	10.4	9.5	0.8	22.2
吉林	0.9	17.7	46.6	14	3.9	1.1	7.7	7.5	0.5	16.8
黑龙江	0.7	15.2	50.1	12.1	3.1	1.1	8.8	8.2	0.7	18.8
上海	0.6	4.7	29.4	12.4	6.4	1.8	16.5	23.4	4.7	46.4
江苏	2.1	13.1	38.4	13.5	6	2.2	13.3	10.3	1	26.8
浙江	2.1	16	38.2	13.4	3.7	1.4	12.4	11.8	1	26.6
安徽	7.1	20.3	45.8	8.7	3.4	0.9	7.7	5.6	0.5	14.7
福建	2.7	21.6	38.8	11.3	5.7	1.1	9.4	8.7	0.6	19.8
江西	2.3	20.5	46.3	13.7	4.1	1.2	7.1	4.9	0.3	13.1
山东	2.5	14.3	48.1	12.2	6.4	1.3	8.4	6.2	0.6	16.5
河南	2.5	15.3	50.1	13.9	3.7	1.3	8.1	4.7	0.4	14.5
湖北	2.9	17.8	42.3	13.4	5.7	1.5	9	6.5	1	18
湖南	1.6	16.9	44.2	16.3	4.1	1.3	8.6	6.4	0.6	16.9
广东	0.7	11.1	42.9	17.7	6.8	2.2	11	7.1	0.5	20.8
广西	1.5	19.8	49.9	9.5	5	1.2	7.8	4.9	0.5	14.4

地区	未上过学	小学	初中	高中	中等职业教育	高等职业教育	大学专科	大学本科	研究生	大学以上占就业人口比重
海南	2.2	13	51.4	12.4	5.6	1	8	6.2	0.2	15.4
重庆	2.4	27.4	33.5	11.8	4.1	1.4	10.9	7.8	0.8	20.9
四川	3.9	29.4	39.1	9.6	3.7	1.1	7.8	5.1	0.4	14.4
贵州	9.7	32.5	37.8	6.2	3	0.5	5.2	4.8	0.2	10.7
云南	5.5	34	41.3	5.7	3.4	0.7	4.7	4.3	0.4	10.1
西藏	23.1	46.5	12.8	3.2	2	0.3	6.3	5.6	0.2	12.4
陕西	2.5	13.4	45.1	14.7	3.9	1.5	10.6	7.6	0.7	20.4
甘肃	5.3	26.7	38.1	11.4	3.5	0.9	7.3	6.4	0.4	15
青海	6.9	26	35	9.1	3	0.5	10.5	8.4	0.2	19.9
宁夏	6.4	17	40.4	10.3	3.9	0.8	11	9.7	0.6	22.1
新疆	2.1	17.5	41.5	10	5	1	11.8	10.4	0.9	24.1

注：包括全国 31 个省、自治区、直辖市数据，未包括港、澳、台数据。

从就业人口的年龄段来看，35 岁以下的就业人口受教育程度最高，其中 20—24 岁大学教育人口占比为 31.3%，25—29 岁年龄段为 35.6%，30—34 岁年龄段为 32.5%，16—19 岁年龄段的人大多还处于求学阶段，出来工作的比例本身就不高，因此这个年龄段出来就业的话，主要是接受初中、高中教育的人，受过大学教育的比重只有 5.8%；35 岁以上年龄段的就业人口，随着年龄的增加，接受大学教育的比重逐步下降，35—39 岁年龄段的就业人口，受过大学教育人口比重为 24.2%，40—44 岁年龄段的降到 16.4%，45—49 岁年龄段的为 12.5%，50—54 岁的为 9.9%，55—59 岁的为 5.5%，60—64 岁的只有 1.2%（见表 3-24）。

表 3-24　2015 年全国按年龄分就业人员受教育程度构成

单位:%

年龄（岁）	未上过学	小学	初中	高中	中等职业教育	高等职业教育	大学专科	大学本科	研究生	大学以上占就业人口比重
16—19	0.3	5	61.1	16.6	11.1	2	3	0.8	0	5.8
20—24	0.2	3.2	39.2	16.1	10	2.4	18.2	10.5	0.2	31.3
25—29	0.3	4	37.9	14.7	7.4	2.2	17.7	14.5	1.2	35.6
30—34	0.5	5.5	42	12.6	6.8	1.8	14.4	14.3	2	32.5
35—39	0.8	9.1	46	12.8	7.2	1.6	11.2	10	1.4	24.2
40—44	1.1	15.5	50.8	12	4.3	1.3	8.2	6.2	0.7	16.4
45—49	1.7	20.4	50.9	11.8	2.8	0.9	6.3	4.8	0.5	12.5
50—54	2.3	23.7	49.2	13.1	1.9	0.8	4.9	3.8	0.4	9.9
55—59	5.8	34.2	38.8	14.3	1.4	0.5	3.1	1.7	0.2	5.5
60—64	10.8	52.2	29.9	5.5	0.6	0.2	0.6	0.3	0.1	1.2
65+	19	60.6	17.6	1.9	0.4	0.1	0.2	0.2	0	0.5

　　具体到不同的产业和行业，就业人员受教育程度有明显不同。农林牧渔业人口受教育程度最低，大学以上教育比重只有 0.9%，小学和初中教育程度的比重最高，分别为 38.7% 和 47.3%，没有上过学的为 7.1%。第二产业中，电力、热力、燃气及水生产和供应业就业人员受教育程度最高，大学以上占比为 42.5%，不过初中教育的也有 26.5%；采矿业受教育程度其次高，大学以上占比为 23%，初中教育的有 43.5%；制造业就业人口中，大学以上占比为 17.6%，初中教育的也有 49.4%，小学教育的占比为 10%；相形之下，建筑业就业人员受教育程度最低，大学以上占比为 8.9%，初中教育的也有 59%，小学教育的占比为 18%。第三产业中，与技术和教育密切相关的现代服务业的就业人员受教育程度最高，其中教育行业大学以上占比达

到 73.2%，初中教育的只有 9.9%，小学教育的占比为 1.8%；金融业大学以上占比为 70.1%，初中教育的为 10.8%，小学教育的占比为 0.8%；信息传输、软件和信息技术服务业大学以上占比为 68.8%，初中教育的为 11.6%，小学教育的占比为 1.1%；公共管理、社会保障和社会组织，卫生和社会工作这两个行业大学以上占比也挺高，分别为 63.9% 和 63.1%。在第三产业中，受教育程度最低的行业是住宿和餐饮业，大学以上占比只有 9.7%，而初中教育的占比为 56.1%，小学教育的为 10.5%，未上过学的有 1.1%（见表 3-25）。

表 3-25 2015 年全国按行业分就业人员受教育程度构成

单位：%

	未上过学	小学	初中	高中	中等职业教育	高等职业教育	大学专科	大学本科	研究生	大学以上占就业人口比重
农林牧渔业	7.1	38.7	47.3	5.2	0.8	0.1	0.6	0.2	0	0.9
采矿业	0.5	6.9	43.5	17	9	1.6	12.7	8.2	0.5	23
制造业	0.8	10	49.4	15.4	6.8	1.8	9.7	5.6	0.5	17.6
电力、热力、燃气及水生产和供应业	0.4	3.8	26.5	18	8.9	2.5	22.4	16.3	1.3	42.5
建筑业	1.1	18	59	10.3	2.7	0.8	5	3	0.1	8.9
批发和零售业	0.7	7.9	43.8	20.3	7.4	2.1	12.2	5.6	0.3	20.2
交通运输、仓储和邮政业	0.5	7.7	49.7	18	6.7	1.8	9.9	5.5	0.3	17.5
住宿和餐饮业	1.1	10.5	56.1	16.9	5.8	1.6	5.8	2.2	0.1	9.7
信息传输、软件和信息技术服务业	0.2	1.1	11.6	11.1	7.1	2.1	30	33	3.7	68.8
金融业	0.1	0.8	10.8	12	6.3	2	29.7	34.7	3.7	70.1
房地产业	0.6	6.1	27.7	18.4	8	2.8	22	13.7	0.7	39.2

续表

	未上过学	小学	初中	高中	中等职业教育	高等职业教育	大学专科	大学本科	研究生	大学以上占就业人口比重
租赁和商务服务业	0.4	5.5	28.8	15.3	6.8	2.4	21	18.1	1.8	43.3
科学研究和技术服务业	0.2	1.4	10.9	10.2	5.2	1.9	22.9	38.2	9.3	72.3
水利、环境和公共设施管理业	2.7	15.8	34.6	13.8	5.1	1.9	15.2	10.1	0.7	27.9
居民服务、管理和其他服务业	2.3	14.1	48.9	16.3	5.8	1.5	7.2	3.7	0.2	12.6
教育	0.2	1.8	9.9	7.7	7.2	2.5	24.8	39	6.9	73.2
卫生和社会工作	0.3	3.1	11.7	8.6	13.3	2.6	29.6	27.4	3.5	63.1
文化、体育和娱乐业	0.4	4.3	26.1	15.4	8.3	2.5	20.6	20.3	2	45.4
公共管理、社会保障和社会组织	0.3	2.5	13.5	13.7	6	1.9	28.4	31.2	2.4	63.9
国际组织	—	3.5	38.5	5	—	—	11.4	26.2	15	52.6

同样运用聚类分析方法，不同产业和行业受教育程度由低到高可以分成以下 5 类（见图 3-4）：

第一类：农林牧渔业，该行业就业人员受教育程度最低；

第二类：采矿业，制造业，建筑业，批发和零售业，交通运输、仓储和邮政业，住宿和餐饮业，居民服务、管理和其他服务业；

第三类：电力、热力、燃气及水生产和供应业，房地产业，租赁和商务服务业，水利、环境和公共设施管理业，文化、体育和娱乐业，国际组织；

第四类：信息传输、软件和信息技术服务业，金融业，科学研究和技术服务业，教育，卫生和社会工作，公共管理、社会保障和社会组织。这一类行业就业人员受教育程度最高。

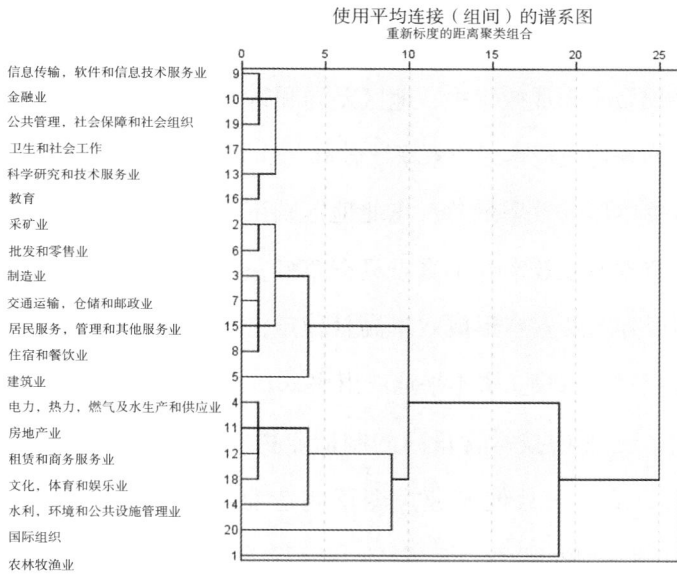

图 3-4 不同行业就业人员受教育程度聚类分析情况

第二节 我国资本形成效率低下的原因

资本的积累以及资本形成效率的提高极大地推动了我国经济的发展。根据梁润、余静文、冯时（2015）的测算，过去三十年我国的经济增长中，有 48.7% 得益于物质资本存量的积累，有 31.0% 得益于人力资本总量的增长，TFP（主要是技术进步的推动作用）增长的贡献仅为 20.3%。在人力资本总量的贡献中，有 27% 来自劳动力数量的上升，73%来自于劳动力质量的增长。① 但是基于前文资本形成效率的测算可知，我国目前资本形成效率总体不高且存在地区、行业和资本构成等差异。

一、我国资本形成效率低下的特点

（一）物质资本形成效率的地区和行业差异大

在物质资本形成效率中，地区差异和行业差异较为明显。从地区看上海、江苏等物质资本形成效率比较高，比效率低的省份要高 2 倍以上，西部地区资本形成效率最差，东北地区则下降明显。从行业看，工业和房地产业资本形成效率并不高，只有 20%左右。相对而言，餐饮、批发和零售以及建筑业资本形成效率高且稳定，均超过了 60%，住宿业资本产出率也超过了 40%。资本平均产出率 2015—2016 年都达到了 20%以上。

此外，工业中技术含量高的制造业物质资本形成效率并不比其他制造业高，工业中其他矿业、烟草制造业最高，远超过其他工业行业，2016 年分别达到 503.28%和 222.3%。需要引起重视的是，2015—2016 年技术要求高的制造业，如医药制造业，金属制品业，通用设备制造业，专用设备制造业，汽车制造业，电气机械和器材制造业，计算机、通信和其他电子设备制造业，仪器仪表制造业的物质资本形成效率在 20%—30%之间，铁路、船舶、航空航天和其他运输设备制造业还低于这一水平，2015、2016 年分别为 19%和 18.03%。而传统制造业中的皮革、毛皮、羽毛及其制品业和制鞋业的物质资本形成效率 2016 年为 43.67%；纺织服装、服饰业，家具制造业，印刷

---

① 梁润、余静文、冯时：《人力资本对中国经济增长的贡献测算》，《南方经济》2015 年第 7 期。

和记录媒介复制业等传统制造业在 20%—30%之间。

（二）技术资本形成效率与发达国家差异明显

近些年来，随着国家对技术创新的重视，研发投入不断增强，我国技术资本形成效率有明显提高，R&D 占 GDP 比重由 1995 年的 0.57%提高到 2017 年的 2.12%，超过欧盟 15 国 2.1%的平均水平，在世界上已属于中上水平。但无论是从事研发的研究人员比例还是研究构成等，与发达国家相比，我国差距还比较明显。其中，我国每万人就业人员中从事 R&D 活动人员只有 49 人/年、研究人员只有 21 人/年，远低于发达国家水平，只略高于土耳其。而丹麦、瑞典、韩国、日本、比利时等国每万人就业人员中从事 R&D 活动的研究人员均超过了 100 人/年，分别为 147 人/年、141 人/年、135 人/年、105 人/年、103 人/年。在研究构成中，我国研发活动侧重于试验发展研究，基础研究和应用研究薄弱，2015 年基础研究、应用研究、实验发展研究三者的比例分别为 5.1∶10.8∶84.1，而捷克基础研究投入比例达到 30%，应用研究也有 36.3%，日本投入的基础研究和应用研究分别达到了 25.3%和 48.9%。我国是基础研究和应用研究投入比例最少的国家。

此外，我国技术资本形成效率地区差别也很大，总体经济发达省份技术资本形成效率显著高于落后省份，东部地区无论是 R&D 经费支出总额占 R&D 比重，还是科研人员数量和比例都远超中西部地区。其中，东部地区 R&D 经费支出总额占 R&D 比重达 68.05%，科研人员人数达 344 万多人，占科研人数的 62.88%。

2008—2015 年，北京 R&D 研发强度由 4.95%提高到 6.01%，上海、天津进入了 3%的阵营，江苏、广东、浙江、陕西的 R&D 研发强度在 2%—3%之间；而广西、海南、贵州、云南、西藏、青海、宁夏和新疆的 R&D 研发强度却低于 1%。

（三）中西部地区人力资本的受教育程度有待提高

随着教育投入的加大及对教育重视程度的提高，我国接受大学教育的人口数量有了较大增长，2015 年大学以上教育人口占总人口的比重为 10.88%，但地区差距也相当明显，其中北京达到了 31.32%、上海 26.04%、天津 20.26%，而云南、贵州最低，分别只有 5.67% 和6.01%。在就业人口中，大学以上教育人口占比为 19.88%，其中北京达到了 55.8%、上海 46.4%、天津 36.1%，而云南、贵州最低，分别为 10.1% 和 10.7%。

从年龄构成看，35 岁以下人口中接受大学教育的程度最高；从行业看，第三产业中和技术、教育相关的行业接受大学教育程度的最高，农林牧渔业最低，第二产业中的建筑业也比较低，电力、水、燃气和采矿业的比例较高。

二、我国资源错配的原因

由于我国资本形成效率存在构成、地区、行业等差异（即资源错配），对经济的发展产生了较大影响，在这方面，有很多学者进行了深入研究。布兰德·汤姆和周（Brandt，Tombe & Zhu，2013）构建了两部门异质性企业竞争模型，利用 1985—2007 年工业部门数据测算国有企业部门和非国有企业部门、不同省份之间的资本和劳动的扭曲与错配度。发现资本扭曲程度国有部门大于非国有部门，如果不存在资源错配，那么我国的 TFP 水平会上升 31%。[①] 张兴龙、沈坤荣

---

　　① Brandt，Tombe & Zhu，"Eactor Market Distortions across Time，Space，and Sectors in China"，*Review of Economic Dynamics*，No. 1，2013.

（2016）通过测算 2002—2013 年省级分行业的资本错配度和产出损失，发现总产出损失比率为 15%—20%。[①] 而陈言、李欣泽（2018）通过构建异质性的行业模型，测算了 2002—2013 国民经济各行业的资源错配系数和由此产生的 TFP 损失度，在考虑了人力资本差异前提下，研究发现，物质资本错配是造成 TFP 和总产出损失的主要因素，人力资本的错配通过影响物质资本的配置效率，间接地造成总体 TFP 的损失。如果将资源错配全部消除，TFP 和总产出可以提高 109%；如果仅消除资本错配，TFP 和总产出也将提高 78.9%。[②] 资本错配不仅影响整体经济，还进一步影响区域经济的发展，韩家彬、汪存华（2012）利用 1997—2009 年东西部 23 个省区市的面板数据，对西部大开发的物质和人力的资本投资政策效果进行分析，发现鼓励西部大开发的物质资本投入政策虽然提高了西部地区经济增长的速度，但没有缩小东西部地区经济增长速度的差距，西部地区的经济增长速度仍低于东部地区的经济增长速度。此外，西部大开发的人力资本投资政策对西部地区经济增长的推动作用也微弱。[③]

　　导致我国资源错配的原因很多，包括市场发育不完善、制度障碍以及地方保护等。改革开放 40 年来，我国经济逐步由计划经济转向市场经济，但仍存在大量经济失衡现象。在成熟的市场经济体制中，比较充分的竞争可以促使资源从低效率企业流向高效率企业，促进资源的优化配置。但是我国由于市场发育程度不够、制度障碍以及地方

---

① 张兴龙：《中国资本扭曲的产出损失》，《经济科学》2016 年第 2 期。

② 陈言、李欣泽：《行业人力资本、资源错配与产出损失》，《山东大学学报》2018 年第 4 期。

③ 韩家彬、汪存华：《财政政策影响区域经济增长的实证研究》，《经济与管理》2012 年第 2 期。

竞争的普遍存在，市场经济对资源配置的决定性作用仍未充分体现，要素市场中要素的定价机制改革仍落后，偏向国有行业和垄断行业的产业政策加大了市场准入的门槛，导致资源的错配和资本形成效率的低下。

（一）现行分税制财政体制和地方政绩考核标准加大了地方竞争，扭曲了区域之间的资源配置

从 1994 年开始实施的分税制财政体制，初步划分了中央与地方政府之间的财权和事权，调动了地方政府提供公共品的积极性。但是随着时间的推移，在地方政绩考核唯 GDP 的指挥棒下，地方政府之间的竞争日益激烈，为了获取更多的财税收入以及更多的 GDP，地方政府将其所能获得的资源主要用于基础设施的建设和对大企业和国有企业的扶持，而在教育卫生健康等方面投入不足，从而不利于人力资本和健康资本的积累。同时，地方政府的生产性支出也主要倾向于现有的产业结构和企业，而在技术创新和产业升级方面的财政支持较少。因为产业升级和技术创新有时滞效应，难以在短期（现任官员任期内）内见效，对 GDP 的贡献不明显。另外，地方之间的竞争阻碍了要素在区域间的自由流动，导致地方政府人为地干扰产品和要素的跨地区自由流动，也使区域资源无法依据市场配置机制进入边际生产率更高的区域，从而导致资源的低效率配置。据曹玉书、楼东玮（2012）的测算，地区分割造成 GDP 增长率和全要素增长率损失达 0.9%。[①]

---

① 曹玉书、楼东玮：《资源错配、结构变迁与中国经济转型》，《中国工业经济》2012 年第 10 期。

（二）金融抑制扭曲了资金的流动

良好的资本市场能够通过资本交易的价格机制与信息传导网络来提高资本的配置效率。但是我国在资本市场上，由于资本要素使用成本利率市场化改革滞后，存在严重的所有制歧视，加上政府的偏向性主导，导致信贷资金在企业性质、行业和项目之间的错配。一是国有企业在融资过程中占据便利，融资渠道多而且可以获得更多的信贷补贴；而大量中小型民营企业融资难、融资贵现象一直没有解决。二是信贷资金在政府的产业政策指导下，主要进入矿业、钢铁、水泥、烟草等传统工业和餐饮住宿、批发和零售、建筑业等服务业，造成行业间资源错配。地方政府出于经济发展的主观意愿，经常直接干涉当地国有商业银行地方分行的信贷决策，银行和企业签订的贷款合约往往基于政府的意志和政治联系。企业与地方政府的政治联系越紧，得到的银行贷款就越多，获得的贷款期限也越长。这种金融扭曲不仅造成资本积累的低效率，还导致全要素生产率的下降。

（三）制度约束阻碍了劳动力的自由流动

尽管我国已进入了一个大量国内人口流动的时代，但是，与其他国家不同的是，我国人口流动是在中国特有的户籍制度约束下发生和发展的。目前，地方政府提供的公共服务往往和户籍密切相关：一方面以户籍为准入条件，筛选公共产品的服务对象，这主要包括义务教育、最低生活保障、住房保障等；另一方面以户籍人口或其他与户籍相关的手段作为公共资源配置的计算依据，如医疗卫生、警力配置、行政资源配置、社会保险资源配置等。在劳动市场上，由于行业垄断、所有制障碍、户籍制度、公共服务的不均等化等因素对劳动力的自由流动产生了阻碍，工资决定机制的非市场化又进一步加剧扭曲了三次产业和地区的劳动力配置，导致人力资本加速向发达省份和垄断性质高的行业流动，劳动要素的边际产出和劳动实际价格偏离，收入分配不公平问题突出，不同身份和不同区域人群收入差距扩大，最终导致人力资本形成效率的损失。

第四章 我国财税政策对资本形成效率影响的实证分析

第一节 我国现行鼓励资本形成的财税政策

长期以来，我国高度重视资本形成的数量和质量，积极采取财税政策进行调节和鼓励资本形成效率的提高，并根据经济形势的变化相应调整。

一、促进物质资本形成的财税政策

（一）促进物质资本形成的财政政策

改革开放以来，我国经济取得了举世瞩目的成绩，保持了连续30年的高速增长。2008年金融危机后，政府致力于经济结构的优化和转型，因此，财政政策主要通过着力于调结构来促进物质资本形成质量的提高，具体举措有财政贴息、财政资助或财政补贴以及发行地方债券等。

1. 鼓励中小企业发展的财政政策

中小企业是我国经济的生力军，但在市场竞争中往往处于劣势，为了提高它们的竞争力，中央和地方政府积极采取财政贴息、财政资助等措施。2008 年 3 月 13 日，国务院办公厅发布的《关于加快发展服务业若干政策措施的实施意见》明确要进一步扩大创业风险投资试点范围，强调运用贷款贴息、经费补助和奖励等多种方式支持服务业发展，对中小企业发展资金要给予重点资助或贷款贴息补助。在2018—2020 年期间，中央财政每年还安排资金 30 亿元，采用奖补结合的方式，对扩大小微企业融资担保业务规模、降低小微企业融资担保费率等政策性引导较强的地方进行奖补。

2. 优化产业结构的财政政策

近年来，为了鼓励产业结构的转型升级，我国大力推行节能减排，鼓励新能源和再生能源的发展。2005 年 2 月 28 日，颁布的《中华人民共和国可再生能源法》要求对列入可再生能源产业发展项目的企业，商业银行可以提供绿色信贷，财政给予贴息支持，同时对农村范围内的可再生能源利用项目财政也要提供支持。2006 年 8 月 25日，建设部、财政部联合发布的《关于推进可再生能源在建筑中的应用的实施意见》强调各地应根据本地区实际，通过地方财政补贴或利用城市公用事业附加、城市配套费资助等方式对可再生能源在建筑中应用给予支持。2008 年 12 月 13 日，国务院办公厅发布《关于当前金融促进经济发展的若干意见》，要求对政府机关、企事业单位开展的节能减排活动、科技创新活动、技术改造活动提供信贷支持，要面向农村小生产者增加扶贫贴息贷款投放规模。2009 年 5 月 18日，发布的《高效节能产品推广财政补助资金管理暂行办法》明确了中央财政对高效节能产品生产企业给予补助的相关政策，将用能量大、节能潜力明显的高效节能产品纳入财政补贴推广范围。2015 年 4月，财政部、国家能源局发布《关于页岩气开发利用财政补贴政策的通知》，强调要根据产业发展、技术进步、成本变化等因素适时调整补贴政策。2016 年 12 月财政部、科技部、工业和信息化部、发展改革委联合发布《关于调整新能源汽车推广应用财政补贴政策的通知》，要求在保持 2016—2020 年补贴政策总体稳定的前提下，强调以新能源客车电池为补贴核心，调整新能源汽车补贴标准，改进补贴资金拨付方式。

3. 鼓励地方投资的财政政策

公共基础设施建设对经济发展起着重要作用，为了调动地方对基础设施项目投资的积极性，中央政府积极采取措施。比如 2005 年 6 月 8 日，发布的《中央预算内投资补助和贴息项目管理暂行办法》规定对符合条件的企业投资项目和地方政府投资给予资金补助，凡是符合条件、使用了中长期银行贷款的投资项目给予的贷款利息补贴、投资补助和贴息资金均为无偿投入。2012 年 3 月 19 日，印发的《基本建设贷款中央财政贴息资金管理办法》要求财政部门对中西部地区、老少边穷地区以及国家级高新区等，给予基建类重点项目的财政贴息。2012 年 3 月，财政部印发的《国家级经济技术开发区、国家级边境经济合作区基础设施项目贷款中央财政贴息资金管理办法》进一步加大了对开发区基础设施项目贷款的财政贴息优惠措施。为了拓宽城镇化建设融资渠道，形成多元化、可持续的资金投入机制，党的十八届三中全会明确"允许社会资本通过特许经营等方式参与城市基础设施投资和运营"，推广运用政府和社会资本合作模式，财政部专门下发了《关于推广运用政府和社会资本合作模式有关问题的通知》（财金〔2014〕76 号）和《关于印发政府和社会资本合作模式操作指南（试行）的通知》（财金〔2014〕113 号），进一步规范了 PPP 模式的推广和运用，要求"财政部门应根据项目全生命周期内的财政支出、政府债务等因素，对部分政府付费或政府补贴的项目开展财政承受能力论证，每年政府付费或政府补贴等财政支出不得超出当年财政收入的一定比例"。2015 年实行新的《预算法》后，不再允许地方政府通过城投公司等平台融资，但允许地方发行专项债券为经济发展和基础设施项目融资，地方政府专项债券的发行规模逐年提升。从 2015 年的 1000 亿元到 2016 年的 4000 亿元再到 2017 年的8000 亿元，直至 2018 年的 1.35 万亿元的新增年度额度，① 极大地弥补了地方政府投资基础设施项目的资金缺口。

（二）促进物质资本形成的税收政策

为了适应经济的发展变化，1994 年我国进行了分税制财税体制改革，对工商税进行了全面的改革，对控制当时的投资规模、引导投资方向、调整投资结构发挥了较好的作用，此后又根据经济发展情况进行税制改革，尤其增值税、企业所得税、个人所得税等都进行了较大修改和完善，以鼓励投资效率的提高。

1. 增值税的改革

1994 年的税制改革确定了比较规范的增值税，采取价外税形式、发票注明税款抵扣制度、对销售商品和特定劳务征收，简化了税率，较好地引导了经济主体的行为。但由于实行的是生产型增值税，企业购进固定资产的进项税款不允许抵扣，固定资产投资存在重复征税现象。为此，自 2004 年 7 月 1 日起，对东北老工业基地三省一市（黑龙江省、吉林省、辽宁省和大连市）从事装备制造业、石油化工业、

----

① 地方专项债券显示稳增长补短板强功效，见 https：//bond. stockstar. com/SS201812190-0000382. shtml。

冶金业、船舶制造业、汽车制造业、农产品加工业、军品工业和高新技术产业的增值税一般纳税人率先实行消费型增值税的试点，当期购进的固定资产进项税款允许抵扣以鼓励投资。东北试点效果显著后逐渐扩大试点范围，自 2007 年 7 月 1 日起，增值税转型改革的试点范围扩大到中部六省 26 个老工业基地城市。2008 年 7 月 1 日，我国进一步将增值税转型改革的试点范围扩大到内蒙古自治区东部五个盟（市）和四川汶川地震受灾严重地区，自 2009 年 1 月 1 日起，在全国范围内全面实施消费型增值税。上海作为首个试点城市，自 2012 年 1 月 1 日起在交通运输业和部分现代服务业营改增。2012 年 7 月起，营改增试点范围由上海逐步扩大到北京、天津、江苏、浙江（含宁波）、安徽、福建（含厦门）、湖北、广东（含深圳）8 个省和直辖市。2013 年 8 月 1 日起，在全国范围推开营改增试点。2014 年 1 月 1 日起，铁路运输和邮政业纳入营改增范畴，2014 年 6 月 1 日起，电信业纳入营改增范围。2016 年 5 月 1 日起，在全国范围内全面推开营改增试点，营业税的征收范围全部纳入增值税征收范围，取消营业税。在完成营改增后，我国又进一步简化增值税税率，从 2017 年 7 月 1 日起，增值税税率由四档减至 17%、11% 和 6% 三档，将适用 13% 税率的商品改为适用 11% 的税率；从 2018 年 5 月 1 日起，增值税税率又进一步下调到 16%、10% 和 6% 三档，2019 年 3 月 5 日，李克强总理在政府工作报告会上又宣布将增值税税率下调为 13%、9% 和 6% 三档。

在此基础上，为了进一步引导中小企业和制造业的发展，降低投资成本、扩大投资，在增值税中又出台或完善了一些税收优惠政策。

（1）免税优惠。自 2014 年 10 月 1 日起，增值税小规模纳税人月销售额 2 万元（含）至 3 万元的，免征增值税；自 2019 年 1 月 1 日起，增值税起征点提高到月销售额 10 万元。2018 年 9 月 1 日至 2020 年 12 月 31 日期间，金融机构向小微企业和个体工商户发放小额贷款取得的利息收入免征增值税。

（2）留抵进项税款退税。自 2011 年 11 月 1 日起，国家批准的集成电路重大项目企业因购进设备形成的增值税期末留抵税额允许退还。自 2014 年 3 月 1 日起，对外购用于生产乙烯、芳烃类化工产品的燃料油、石脑油，并且使用这两类油品生产特定化工产品的产量占本企业用燃料油、石脑油产产的各类产品总量 50%（含）以上，其外购两类油品价格中消费税部分对应的增值税额准予退还。自 2018 年起，装备制造等先进制造业和研发等现代服务业，以及电网企业的增值税期末留抵税额准予退还。

增值税的这一系列改革极大地减轻了企业的重复征税现象，降低了企业的税收负担，调动了企业进行投资的积极性。

2. 企业所得税的改革

1994 年税制改革，我国企业所得税分为内资企业所得税和外资企业所得税两种，当时为了吸引外资、缩小区域差距，制定了很多税收优惠以鼓励投资。但由于内外区别对待，尤其是对外资企业的超国民待遇，影响了内资企业投资的积极性，为此，自 2008 年 1 月 1 日起，我国实行统一的企业所得税，并针对投资采取了一系列的税收优惠政策，当然，随着经济形势的变化，不少政策也相应进行调整，现行鼓励投资的企业所得税优惠政策见表 4-1。

表 4-1　现行鼓励投资的企业所得税优惠政策

类型		优惠政策
低税率-20%		符合条件的小型微利企业适用 20% 的税率。自 2018 年 1 月 1 日起，小型微利企业年应纳税所得额低于 100 万元（含）的减按 50% 计入应纳税所得额 2019 年 1 月 1 日至 2021 年 12 月 31 日期间，小型微利企业年应纳税所得额不超过 100 万元、100 万元到 300 万元的部分，分别减按 25%、50% 计入应纳税所得额
不征税收入		企业取得的属于国家投资的各类财政性资金属于不征税收入
免税收入		符合条件的居民企业之间的符合规定的股息、红利等权益性投资收益免税 设立机构、场所的非居民企业从居民企业取得与该机构、场所有实际联系且符合规定的股息、红利等权益性投资收益免税
资本费用化		所有行业企业持有的单位价值不超过 5000 元的固定资产，允许一次性税前扣除
固定资产加速折旧		企业拥有并用于生产经营的主要或关键的固定资产，由于技术进步，产品更新换代较快或常年处于强震动、高腐蚀状态的，可以缩短折旧年限或者采取加速折旧的方法。采取缩短折旧年限方法的，最低折旧年限不得低于规定折旧年限的 60%；采取加速折旧方法的，可以采取双倍余额递减法或者年数总和法
亏损弥补		企业生产经营形成年度亏损的，可以亏损弥补 5 年
直接减免	项目减免	对国家重点扶持的公共基础设施项目、符合条件的环境保护项目的投资所得三免三减半
	产业减免	对符合条件的集成电路生产企业给予二免三减半或五免五减半优惠 对证券投资基金从证券市场中取得的收入，包括买卖股票、债券的差价收入，股权的股息、红利收入，债券的利息收入及其他收入，暂不征税 对投资者从证券投资基金分配中取得的收入，暂不征税 对证券投资基金管理人运用基金买卖股票、债券的差价收入，暂不征税
	地区减免	对设在西部地区符合规定的产业项目为主营业务，且其当年度主营业务收入占企业收入总额 70% 以上的企业，适用 15% 的税率
投资抵免		企业购置并实际使用符合规定的环境保护、节能节水、安全生产等专用设备的，其投资额 10% 可从当年应纳税额中抵免；当年不足抵免的，可以在以后 5 个纳税年度结转抵免
递延纳税		自 2017 年 1 月 1 日起，境外投资者从境内居民企业分配的利润，直接投资于鼓励类投资项目，并符合规定条件的，实行递延纳税，暂不征收所得税

3. 其他鼓励投资的税收政策

为了鼓励个人进行投资，我国个人所得税规定个人从公开发行和转让市场取得的上市公司股票，持股期限超过 1 年的，股息红利所得免征收个人所得税；持有期超过 1 个月、不满 1 年的，所得减按 50% 计算缴纳个人所得税；个人从事股票买卖取得的转让所得免征个人所得税。

为了鼓励金融企业向小微企业发放贷款，2018 年 1 月 1 日—2020 年 12 月 31 日期间，金融机构与小型企业、微型企业签订的借款合同免征印花税。

2019 年 1 月 1 日至 2021 年 12 月 31 日期间，允许各省（区、市）政府对增值税小规模纳税人缴纳的城市维护建设税、资源税、城镇土地使用税、耕地占用税、印花税等地方税种及教育费附加、地方教育附加，给予不超过 50% 幅度的减征。

二、促进技术资本形成的财税政策

（一）促进技术资本形成的财政政策

一直以来，我国都非常重视运用财政政策鼓励和扶持技术资本的形成，围绕国家战略和创新链布局需求，大力推动基础研究、技术开发、成果转化协同创新，以提升国家的自主创新能力。通过一般公共预算支出安排科技支出，加大对基础研究和研究基地的扶持。每年都安排对国家重点实验室和研究基地的财政拨款，以及国家自然科学基金和国家社会科学基金的拨款等，资助力度逐年加大，以发挥国家科技计划的导向作用。此外，每年还对各地科技馆的免费开放给予补助资金；从 2017 年起，中央财政每年安排"基层科普行动计划"资金

39750 万元，以提高民众的科技素养。为了调动企业技术创新的积极性，中央和地方政府还积极运用财政贴息、财政补助、政府采购等各种形式进行支持，具体如下：

1. 财政贴息

1992 年 2 月，国务院发布的《国家中长期科学技术发展纲要》明确提出，对企业的研究开发、测试分析和软件等技术性投资，以及国家确定的新产品的商品化生产，给予贴息或低息贷款。1994 年 3 月，国家经济贸易委员会发布的《"九五"资源节约综合利用工作纲要》要求对资源节约综合利用技术改造示范专项和新能源可再生能源技术改造专项继续给予贴息政策。1996 年 4 月，财政部、国家税务总局联合发布《关于促进企业技术进步有关财务税收问题》，要求各地政府要根据财政状况增加科技三项费用、技改拨款和技改贴息，将技改贴息直接用于新技术产业化。1997 年 11 月 29 日，国家发改委发布的《关于开展国家重点新产品计划管理的通知》要求对高技术产业的重大新产品以一定数额的贷款利息补贴支持。1999 年 4 月 2 日，财政部、国家经济贸易委员会印发的《技术改造贷款项目贴息资金管理办法》明确对企业的技术改造贷款项目进行贴息，贴息标准按实际落实到项目承担单位的国家专项贷款进行贴息，贴息资金一次性补贴到项目承担单位。1999 年 5 月 21 日，国务院办公厅要求科技型中小企业技术创新基金采取贴息方式支持企业使用银行贷款，按贷款额年利息的 50% — 100% 给予补贴。2002 年 6 月 29 日发布的《中华人民共和国中小企业促进法》规定对新项目以及为大企业产品配套的技术改造项目的企业可以享受贷款贴息。2006 年 2 月 28 日发布的《国家高技术产业发展项目管理暂行办法》规定，对地方政府投资的国家高技术项目中按资金规模相应给予投资补贴或者贴息。2007 年 10 月 23 日发布的《关于支持中小企业技术创新的若干政策》鼓励各地运用"支持中小企业发展"的专项资金对中小企业贷款给予一定的贴息补助，并对中小企业信用担保机构给予一定的风险补偿。

2. 财政补贴

1993 年 6 月，《中华人民共和国科学技术进步奖励条例》强调对从事高技术研究、重大工程建设项目研究、重大科学技术攻关项目研究工作中的科学技术工作者给予补贴。2001 年 6 月 11 日国家计委印发的《国民经济和社会发展第十个五年计划科技教育发展重点专项规划（高技术产业发展规划)》和 2001 年 8 月 13 日国务院发布的《优先发展的高技术产业化重点领域指南》都强调利用税收优惠、补贴等多种方式，鼓励企业增加研究开发投入。2004 年 8 月 10 日，科技部、财政部下达的《关于国家科技基础条件平台等三个专项年度申报工作的通知》明确企业推动大型仪器设备的社会共享可享受相应的财政补贴。2006 年 7 月 25 日，国家发展和改革委员会、科学技术部、财政部等联合发布的《关于印发"十一五"十大重点节能工程》，鼓励条件成熟的地方采取财政补贴方式，对经过国家级专业认证的节能产品按推广数量补助，引导政府机关、企事业单位、用户和消费者购买节能产品。2006 年 6 月 10 日，商务部、信息产业等部门联合印发的《关于发展软件及相关信息服务出口的指导意见》强调要利用中央外贸发展基金、国家高技术研究发展计划，鼓励信息技术企业、软件业企业积极开展原生原创，涉及的申请和维护费用、代理费用可以给予财政补贴。2007 年 4 月 23 日，国务院办公厅发布的

《关于转发发展改革委生物产业发展"十一五"规划》中鼓励生物企业增加研究开发投入，对这些企业的成果创新及转化，政府可给予财政科技投入的支持。2008 年 3 月 11 日，国家发展改革委、国信办等部门发布的《关于印发强化服务促进中小企业信息化意见》鼓励运用财政补贴引导国内各类中小企业优先采用国产软硬件产品和技术服务。2008 年 12 月 18 日，国务院办公厅发布的《关于促进自主创新成果产业化若干政策》，要求地方各级政府部门通过财政补助、贷款贴息、财政奖补、保费补偿等形式，持续加强对企事业单位自主创新成果产业化项目的支持。2009 年 5 月 21 日，发布的《关于进一步加大对科技型中小企业信贷支持的指导意见》规定，对科技型中小企业信用体系完整、有企业信用档案的中小企业按照企业信用等级给予相应补贴。2010 年 4 月 14 日，印发的《关于进一步做好科技保险有关工作的通知》明确对企事业单位自主创新首台（套）产品开展保费补贴等政策。2010 年 9 月 4 日，发布的《关于做好节能汽车推广补贴兑付工作的通知》要求各地落实财政补贴的兑付，确保相关项目能够享受到国家财政补贴政策。2017 年 2 月 20 日，工业和信息化部、发展改革委、科技部、财政部联合印发的《促进汽车动力电池产业发展行动方案》明确利用工业转型升级、技术改造、高技术产业发展专项、智能制造专项、先进制造产业投资基金等资金渠道，在前沿基础研究、电池产品和关键零部件、制造装备、回收利用等领域，重点扶持领跑者企业。

3. 政府采购

2006 年 3 月 15 日，国务院印发的《关于印发 2006 年工作要点的通知》强调完善自主创新的激励机制，实行支持企业创新的财税、金融和政府采购等政策。2007 年 10 月 23 日发布的《关于支持中小企业技术创新的若干政策》明确政府采购支持自主创新，要求在同等条件下，各级国家机关、事业单位、社团组织对列入《政府采购自主创新产品目录》的中小企业产品优先采购。

（二）鼓励技术资本形成的税收政策

为了响应国家创新战略，我国积极运用税收政策鼓励企业和社会从事技术创新活动，相关税收优惠主要集中于流转税和所得税。

1. 流转税的优惠政策

（1）对进口符合条件的商品免进口税。2016 年 1 月 1 日—2020 年 12 月 31 日期间，科研机构、技术开发机构和学校等进口国内不能生产或者性能不能满足需要的科学研究、科技开发和教学用品，免征进口关税、进口增值税和进口消费税；对进口出版物的单位为科研院所、学校，进口用于科研教学的图书资料等，免征进口环节增值税。新型显示器件（包括薄膜晶体管液晶显示器件、有机发光二极管显示面板）生产企业进口国内不能生产的自用生产性（含研发用）原材料和消耗品，免征进口关税；进口建设净化室所需国内尚无法提供（即国内不能生产或性能不能满足）的配套系统以及维修进口生产设备所需零部件免征进口关税和进口环节增值税。对符合国内产业自主化发展规划的彩色滤光膜、偏光片等属于新型显示器件产业上游的关键原材料、零部件的生产企业进口国内不能生产的自用生产性原材料、消耗品，免征进口关税。自 2019 年 1 月 1 日起，为生产《国家支持发展的重大技术装备和产品目录》所列装备或产品而确有必要进口符合《重大技术装备和产品进口关键零部件、原材料商品目录》所列的商品，免征进口关税和进口增值税。

（2）增值税的免税。提供技术转让、技术开发和与之相关的技术咨询、技术服务，以及符合条件的节能服务公司实施合同能源管理项目中提供的应税服务，免征增值税。2019 年 1 月 1 日—2021 年 12 月 31 日期间，国家级、省级科技企业孵化器、大学科技园和国家备案众创空间向在孵对象提供孵化服务取得的收入，免征增值税。

（3）增值税留抵进项税款退还。在 2015 年 1 月 1 日—2018 年 12 月 31 日期间，纳税人从事大型客机、大型客机发动机研制项目而形成的增值税期末留抵税额，准予退税；对纳税人生产新支线飞机减按 5% 征收增值税，并对其生产销售新支线飞机而形成的增值税期末留抵税额准予退还。2018 年 1 月 12 日，根据国家发展改革委公布的《山东新旧动能转换综合试验区建设总体方案》，选择部分国家重点扶持的战略性新兴产业和新旧动能转换重点行业（项目），按程序先行先试临时性的期末留抵退税政策。2018 年 5 月 1 日起，符合条件的从事装备制造等先进制造业和研发等现代服务业的企业和电网企业在一定时期内未抵扣完的进项税额，准予一次性退还。

（4）增值税进项税款退还。为了鼓励科学研究和技术开发，促进科技进步，经国务院批准，2016 年 1 月 1 日至 2018 年 12 月 31 日期间继续对外资研发中心和内资研发机构采购国产设备全额退还增值税。

（5）增值税即征即退。软件企业和动漫企业增值税一般纳税人销售自行开发的软件产品、动漫软件，其增值税实际税负超过 3% 的部分即征即退。

（6）增值税零税率。向境外单位提供的完全在境外消费的合同能源管理服务、研发服务、软件服务、设计服务、电路设计及测试服务、信息系统服务、业务流程管理服务、离岸服务外包业务、转让技术等实行零税率。

2. 所得税优惠政策

为了鼓励企业进行技术创新，我国企业所得税制定了很多优惠形式，形成了一揽子的支持体系。

表 4-2　现行支持技术资本形成的企业所得税优惠政策

类型		优惠政策
支持研发过程的税收优惠	资本费用化	所有行业企业 2018 年 1 月 1 日—2020 年 12 月 31 日期间新购进的专门用于研发的仪器、设备，单位价值不超过 500 万元的，允许一次性税前扣除；单位价值超过 500 万元的，可缩短折旧年限或采取加速折旧的方法
	研发费用加计扣除	2018 年 1 月 1 日—2020 年 12 月 31 日期间研发费用据实扣除，并允许按费用的 75% 加计扣除，所形成的无形资产允许按成本的 175% 摊销
	亏损弥补	企业研发费加计扣除部分形成年度亏损的，可以亏损弥补 5 年 从 2018 年 1 月 1 日起，高新技术企业和科技型中小企业亏损结转年限由 5 年延长至 10 年
支持研发收益的税收优惠	低税率	国家规划布局内的重点软件生产企业，如当年未享受免税优惠的，减按 10% 的税率征税。对国家需要重点扶持的高新技术企业、技术先进型服务企业，符合条件的集成电路生产企业适用 15% 的税率
	不征税收入	软件生产企业实行增值税即征即退政策所退还的税款，由企业用于研究开发软件产品和扩大再生产，不作为企业所得税应税收入
	减免税	居民企业技术转让所得不超过 500 万元的免税，超过 500 万元的部分按 25% 减半征税
	产业减免	对符合条件的软件企业、境内新办的集成电路设计企业给予二免三减半优惠

续表

类型		优惠政策
支持外部投入的税收优惠	风险投资扣除	创业投资企业采取股权投资方式投资于未上市的中小高新技术企业 2 年以上的，其投资额的 70% 在股权持有满 2 年的当年抵扣应税所得额；当年不足抵扣的，可以在以后纳税年度结转抵扣。公司制创业投资企业采取股权投资方式直接投资于种子期、初创期科技型企业也适用该政策
	购置软件加速折旧	企事业单位购进软件，凡符合固定资产或无形资产确认条件的，可以按照固定资产或无形资产进行核算，经主管税务机关核准，其折旧或摊销年限可以适当缩短，最短可为 2 年
	递延纳税	企业以技术成果投资入股到境内居民企业，被投资企业支付的对价全部为股票（权）的，企业可选择递延纳税，投资入股当期可暂不纳税，允许递延至转让股权时，按股权转让收入减去技术成果原值和合理税费后的差额计算缴纳所得税 被投资企业按技术成果投资入股时的评估值入账并在企业所得税前摊销扣除

此外，为了鼓励个人投资和从事技术创新活动，个人所得税方面还制定了相关税收优惠政策：

（1）风险投资扣除。为了鼓励风险投资，规定自 2018 年 7 月 1 日起，属于天使投资的个人如果通过股权投资方式投资于初创科技型企业且满 2 年的，允许投资额的 70% 从转让该初创科技型企业股权取得的应税所得额中抵扣；当期不足抵扣的，可以在以后年度结转抵扣。天使投资个人如果投资多个初创科技型企业的，假设其中一家企业注销清算，但对其投资额的 70% 尚未抵扣完的，可自注销清算之日起 36 个月内抵扣转让其他企业股权取得的应税所得额。

（2）风险投资所得选择所得项目征税。自 2019 年 1 月 1 日起，依法成立的创投企业可以选择按单一投资基金核算，个人合伙人从该基金取得的股权转让和股息红利所得按 20% 税率缴纳个人所得税；也可以选择按创投企业年度所得核算，个人合伙人按 5%—35% 超额累进税率缴纳个人所得税。

（3）递延纳税。个人以技术成果投资入股到境内居民企业，如果被投资企业全部以股票或股权来支付对价的，允许递延到转让股权时，按照股权转让收入减去技术成果原值和合理税费后的所得缴税。同时被投资企业按技术成果投资入股时的评估值入账并在企业所得税前摊销扣除。

（4）减免税。依法成立的非营利性研究开发机构和高等学校从职务科技成果转化收入中支付给科技人员的现金奖励，可减按 50% 计入科技人员当月工资、薪金所得缴纳个税。科研机构和高校转化职务科技成果对个人的股权奖励免税。国务院部委和中国人民解放军军以上单位，省级政府，以及国际组织和外国组织颁发的科学技术方面的奖金免税。

（5）分期缴纳税收。国家自主创新示范区高新技术企业对相关技术人员的股权奖励允许 5 年内分期缴纳个人所得税。

3. 其他税的优惠

2016 年 1 月 1 日至 2018 年 12 月 31 日期间，符合条件的科技园自用，或采用无偿、出租等方式提供给孵化企业使用的土地、房产，免征城镇土地使用税和房产税。2019 年 1 月 1 日至 2021 年 12 月 31 日期间，国家级、省级科技企业孵化器、大学科技园和国家备案众创空间自用，或无偿、出租等提供给"在孵对象"使用的土地、房产，给予免征城镇土地使用税和房产税的优惠。

2015 年 1 月 1 日至 2018 年 12 月 31 日期间，大型客机、大型客机发动机整机设计制造的企业及其全资子公司自用的科研、生产、办公房产和土地，允许免征城镇土地使用税和房产税。

三、促进人力资本形成的财税政策

在经济的发展过程中，高素质的劳动力对经济的重要性愈加明显。由于人力资本投资所形成的知识以及由此引起的创新和发明具有很强的正外部性，为了促进人力资本的形成，需要政府的干预。因此，很多国家都通过财税政策来增加对教育的投资，以提高人力资本的质量，进而促进经济的长期稳定增长，我国也不例外。

（一）鼓励人力资本形成的财政政策

每年，中央政府除了在公共预算支出中安排教育支出（支出总额逐年增长）以满足各项教育事业的正常开支外，还通过设立专项资金、转移支付、财政贴息等方式对特定地区、特定人群的教育进行扶持。

1. 财政补助

为了帮助低收入家庭解决孩子受教育问题，我国从 2016 年秋季起，对符合规定的城镇和农村家庭经济困难的学生就读公办或民办高中的，免除标准内的学杂费。对因免学杂费导致学校收入减少的部分，由财政补助给学校，中央和地方政府根据地区不同分担不同比例，其中西部地区为 8∶2，中部地区为 6∶4；东部地区除直辖市外，按照财力状况分省确定。

2. 财政转移支付

中央财政每年通过现行渠道新增安排资金，重点支持"三区三州"（四川、云南、西藏、甘肃、新疆、青海）的教育脱贫攻坚；中央财政按照"贫困人口""贫困发生率"等重要因素进行教育转移支付，向"三区三州"所在省份倾斜，加大对"三区三州"的教育支持力度。

3. 设立财政专项资金

从 2009 年起，中央财政对中央高校的捐赠设立配比专项资金，目的是鼓励和引导中央高校拓宽资金来源渠道，健全多元化筹资机制，进一步促进高等教育事业发展。

4. 财政贴息

为了贫困大学生顺利完成学业，我国设立了国家奖助学金和大学生国家助学贷款，由财政比照相应教育阶段资金筹集办法解决国家助学贷款贴息及风险补偿金所需资金。民办高校学生与公办高校学生享受同等的助学贷款、奖助学金等国家资助政策，预科生也享受相应教育阶段的国家助学金、国家助学贷款政策。

（二）鼓励人力资本形成的税收政策

为了鼓励企业、社会和个人对教育的投资，提高劳动者素质，我国也制订了一系列的税收优惠政策。

表 4-3　现行扶持人力资本形成的税收优惠

类型	税种	优惠形式	政策内容
鼓励企业、单位从事教育	增值税	免税	从事学历教育的学校提供的教育服务免增值税 政府举办的从事学历教育的高等、中等和初等学校举办进修班、培训班取得的全部归该学校所有的收入免增值税 政府举办的职业学校设立的主要为在校学生提供实习场所、并由学校出资自办、由学校负责经营管理、经营收入归学校所有的企业，从事"现代服务"（不含融资租赁服务、广告服务和其他现代服务）、"生活服务"（不含文化体育服务、其他生活服务和桑拿、氧吧）业务活动取得的收入免增值税

续表

类型	税种	优惠形式	政策内容
鼓励企业单位从事教育	企业所得税	不征税收入	各级人民政府对纳入预算管理的学校拨付的财政资金不征税 学校依法收取并纳入财政管理的行政事业性收费不征税
		税前扣除	从 2018 年 1 月 1 日起，企业发生的职工教育经费支出不超过工资薪金总额 8%的部分，准予扣除；超过部分，准予在以后纳税年度结转扣除。软件生产企业的职工培训费用，可准予全部税前扣除
	城镇土地使用税	免税	由国家财政部门拨付事业经费的学校自用的业务用地免城镇土地使用税
	房产税	免税	由国家财政部门全额或差额拨付事业经费学校所有的本身业务范围内使用的房产免征房产税
鼓励社会扶持教育	增值税	免税	金融机构从事国家助学贷款的利息收入免增值税
	企业所得税	公益捐赠扣除	企业通过公益性社会团体或者县级以上人民政府及其部门，用于规定的教育事业捐赠支出在按国家统一会计制度规定计算的年度会计利润总额 12%以内的部分，允许扣除；超过部分准予结转，以后三年内在计算应纳税所得额时扣除
	个人所得税	公益捐赠扣除	个人将其所得通过中国境内非营利的社会团体、国家机关向教育的捐赠额未超过纳税人申报的应纳税所得额 30%的部分，可以从其应纳税所得额中扣除 个人通过非营利的社会团体和国家机关向农村义务教育的捐赠，准予在缴纳个人所得税前的应纳税所得额中全额扣除
		免税	省级人民政府、国务院部委和中国人民解放军军以上单位，以及外国组织、国际组织颁发的教育方面的奖金免税

类型	税种	优惠形式	政策内容
鼓励个人投资教育	个人所得税	子女教育专项扣除	年满 3 周岁以上（含）子女接受学前教育和学历教育的相关支出，按照每个子女每月 1000 元的标准定额扣除
		继续教育专项扣除	纳税人在境内接受学历（学位）继续教育的支出，按照每月 400 元定额扣除，同一学历（学位）继续教育的扣除期限不超过 48 个月。纳税人接受技能人员职业资格继续教育、专业技术人员职业资格继续教育的支出，在取得相关证书的当年，按照 3600 元定额扣除
		免税	对按国家规定达到离休、退休年龄，但确因工作需要，适当延长离休、退休年龄的高级专家，其在延长离休、退休期间的工资、薪金所得，视同退休工资、离休工资免征个人所得税

第二节　财政政策对技术资本形成效率影响的实证分析

现阶段，为了提高企业的竞争力，我国运用财政政策大力扶持企业的创新活动以提高技术资本的形成效率。在现实中，政府往往运用财政奖励、财政贴息、直接投资等方式引导企业的经济活动。不过在实证分析中，基于数据的可取得性，往往难以收集相关的数据，因此，本书在分析时一律以财政补贴概之。为了分析政策的执行效果，以 2007—2015 年 Wind 数据库中的制造业 1153 家上市公司数据为样本，具体包括农副食品加工业，食品制造业，皮革、毛皮、羽毛（绒）及其制品业，纺织服装、鞋、帽制造业，塑料制品业，造纸及纸制品业，化学原料及化学制品制造业，非金属矿物制品业，金属制品业，专用设备制造业，电气机械及器材制造业，通用设备制造业，通信设备、计算机及其他电子设备制造，有色金属冶炼及压延加工业等行业，运用 OLS 估计以及 SLS 估计建立回归模型分析财政补贴对企业创新活动的影响。在此基础上，又从资本密集度视角，进一步分析财政补贴对企业创新行为的影响效应。

一、研究设计

（一）基本模型设定

首先建立两个回归模型，分别考察财政补贴对这些行业企业的创新投入与创新产出的影响：

$$RDinput_{it+1} = \beta_0 + \beta_1 \times sub_{it} + \beta_2 \times x_{it} + \varepsilon_{it} \qquad (4-1)$$

$$RDoutput_{it+1} = \beta_0 + \beta_1 \times sub_{it} + \beta_2 \times x_{it} + \varepsilon_{it} \qquad (4-2)$$

其中 $RDinput_{it+1}$ 表示第 i 个上市公司第 $t+1$ 年创新活动的研发投入，包括资本投入与人才投入两方面；

$RDoutput_{it+1}$ 表示第 i 个上市公司第 $t+1$ 年创新活动的研发产出，包括发明型、实用创新型与外观设计型专利产出量与无形资产变化量四种变量；

X_{it} 表示影响上市公司研发创新的相关控制变量，主要包括：资产负债率 $-Lev_{it}$、企业规模 $-Size_{it}$、企业年龄 $-Age_{it}$、现金比率 $-Cash_{it}$、资产收益率 $-ROA_{it}$、托宾 Q $-TobinQ_{it}$、融资约束指数 $-KZ_{it}$、市值账面比 $-MB_{it}$，ε 为随机扰动项。

（二）相关变量选择

1. 核心变量

被解释变量有两个：一是上市公司企业创新研发投入

（ $RDinput_{it+1}$ ），分为研发人员比率（ $RDper_{it+1}$ ）与研发支出占营业收入比率（ $RDinp_{it+1}$ ）。研发人员比率表示企业创新人员投入水平，作为代表变量；研发支出比率显示企业创新资本投入水平。二是上市公司企业创新研发产出（ $RDoutput_{it+1}$ ）划分为发明型专利申请量（ $Patent1_{it+1}$ ）、实用新型专利申请量（ $Patent2_{it+1}$ ）、外观设计专利申请量（ $Patent3_{it+1}$ ）与无形资产比率（ $Intag_{it+1}$ ＝无形资产净额/资产总额）四种衡量指标。

解释变量是财政补贴指标，用财政补贴与总资产比值（ Sub_{it} ）反映。这里的财政补贴是指包括税收优惠在内的所有政府补助项目总计，总资产为企业期末资产总额。

2. 控制变量

控制变量有 8 个，分别是：

一是企业规模（ $Size_{it}$ ）。企业规模采用上市公司的资产自然对数来表示。企业规模代表企业资本要素集中程度。该值反映上市公司规模大小，数值越大，表明上市公司资本越多，研发实力越强，研发投入与研发产出越强。

二是资产负债率（ Lev_{it} ）。该比值为上市公司总负债与总资产的比率，衡量企业长期借贷能力与还贷风险，也衡量企业利用债权人提供资金进行经营活动的能力。企业资产负债水平与企业财务风险相关，对创新投入产生较大影响。

三是企业年龄（ Age_{it} ）。企业年龄是企业发展年限的自然对数，企业年龄会影响企业文化，成立时间较长企业的运营相对成熟与稳健，但在市场中会偏向于采取较为保守的行为；反之，则会有创新激进的行为倾向。

四是现金比率（ $Cash_{it}$ ），用货币资金与资产总额比值表示。创新具有周期长、回报不确定、风险与前期投资大的特点，所以，现金持有量富裕的企业能够承受较大的创新风险。

五是资产收益率（ ROA_{it} ），该值代表企业长期盈利能力，等于净利润除以年末资产总额。

六是托宾 Q（ $TobinQ_{it}$ ）等于使用市值与资产总额的比值。

七是融资约束指数（ KZ_{it} ）。使用卡普兰（1997）计量结果计算融资约束程度，面临较大融资约束的企业一般存在较高的融资难度，对创新投资会较为谨慎。

八是市值账面比（ MB_{it} ），等于上市公司总市值除以上市公司股东权益账面价值。其数值表明上市公司单位股本的市场价值，比率较低的公司存在被市场低估的可能，比率较高的公司表明具有成长性而被市场所看好。

（三）数据描述性统计

为了减少估计偏误，控制公司特征的相关变量以及年度虚拟变量。另外，为了研究结果的准确性，根据上市公司取得财政补贴需要符合的相关政策条件，针对上市公司上市时间、盈亏状况等因素影响，剔除了相关指标为 0 的企业，所以在 2007—2015 年期间，Wind 数据库符合条件的有 1153 家上市公司。相关变量的描述性统计见表 4-4。

表 4-4 相关变量及数据特征

变量名称	平均值	标准差	最小值	最大值
$patent$	43.47	205.9	0	9763
$patent1$	18.28	99.05	0	4126
$patent2$	19.55	97.33	0	5561

续表

变量名称	平均值	标准差	最小值	最大值
*patent*3	5. 645	30. 14	0	1552
Sub	0. 013	0. 019	0	0. 123
Size	21. 7	1. 055	19. 64	25. 59
Age	2. 501	0. 425	1. 099	3. 258
Lev	0. 42	0. 204	0. 049	0. 953
Cash	0. 189	0. 132	0. 012	0. 662
ROA	0. 04	0. 058	−0. 201	0. 2
TobinQ	2. 71	1. 759	0. 912	10. 93
KZ	0. 589	1. 149	−3. 4	3. 935
MB	2. 287	1. 823	0. 228	10. 59
CapIntens	12. 46	0. 87	9. 876	15. 83
RDper	14. 03	10. 71	0. 37	67. 48
RDinp	0. 035	0. 034	0	0. 24
Intag	0. 048	0. 041	0	0. 318

二、财政补贴对企业创新活动的影响

在回归中运用 OLS 估计以及将滞后期财政补贴作为工具变量的 2SLS 估计，估计结果如下：

（一）财政补贴对企业创新投入的影响

无论是从 OLS 结果还是 2SLS 回归结果来看，财政补贴对企业创新投入中的创新员工比率与研发支出比率都有显著正向激励。OLS 回归显示财政补贴对创新员工比率回归系数为 113.064，财政补贴对研发支出比率回归系数为 0.497，均在 1% 水平下显著。2SLS 回归结果显示，创新员工比率与研发支出系数分别为 190.884 与 0.781，分别在 5% 与 1% 水平下显著。这说明在前期创新人才、资本投入中，财政补贴起到了降低创新成本、分散研发风险的正向激励作用。

　　从控制变量来看，企业年龄对于研发支出在1%水平下显著为负，说明年轻化企业有更大意愿进行创新活动；现金比率对创新投入在四个模型中有三个在1%显著性水平上为正，另一个在5%水平上显著为正，显示现金充裕企业更有能力进行研发投入；资产净利率对研发人员比率系数分别为27.021与26.359，两者都在1%水平下显著为正，但是对研发支出比率系数不显著，结果说明企业盈利水平能够显著影响人才投入，但是对研发资本投入影响不明显。其他控制变量对创新投入影响不显著。具体回归分析结果如表4-5所示：

表4-5　财政补贴对上市公司企业创新投入的影响结果

	OLS		2SLS	
	$RDper_{t+1}$	$RDinp_{t+1}$	$RDper_{t+1}$	$RDinp_{t+1}$
Sub	113.064 ***	0.497 ***	190.884 ***	0.781 ***
	(25.912)	(0.062)	(34.119)	(0.107)
Size	−0.686	−0.000	−0.719	0.000
	(0.427)	(0.001)	(0.446)	(0.001)
Age	−0.110	−0.008 ***	−0.161	−0.009 ***
	(0.814)	(0.002)	(0.780)	(0.002)
Lev	4.130	−0.020	−14.980	−0.018
	(22.851)	(0.021)	(15.977)	(0.025)
Cash	9.033 ***	0.024 ***	8.461 **	0.018 ***
	(3.461)	(0.006)	(3.394)	(0.006)
ROA	27.021 ***	−0.017	26.359 ***	−0.007
	(9.027)	(0.013)	(9.206)	(0.014)
TobinQ	−7.474	−0.008	12.875	−0.009
	(22.443)	(0.020)	(15.636)	(0.025)

续表

	OLS		2SLS	
	$RDper_{t+1}$	$RDinp_{t+1}$	$RDper_{t+1}$	$RDinp_{t+1}$
KZ	1. 139 ***	0. 001	1. 016 **	0. 000
	(0. 407)	(0. 001)	(0. 421)	(0. 001)
MB	8. 365	0. 010	−11. 914	0. 011
	(22. 513)	(0. 020)	(15. 788)	(0. 025)
_ cons	18. 303 *	0. 020	16. 118	0. 041 **
	(9. 502)	(0. 016)	(9. 940)	(0. 017)
年度	YES	YES	YES	YES
行业	YES	YES	YES	YES
N	1029	5713	988	4801
Adj-R^2	0. 327	0. 407	0. 317	0. 377

注：括号中数字为标准误差；*、**、*** 分别表示统计量在 10%、5%、1%的水平下显著。

（二） 财政补贴对企业创新产出的影响

根据 OLS 回归分析结果显示，财政补贴对发明型专利申请量与无形资产比率系数分别为 2.12 与 0.141，并在 10% 与 1% 水平下显著为正；财政补贴对实用新型与外观设计型专利申请量系数分别为 −2.456 与 −1.763，均在 5% 水平下显著为负。这说明财政补贴起到了分散风险、增加创新绩效的作用，鼓励了企业进行发明专利的研究。

在工具变量回归中，财政补贴对实用新型专利申请量在 5% 水平下显著为负，系数为 −4.666；对无形资产比率系数为 0.229，在 5% 水平下显著为正。此外控制变量中，企业规模、现金比率、融资约束与资产收益率均会对企业创新产出产生影响，企业规模、现金比率与融资约束都显著正影响企业创新产出，企业年龄显著负影响企业创新产出。

表4-6　财政补贴对上市公司企业创新产出的影响结果

	$Patent1_{t+1}$	$Patent2_{t+1}$	$Patent3_{t+1}$	$Intag_{t+1}$
Sub	2.120*	−2.456**	−1.763**	0.141***
	(1.109)	(1.071)	(0.882)	(0.045)
Size	0.598***	0.536***	0.325***	−0.005***
	(0.037)	(0.036)	(0.039)	(0.001)
Age	−0.164**	−0.164**	0.001	0.002
	(0.065)	(0.065)	(0.065)	(0.002)
Lev	−0.154	0.207	−0.155	0.013
	(0.384)	(0.408)	(0.365)	(0.015)
Cash	0.112	−0.050	0.884***	−0.023***
	(0.210)	(0.197)	(0.195)	(0.007)
ROA	2.644***	2.737***	1.952***	−0.052***
	(0.413)	(0.430)	(0.420)	(0.018)
TobinQ	−0.179	−0.423	−0.124	−0.002
	(0.332)	(0.335)	(0.306)	(0.012)
KZ	0.076**	0.068**	0.095***	−0.000
	(0.031)	(0.030)	(0.032)	(0.001)
MB	0.199	0.421	0.144	0.003
	(0.328)	(0.336)	(0.302)	(0.012)
_ *cons*	−11.851***	−10.393***	−6.268***	0.126***
	(0.810)	(0.786)	(0.876)	(0.025)
年度	YES	YES	YES	YES
行业	YES	YES	YES	YES
N	6489	6489	6489	6489
Adj-R^2	0.353	0.474	0.175	0.074

注：括号中数字为标准误差；*、**、***分别表示统计量在10%、5%、1%的水平下显著。

三、财政补贴对不同资本密集度企业创新活动的影响

不同行业对资本的需求不同，根据 Ln（固定资产/员工总数）年度中位数将企业划分为高资本密集与低资本密集企业，$CapIntens = 1$ 为高资本密集企业，否则 $CapIntens = 0$。进一步分析财政补贴对资本密集度不同企业的创新活动影响效果。

结果显示，财政补贴对低资本密集度企业的创新研发均在 1% 水平下显著为正，系数分别为 200.351 与 0.699，发明型专利申请量系数为 4.864；但财政补贴对高资本密集度企业研发人员比率与发明型专利申请不显著，对研发投入比率在 1% 水平下显著为正，系数为 0.292；系数为 0.206，对无形资产比率在 5% 水平下显著。从结果可以看出，总体上资本密集度较低的企业受到财政补贴的正向影响比较显著。这是因为创新型企业的固定资产比重较低，主要是依靠创新人员的研发，因此，在得到政府支持时，更有动力进行研发创新。而财政补贴对高资本密集度企业主要是鼓励其增加研发投入，但对研发产出没有影响。

表 4-7　财政补贴对不同资本密集度企业创新活动的影响程度

	高资本密集度				低资本密集度			
	$RDper_{t+1}$	$RDinp_{t+1}$	$Patent1_{t+1}$	$Intag_{t+1}$	$RDper_{t+1}$	$RDinp_{t+1}$	$Patent1_{t+1}$	$Intag_{t+1}$
Sub	25.660 (25.800)	0.292 *** (0.059)	1.314 (1.453)	0.206 *** (0.056)	20.35 *** (38.461)	0.699 *** (0.088)	4.864 *** (1.553)	0.078 (0.063)
$Size$	−1.559 *** (0.417)	−0.001 (0.001)	0.521 *** (0.051)	−0.004 ** (0.001)	0.087 (0.723)	0.000 (0.001)	0.772 *** (0.043)	−0.005 ** (0.002)
Age	−0.519 (1.005)	−0.006 *** (0.002)	−0.138 (0.093)	0.005 * (0.003)	0.912 (1.213)	−0.009 *** (0.002)	−0.203 *** (0.078)	−0.001 (0.003)
Lev	−3.840 *	−0.043	−0.353	0.005	7.395 ***	−0.017	−0.320	0.019

续表

	高资本密集度				低资本密集度			
	$RDper_{t+1}$	$RDinp_{t+1}$	$Patent1_{t+1}$	$Intag_{t+1}$	$RDper_{t+1}$	$RDinp_{t+1}$	$Patent1_{t+1}$	$Intag_{t+1}$
	(12.575)	(0.066)	(0.912)	(0.026)	(26.852)	(0.019)	(0.382)	(0.023)
Cash	8.277**	0.018***	0.345	−0.015	6.012	0.026***	−0.431*	−0.031**
	(3.883)	(0.007)	(0.315)	(0.010)	(5.133)	(0.008)	(0.252)	(0.009)
ROA	2.646***	−0.017	1.832***	−0.047**	19.560	−0.017	2.469***	−0.066**
	(9.463)	(0.017)	(0.574)	(0.023)	(15.009)	(0.020)	(0.531)	(0.026)
TobinQ	1.533*	0.018	0.105	−0.003	−2.240***	−0.012	−0.072	−0.003
	(11.859)	(0.066)	(0.849)	(0.025)	(26.800)	(0.018)	(0.321)	(0.018)
KZ	1.274**	0.000	0.064	0.001	0.624	0.001	0.050	−0.001
	(0.587)	(0.001)	(0.044)	(0.001)	(0.545)	(0.001)	(0.039)	(0.002)
MB	−21.291*	−0.015	−0.065	0.004	3.481***	0.014	0.091	0.004
	(12.134)	(0.065)	(0.844)	(0.025)	(27.079)	(0.017)	(0.316)	(0.018)
_cons	4.041**	0.036**	−1.407***	0.106***	10.017	0.016	−5.317***	0.134***
	(9.519)	(0.017)	(1.056)	(0.031)	(16.194)	(0.025)	(0.973)	(0.037)
年度	YES	YES	YES	YES	YES	YES	YES	YES
行业	YES	YES	YES	YES	YES	YES	YES	YES
N	507	2825	3263	3263	522	2888	3226	3226
Adj-R^2	0.257	0.374	0.306	0.083	0.433	0.446	0.440	0.105

注：括号中数字为标准误差，*、**、***分别表示统计量在10%、5%、1%的水平下显著。

第三节　营改增对服务业结构转型的影响——以某省为例

营改增是我国税制改革中的一个重大突破，自2012年1月1日起在上海开始营改增试点，到2016年5月1日营改增的全面完成，所有的服务业全部纳入增值税范畴。此次营改增对服务业的发展产生了深远影响，促进了产业结构的转型。为了能够较为准确地反映营改增的效果，本书以某省为例，一方面到国税部门调研，另一方面向营改增企业发放调查问卷，累计发放和回收有效问卷 420 份，其中小规模纳税人 193 份，一般纳税人 227 份，涉及的行业主要有住宿和餐饮业、房地产业、广播影视服务、文化创意服务、教育业、资本市场服务、研发和技术服务、信息技术服务、鉴证咨询服务、旅游业、居民服务和其他服务业等。①

一、"营改增"后服务业税负基本状况

营改增虽然总体上是减税政策，但对服务业而言，随着发展的加速，税收规模却在不断扩大，2010 年某省第三产业税收收入 553 亿元，全国排名第 17 名；2013 年为 1045 亿元，第 18 名；2014 年为 1205 亿元，第 18 名。营改增后该省服务业的税收排名几乎未变，但税收排名均远高于同期 GDP 比重排名，GDP 比重排名该省分别为 2010 年第 29 名，2013 年第 28 名，2014 年第 29 名。②

不过具体到各行业，营改增的影响程度有所不同，有些行业的税收影响较大，尤以交通运输、仓储和邮政业为甚。2010 年该行业税收收入 47 亿元，全国排名是第 14 名；2013 年税收收入 115 亿元，2014 年 103 亿元，这两年排名均提高到第 7 名。但这几年其国民生产总值、就业人员、固定资产投资指标排名均保持稳定，仅有 1—2 名的变动。此外，营改增后信息传输、软件和信息技术服务业，租赁和商务服务业这两个行业税收收入指标排名也前移了，其中信息传输、软件和信息技术服务业 2010 年第 22 名，2013 年和 2014 年均为第 18

---

① 由于营改增铁路运输企业较少，本书未将其纳入分析范围。
② 根据《中国税务年鉴》和《中国统计年鉴》计算得出。

名；租赁和商务服务业 2010 年第 27 名，2013 年前移到第 12 名，2014 年为第 13 名。[1] 这些数据可以表明，营改增后该省服务业总体税负应该是有所增加。

由于《2015 年中国省市经济发展年鉴》未能反映 2015 年及 2016 年全面营改增后其他行业税负变化情况，为此，本书进一步通过调研和发放调查问卷形式获取和了解具体行业的税收负担变化。

（一）交通运输业的税负变化

交通运输业是自 2013 年 8 月 1 日起开始实行营改增，当年某省国税部门认定的存量户数为 5328 户，[2] 其中：陆路运输服务企业 5137 户；至 2015 年年末，交通运输业总户数为 10283 户，比营改增时增长 93%，其中：陆路运输服务企业 10024 户，比营改增时增长 95.13%。

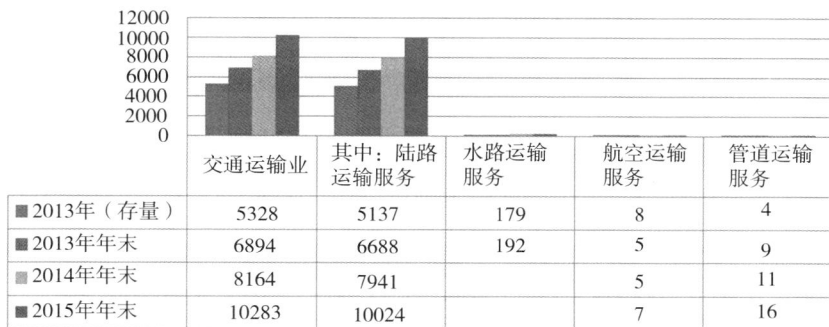

	交通运输业	其中：陆路运输服务	水路运输服务	航空运输服务	管道运输服务
■2013年（存量）	5328	5137	179	8	4
■2013年年末	6894	6688	192	5	9
□2014年年末	8164	7941	5	11	
■2015年年末	10283	10024	7	16	

图 4-1　营改增后某省交通运输业户数变化

据统计，2014 年某省交通运输业增值税平均税负为 8.6%，一

---

① 《2015 年中国省市经济发展年鉴》。
② 文中未注明数据来源的，均为税务部门内部统计数据。

般纳税人减税户数 1946 户，增税户数 2825 户，净增加税收 35.8
亿元，这也解释了该行业税收全国排名前移的原因。不过，为了减
轻企业负担，2014 年增加的税收金额基本上 100%通过财政返还给
了企业。

（二）部分现代服务业的税负变化

营改增后，该省现代服务业获得迅猛增长，2013 年 8 月 1 日起试
点时，纳入试点范围的现代服务业共计 9268 户，截至 2015 年年末，迅
猛增长至 52513 户，增长约 462.72%。其中研发和技术服务由 2013 年
的 645 户增加到 2015 年的 5794 户；信息技术服务由 2013 年的 849 户增
加到 2015 年的 5733 户；文化创意服务由 2013 年的 3540 户增加到 2015
年的 15155 户；鉴证咨询服务由 2013 年的 2232 户增加到 2015 年的
16523 户；物流辅助服务由 2013 年的 1024 户增加到 2015 年的 4778 户；
有形动产租赁服务由 2013 年的 761 户增加到 2015 年的 4078 户；广播
影视服务由 2013 年的 217 户增加到 2015 年的 452 户。

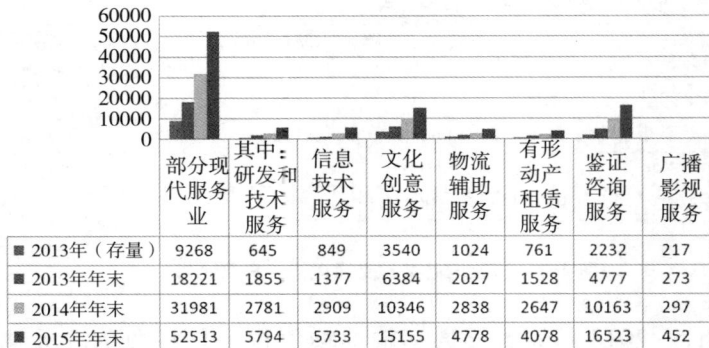

	部分现代服务业	其中：研发和技术服务	信息技术服务	文化创意服务	物流辅助服务	有形动产租赁服务	鉴证咨询服务	广播影视服务
■ 2013年（存量）	9268	645	849	3540	1024	761	2232	217
■ 2013年年末	18221	1855	1377	6384	2027	1528	4777	273
▨ 2014年年末	31981	2781	2909	10346	2838	2647	10163	297
■ 2015年年末	52513	5794	5733	15155	4778	4078	16523	452

图 4-2　营改增后某省部分现代服务业户数变化

营改增后这些行业的税负有所减少，据统计 2014 年某省 31981

户试点现代服务业纳税人净减少税收 7.7 亿元①，减税幅度 27.2%。其中：一般纳税人净减税 3.9 亿元，小规模纳税人减税 3.8 亿元。分行业看，文化创意服务业受惠最大，净减少税收 3.8 亿元；不过有形动产租赁服务业一般纳税人因为改征后适用最高税率 17%，整体增加了税收 3948 万元。

（三）邮政电信服务业的税负变化

邮政电信服务业是自 2014 年 1 月 1 日起开始实行营改增。由于基础电信业务征收 11% 的增值税，增值电信业务征收 6% 的增值税，因此营改增后，该行业的增长主要体现在增值电信服务企业的增加。营改增试点时，增值电信服务业企业共计 65 户，至 2015 年年末增长至 211 户，增长约 2.24 倍；基础电信服务企业反而有所减少，由 2013 年的 320 户减少到 2015 年的 305 户。总体上，营改增后邮政电信业税负有所下降，据统计，2014 年共计有 442 户邮政电信服务业减税 1239 万元，2015 年共计 578 户邮政电信服务业减税 30547 万元。

（四）金融业的税负变化

金融业是自 2016 年 5 月 1 日开始实行营改增，虽然时间很短，但发展势头很猛。据统计，2016 年 4 月金融业有 3495 户，到 8 月份就猛增到 4381 户。营改增对不同金融企业的影响不一，但税收收入总体上有所增加。2016 年 5 至 8 月份，金融业增值税一般纳税人中，增税户数为 359 户，增税金额为 11230.19 万元；减税户数为 376 户，减税金额为 5705 万元，合计增税 5525.19 万元。

---

①　试点纳税人年度统算税收收入增减变化情况，其口径为年度累计增值税应纳税额与假设仍然缴纳营业税相比的结果，下同。

	邮政业	电信业	其中：（一） 基础电信服务	（二）增值 电信服务
■2013年年末（存量）	105	385	320	65
■2014年年末	96	448	376	72
■2015年年末	92	516	305	211

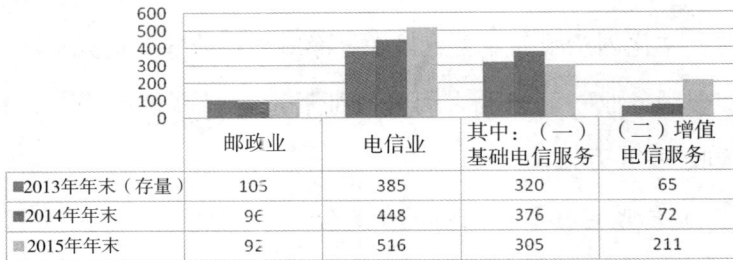

图4-3　营改增后某省邮政服务业户数变化

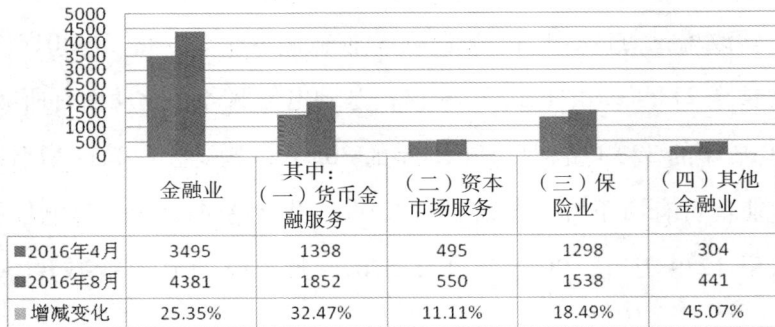

	金融业	其中： （一）货币金 融服务	（二）资本 市场服务	（三）保 险业	（四）其他 金融业
■2016年4月	3495	1398	495	1298	304
■2016年8月	4381	1852	550	1538	441
■增减变化	25.35%	32.47%	11.11%	18.49%	45.07%

图4-4　营改增后某省金融业户数变化

（五）房地产业的税负变化

房地产业虽然也是自 2016 年 5 月 1 日开始实行营改增，但国家允许 2016 年 4 月 30 日前的房地产老项目按 5%的征收率简易计税，与之前营业税 5%的税率相当，新项目才按 11%税率缴纳增值税。增值税是价外税，因此，在收入不变的情况下，老项目缴纳的增值税要比缴纳的营业税少，减税幅度＝收入×5%－收入÷（1+5%）×5%。由于营改增时间短，房地产业 2016 年 5 月 1 日动工的新项目目前基本没有进入销售阶段，所以当前房地产业税负总体是有所降低的。据统

计，该省的房地产行业中，1363 户企业实现了减税，减税税额为
10891.2 万元；增税企业只有 51 户，增税税额为 663.95 万元，合计
减少税收 10227.25 万元。

（六）生活服务业的税负变化

目前，该省生活性服务业主要包括 15 个行业，营改增后总体税
收负担有所减轻，自 2016 年 5 月份至 8 月份，合计减少 12069.17 万
元。减税企业有 1937 户，减税税额为 15090.69 万元；增税企业户数
为 682 户，增税税额为 3021.52 万元。15 个行业中只有体育业、公共
设施管理业的税收有所增加，但也仅增加 2.71 万元和 1.54 万元。其
中减税力度较大的行业为不动产出租，减税 5660.92 万元；住宿业减
税 1810.85 万元，商务服务业减税 1323.47 万元、餐饮业减税
1173.62 万元，减税税额均超过 1000 万元。此外，专业技术服务业
减税 658.01 万元，代理业减税 545.89 万元，其他生活服务业减税
326.95 万元。

表 4-8　2016 年 5—8 月某省部分行业营改增情况表

单位：万元

分类	增税企业			减税企业			合计
	户数	占比	税额	户数	占比	税额	税额
生活服务业	682	14.54%	3021.52	1937	41.30%	−15090.69	−12069.17
其中：（一）文化艺术业	9	25.71%	35	22	62.86%	−63.11	−28.11
（二）体育业	2	50.00%	5.43	2	50.00%	−2.72	2.71
（三）教育	18	21.18%	54.72	47	55.29%	−57.53	−2.81
（四）卫生	3	5.45%	2.34	12	21.82%	−89.49	−87.15
（五）旅游业	17	20.73%	29.76	38	46.34%	−243.26	−213.5

分类	增税企业			减税企业			合计
	户数	占比	税额	户数	占比	税额	税额
（六）娱乐业	0	0.00%	0	6	54.55%	-111.64	-111.64
（七）餐饮业	50	15.38%	49.48	145	44.62%	-1223.1	-1173.62
（八）住宿业	59	19.54%	114.89	229	75.83%	-1925.74	-1810.85
（九）居民服务业	51	8.31%	316.3	135	21.99%	-446.8	-130.5
（十）公共设施管理业	6	40.00%	6.18	4	26.67%	-4.64	1.54
（十一）不动产出租	68	9.59%	96.67	421	59.38%	-5757.59	-5660.92
（十二）商务服务业	180	17.70%	1562.86	401	39.43%	-2886.33	-1323.47
（十三）专业技术服务业	69	25.37%	149.5	103	37.87%	-807.51	-658.01
（十四）代理业	60	15.63%	254.77	177	46.09%	-800.66	-545.89
（十五）其他生活服务业	90	11.55%	343.62	195	25.03%	-670.57	-326.95
房地产业	51	1.55%	663.95	1363	41.54%	-10891.2	-10227.25

二、营改增对服务业发展的积极效应

（一）营改增助推现代服务业快速发展

现代服务业自 2013 年 8 月 1 日起开始实行营改增试点以来，该省现代服务业呈现快速增长态势。截至 2015 年年底，现代服务业较营改增前增加了 43245 户，增长了 4.66 倍。其中鉴证咨询服务业，较营改增前户数增长 14291 户，增长了 6.4 倍，2015 年实现销售额 148.98 亿元，同比增长 83.71%；文化创意服务业增长 11615 户，增长了 3.28 倍，2015 年实现销售额 216.98 亿元，同比增长 27%。"营改增"的减税效应成为该省现代服务业发展的强劲动力之一。

（二）固定资产纳入抵扣范围有效带动服务业投资增长

2014 年度，该省固定资产投资总额 15079.26 亿元，其中：第三产业投资 6743.65 亿元，占比 44.72%，同比增长 26.36%，增速为第二产业的 2.6 倍。2015 年受房地产行业拖累，第三产业增速下降为 11.66%，但从营改增行业来看，信息传输、软件和信息技术服务业的增速为 70.2%，科学研究和技术服务业的增速为 76.47%，卫生和社会工作增速为 51.73%，批发和零售业增速为 42.78%，教育增速为 33.5%，营改增推进服务业投资增长效应显著（见表 4-9）。

调查问卷也证实了这一点。调查问卷显示，认为投资信心显著增加的纳税人有 50 户，有一定增加的纳税人为 204 户，合计占到样本总数的 60.47%；选择降低投资信心的仅 5 户，占样本总数的 1.19%。

表 4-9　2013—2015 年某省第三产业固定资产投资情况

单位：亿元

分类	2013	2014	同比增减	2015	同比增减
固定资产投资	12850.25	15079.26	17.35%	16993.9	12.70%
第一产业	312.11	359.36	15.14%	428.81	19.32%
第二产业	7201.43	7976.24	10.76%	9035.33	13.28%
第三产业	5336.71	6743.65	26.36%	7529.76	11.66%
其中：批发和零售业	502.27	680.49	35.48%	971.58	42.78%
交通运输、仓储和邮政业	488.87	713.64	45.98%	817.95	14.62%
住宿和餐饮业	271.81	256.73	−5.55%	293.11	14.17%
信息传输、软件和信息技术服务业	48.38	73.69	52.31%	125.43	70.20%
金融业	31.43	33.67	7.13%	41.07	21.99%
房地产业	2086.71	2309.46	10.67%	2096.52	−9.22%

续表

分类	2013	2014	同比增减	2015	同比增减
租赁和商务服务业	160.19	270.75	69.02%	330.02	21.89%
科学研究和技术服务业	51.27	54.40	6.11%	95.99	76.47%
水利、环境和公共设施管理业	1028.90	1477.99	43.65%	1691.07	14.42%
居民服务、修理和其他服务业	70.36	70.18	−0.25%	121.64	73.32%
教育	176.42	182.44	3.42%	243.56	33.50%
卫生和社会工作	86.93	105.26	21.09%	159.71	51.73%
文化、体育和娱乐业	143.32	251.70	75.62%	261.33	3.83%
公共管理、社会保障和社会组织	148.81	211.50	42.13%	226.82	7.24%

资料来源：《2015 年江西省统计年鉴》和《2015 年江西省国民经济和社会发展统计公报》。

（三）完善抵扣链条推动产业间融合

对于原增值税一般纳税人（特别是制造业）来说，由于其购进服务进项税款可以抵扣，导致税收负担进一步下降。"营改增"试点以来，截至 2015 年年末，该省原增值税一般纳税人新增进项税额抵扣减负 30.9 亿元，其中：接受试点一般纳税人开具的货运发票抵扣进项税额 14.8 亿元，接受现代服务业一般纳税人开具的专用发票抵扣进项税额 16.1 亿元。制造企业在税制改革的过程中享受到了改革带来的红利，反过来又以此为依托增强了自身的市场竞争力。服务业和制造业之间的抵扣链条打通，使得制造企业可以集中精力和资源将主业做优做强，将辅业推向社会提供，市场需求进一步细分从而深化了专业化分工。

（四）传统产业转型升级轻装上阵

生活性服务业中，如住宿、餐饮、邮政和通信等企业负担普遍减轻，增强了发展后劲，有利于企业在物流、营销和研发、设计等方面加大投入，促使服务业产业优化升级，从传统走向现代、从低端走向高端。

（五）纳税人满意度高

作为重大的税制改革，各级政府部门十分重视政策的宣传和落实，总体上纳税人的满意度比较高。调查问卷显示，在营改增政策落实过程中，纳税人对政策的信息发布、政策沟通、政府部门服务效率、政策本身满意度方面都给予充分的肯定。所收到的问卷中没有一份给予差评，在政策沟通渠道、政策本身满意度方面只有1—2份给予较差的评价，90%以上的问卷都给予了"好"和"较好"的评价。

表4-10　纳税人对营改增政策的评价情况

分类	信息发布是否及时、充分	政策沟通渠道是否畅通	政府部门服务效率	政策本身满意度
好	291	295	309	261
较好	102	102	97	123
一般	27	22	14	34
较差	0	1	0	2
差	0	0	0	0

第四节　企业所得税对资本形成效率的影响分析

在本节中，主要分析企业所得税对物质资本和技术资本形成效率的影响程度。在分析对物质资本形成效率的影响程度时，分别从宏观和微观角度分析企业所得税对不同行业固定资产投资的影响程度和对小微企业发展的影响程度；在分析对技术资本形成效率的影响程度时，主要分析研发费用加计扣除税收政策对研发投入的影响程度。

一、物质资本承担的企业所得税负测算

本书所指的物质资本和《中国统计年鉴》中的资本形成指标口径相似，等于一定时期内固定资产总投资扣除折旧和其他有形损耗，再加上存货所得到的新增资本。由于不同行业的折旧额和存货在相关的统计年鉴中难以获取，因此，基于数据的可取得性，本书用固定资产投资额来代替物质资本，进而测算其所承担的所得税负。

（一）理论依据

从理论上讲，当前投资是预期的未来销售和资本对劳动替代成本的一项函数。资本成本是单位资本利用成本的一项综合指标，包括融资、折旧、因价格变化导致的资本利得或损失以及税收，所以税收会通过影响资本成本来影响人们的投资预期和投资决策。

在 20 世纪 60 年代和 70 年代期间，现代新古典学派认为资本增长下降和潜在产出增长下降的基本原因是资本税后报酬率的下降，税收政策通过影响租金价格进而影响到预期的资本存量，从而介入投资决策。如果替代弹性（即对于其价格比率中 1% 的变化，在一项给定的产出水平下，资本对劳动比率变化的百分比）大到 1，意味着国家政策在资本积累过程中发挥着重要作用，因为税收和货币政策通过改

变资本的税后租金价格来改变预期的资本—产出率。[1]

根据乔根森（1963）建立的新古典模型，企业的资本使用者成本是主要变量，具体包括两方面：一是因为放弃别的投资机会而产生的机会成本；二是包括折旧和税收在内的直接成本。如果资本成本上升，企业选择资本密集程度较低的技术；反之，企业选择资本密集度高的技术。所以，如果运用税收政策降低资本成本，将会提高企业的资本存量，从而促进投资。[2]

假定公司所得税率为 t_c，红利适用的个人所得税率为 t_p，那么 1 美元利润的公司税后收益为 $(1 - t_c) \times (1 - t_p)$。假设资本的使用成本为 C，在征收公司所得税和个人所得税后：

$$(1 - t_c) \times (1 - t_p) \times C = (r + \delta)$$

其中 r 是税后利率，δ 是经济折旧率。

$$C = \frac{r + \delta}{(1 - t_c)(1 - t_p)}$$

假设 Z 为 1 美元固定资产投资计提折旧的现值，k 为投资的税收抵免率。那么，资本成本就会按 $(1 - z - k)$ 的因素递减，$C = \frac{(r + \delta)(1 - z - k)}{(1 - t_c)(1 - t_p)}$。[3]

因此，在其他条件不变的情况下，公司所得税的征收会增加资本投资成本，但折旧计提和投资税收抵免会降低资本使用成本。

（二）固定资产投资课税模型的建立

考虑到分析的可能性，结合我国发展情况，借鉴席卫群（2005）

---

[1] 巴瑞·P. 博斯沃斯：《税收刺激与经济增长》，中国财政经济出版社 1998 年版。

[2] 席卫群：《我国企业资本承担所得税实际税负的测算》，《财经研究》2005 年第 5 期。

[3] 席卫群：《我国企业资本承担所得税实际税负的测算》，《财经研究》2005 年第 5 期。

关于投资课税模型建立的方法①，在不考虑个人所得税的情况下，建立起固定资产投资的课税模型。

假设企业的资本结构和财务行为符合以下条件：（1）企业具有最大的债务能力；（2）企业可以保持最高水平的负债和资本比率；（3）企业能充分享受支付利息的税前扣除规定；（4）企业债权和股权的总价值构成资本；企业的投资资金来源主要为举债、发行新股和利润留存三种方式；（5）企业没有享受投资税收抵免。

由于直接衡量资本的边际生产率很难，因此假定生产者资本成本等于资本的边际生产率（FC），则资本成本的表示形式为：

$$FC + \delta = \frac{1 - t_c Z}{1 - t_c}(R + \delta) \tag{4-3}$$

$$R = (1 - \beta)r_e + \beta[(1 - t_c)i - \pi] \tag{4-4}$$

δ—经济折旧率，β—债务与资本比率，π—通货膨胀率，i—名义利率，Z—税收折旧率，t_c—企业所得税名义税率，r_e—企业税后股权收益率。

企业举债主要是借款和发行债券两种，企业的税后收益率 r_{np}②分配给债权和股权，所以：

$$r_{np} = (1 - \beta)r_e + ri - \beta\pi \tag{4-5}$$

其中，企业的实际债务收益率为 $ri - \beta\pi$，其中 r 为需支付利息的债务资本的比率，即 $r = \dfrac{国内贷款+债券}{投资金额}$，税后收益率的余下部分即

---

① 席卫群：《我国企业资本承担所得税实际税负的测算》，《财经研究》2005 年第 5 期。
② r_{np} =（利润总额-企业所得税）/收入总额，它比真实的企业资本税后收益率要小，小的幅度等于不需支付利息的债务所隐含的利息。

分配给股权。

为了进一步得出真实的资本税后收益率，假定不需支付债务利息的隐含利息与需付息债务的利息相同，在等式（4-5）两边加上银行利息，则：

$$r_{np} + (\beta - r)i = (1 - \beta)r_e + \beta(i - \pi) \qquad (4-6)$$

等式（4-6）的右边表示为真实的资本税后收益率，以 r_c 标记，则：

$$r_c = (1 - \beta)r_e + \beta(i - \pi) \qquad (4-7)$$

$$(1 - RTR)FC = r_c \qquad (4-8)$$

所以，资本的所得税实际税率 RTR 如下：

$$RTR = \frac{FC - r_c}{FC} \qquad (4-9)$$

（三）数据的取得和测算

基于计算的要求，需要收集的收入总额、利润总额数据来源于《中国统计年鉴》；企业所得税总额数据来自《中国税务年鉴》；债务与资本比率 β 用资产负债率代替，数据源自《中国统计年鉴》中的制造业资产负债率；r 根据《中国投资年鉴》数据计算得出；名义利率 i 数据源自中国人民银行官方网站，2014 年前选用 1—3 年固定资产贷款利率，2014 年起，利率"一至三年"与"三至五年"合并，所以选用"一至五年"固定资产贷款利率。选取的 i 是将每年公布的所有利率进行平均得出的，没有考虑权重；通货膨胀率 π 根据当年固定资产价格指数减上年固定资产价格指数得出，所需数据取自中经网。

目前对经济折旧率 δ 测算的文献不多，本书认为张军（2002）所测定的 9.6% 比较可行，故采用之；由于《固定资产投资统计年鉴》中未涉及税收折旧率，税务部门在实际处理时往往对折旧的计算采取直线折旧①，为了方便数据的处理，税收折旧率 Z 取 5%；2002—2007 年企业所得税率 t_c 为 33%，2008 年后调整为 25%。

1. 全国分行业资本承担的所得税负

2008 年我国进行企业所得税的改革，将内外资企业所得税统一并将名义税率由 33% 降到 25%，基于数据的可取得性以及二三产业在国民经济发展过程中的作用，本书选取制造业、采掘业、电、煤气和水供应业、建筑业、批发零售贸易业、餐饮业和房地产业六个行业测算 2008—2015 年期间的固定资产承担的所得税负，结果见表 4-11、表 4-12。

表 4-11　分行业的资本使用成本

项目	制造业	采掘业	电力、燃气、水生产供应业	建筑业	批发零售贸易	餐饮业	房地产业
2008	11.70%	32.01%	4.62%	10.82%	16.61%	62.92%	17.43%
2009	12.89%	110.73%	7.97%	10.60%	16.72%	62.25%	19.57%
2010	13.88%	25.14%	9.58%	10.16%	15.13%	63.64%	19.02%
2011	13.57%	26.27%	8.89%	10.44%	15.45%	62.27%	16.99%
2012	12.90%	22.45%	10.49%	10.26%	15.21%	62.84%	16.61%
2013	12.83%	18.74%	11.86%	10.53%	15.84%	62.26%	19.13%
2014	12.57%	16.43%	12.83%	10.60%	15.17%	63.27%	13.00%
2015	12.32%	10.54%	14.12%	9.99%	15.22%	62.50%	12.61%

---

① 2014 年 1 月 1 日起，我国开始实行折旧新政，允许符合条件的固定资产费用化或加速折旧，2018 年 1 月 1 日起又调高了费用化的限额。为了便于数据的计算，假设税收允许的折旧率一律为 5%（房屋建筑物折旧年限 20 年，不考虑残值，折旧率为 5%）。

表4-12　分行业资本承担的所得税负

项目	制造业	采掘业	电力、燃气、水生产供应业	建筑业	批发零售贸易	餐饮业	房地产业
2008	35.89%	28.73%	52.12%	35.61%	31.22%	26.08%	30.63%
2009	34.83%	25.36%	40.11%	35.85%	31.10%	26.09%	29.81%
2010	34.83%	30.26%	38.47%	37.34%	32.50%	26.20%	30.58%
2011	34.34%	29.52%	38.28%	35.82%	31.48%	26.03%	30.56%
2012	35.02%	30.44%	36.24%	36.21%	31.67%	26.01%	30.84%
2013	35.11%	31.57%	34.91%	35.90%	31.34%	26.01%	29.88%
2014	35.76%	32.72%	34.58%	36.26%	32.02%	26.00%	32.92%
2015	36.90%	38.42%	34.68%	38.35%	32.96%	26.26%	34.27%

从表中可以得出：六个行业中，总体上资本使用成本由高到低分别是餐饮业、采掘业、房地产业、批发零售贸易业、制造业、建筑业、电力燃气和水生产供应业。但在2008—2015年期间，每个行业资本使用成本波动的趋势不同，餐饮业基本保持稳定，均在62%左右，制造业、建筑业和批发零售贸易业变动趋势也很小；而采掘业、房地产业主要呈下降趋势；但电力、燃气、水生产供应业却呈上升态势，到2015年成为六个行业中资本使用成本第三高的行业。

在资本承担的所得税负中，总体上税负最高的是电力、煤气、水生产供应业，然后分别是建筑业、制造业、批发零售业、采掘业、房地产业、餐饮业。但六个行业在 2008—2015 年期间波动也有所不同。采掘业逐年升高，由 2008 年的 28.73%增长到 2015 年的 8.42%，而电力、煤气、水生产供应业却由 2008 年的 52.12%下降到 2015 年的 34.68%，制造业、建筑业和房地产业总体略有上升，但批发零售贸易业和餐饮业基本维持不变。

2. 制造业资本承担的所得税负测算

作为一国的经济主体，制造业在提升国家竞争力中发挥着重大作用。改革开放以来，我国制造业发展迅速，实现了由小到大的历史性转变，按不变价 GDP 计算口径统计的工业增加值①由 1978 年的 1659.5 亿元增加到 2016 年的 250727.7 亿元，增加了 150 倍，我国已成为全球制造业规模最大的国家。2013 年制造业增加值 2.86 万亿美元，2015 年达 3.16 万亿美元，比排名第二的美国 2.14 万亿美元高 7146.2 亿美元；② 制造业增加值占全球制造业增加值总额比重持续上升，由 1995 年的不到 5%、2000 年的 8.5%上升到 2016 年的 30%以上，相比之下，美国、日本和德国在全球制造业的比重分别由 2000 年 的 28.5%、17.0%、10.1%，下 降 到 2016 年 的 19.3%、11.6%、7.0%。③

尽管我国制造业发展迅速，但投资效果不理想。根据《中国统计年鉴》的数据测算，我国固定资产投资效果系数④在 1993 年以后

① 工业包括采矿业、制造业、电力、热力、燃气和水的生产和供应业。目前我国制造业增加值占工业增加值比重 80%以上，2016 年超过了 85%。由于中国统计年鉴数据没有按不变价 GDP 计算的制造业增加值数据，因此以工业增加值来代替制造业增加值。数据来源于《2017 年中国统计年鉴》。

② 数据来源于《2017 年国际统计年鉴》。

③ 根据世界银行 WDI 数据库数据计算得出。

④ 固定资产投资效果系数＝新增 GDP/固定资产投资。

出现了螺旋式的下降。1993 年每百元固定资产投资可以使 GDP 增加 23.77 元，2003 年为 11.43 元，2010 年 15.48 元，2016 年只有 7.4 元。相对来说，制造业投资效果好些，固定资产投资系数 2005 年为 31.49 元，是全社会的 2 倍多，但差距逐年缩小，到 2015 年下降到 3.77 元，已低于全社会水平（见图 4-5），制造业投资效果堪忧。

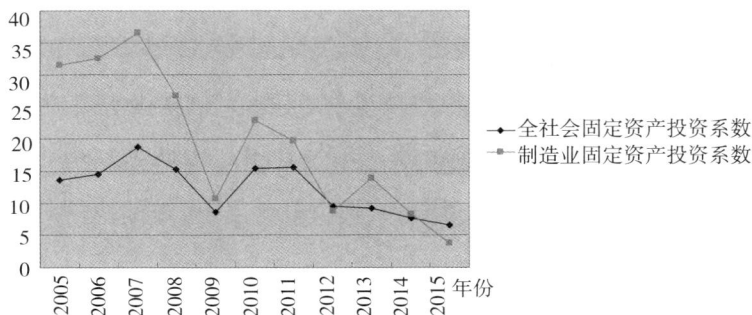

图 4-5　2005—2015 年固定资产投资效果

导致制造业投资效果不理想有很多因素，税收是其中一个，为此，本书进一步测算制造业分省的资本承担所得税负情况，时间跨度为 2002—2016 年，目的是想分析 2008 年企业所得税改革是否对制造业资本承担的所得税产生了影响。具体结果见表 4-13、表 4-14。

从表中数据可知，2008 年企业所得税改革对制造业而言是个分水岭。无论是资本使用成本还是资本承担的企业所得税实际税率都明显下降，但影响的趋势又有所不同。

其中资本使用成本自 2008 年下降后虽然也有省份有所反弹，但均未超过改革前的水平。具体分省来看，差异又很大。江苏、浙江、安徽、重庆、四川、福建、湖北、广东、江西这几个省份在2002—2016 年间资本成本变动幅度很小；而黑龙江、山西、云南等省份的趋势却完全不同，呈现先逐步上升，到 2006 年或 2007 年达到高点，自 2008 年后逐年回落，在 2016 年时资本使用成本均不到10%，其中黑龙江降幅最大，由 2006 年的最高点 38.79%降到了2016 年的 8.11%；但与此同时，有些省份却出现先逐步上升，2008 年下降后又反弹，最终到 2016 年时又接近改革前的水平，比如贵州。

而资本承担的企业所得税实际税率从 2008 年起在不少省份经历了一个先下降后又上升的态势，尤其甘肃、山西、云南、辽宁、吉林、黑龙江、青海、新疆等省份 2015 年、2016 年又达到甚至超过了2007 年的水平。

（四）回归分析

为了进一步分析资本使用成本和企业所得税实际税率对制造业投资的影响，本书在多元线性回归模型的个体固定效应模型的基础上引进门槛变量，通过建立面板门槛固定效应模型进行验证。

1. 多元线性回归模型

如果 y 为一随机变量，$(x_1, x_2, \cdots, x_n)$ 为一组观测值，构建的多元线性模型为：

$$y = \beta_0 + \beta_1 x_1 + \beta_2 x_2 + \cdots + \beta_n x_n + \varepsilon \qquad (4-10)$$

其中，y 称为被解释变量，$x_1, x_2, \cdots, x_n$ 为解释变量，ε 是随机误差，通常假定随机误差 ε 服从均值为 0、方差为 σ^2 的正态分布。在实际应用中，多元线性回归一般具有以下的形式：

$$y = \beta_0 + \beta_1 x_{i1} + \beta_2 x_{i2} + \cdots + \beta_k x_{ik} + \varepsilon (i = 1, 2, \cdots, n) \quad (4-11)$$

其中，$(x_{i1}, x_{i2}, \cdots, x_{ik})$ 表示一组观测值，其中 x_{ik} 的下标 k 代表第 k 个解释变量，下标 i 代表第 i 个观测值，而系数 β_1、β_2、β_k 为多元线性模型中的待估参数。

定义 $y \equiv (y_1, y_2, \cdots, y_n)'$，数据矩阵 $x \equiv (x_1, x_2, \cdots, x_n)'$，误差项 $\varepsilon \equiv (\varepsilon_1, \varepsilon_2, \cdots, \varepsilon_n)'$，则有以下矩阵形式：

$$y = x\beta + \varepsilon \tag{4-12}$$

多元线性回归模型建立要有一些基本假定：一是具有严格的外生性；二是扰动项需满足同方差以及无自相关的性质；三是不存在严格多重共线性。由于所采用的表 4-13 和表 4-14 数据之间存在多重共线性，而且分省面板数据具有横截面（个体）与时间两个纬度，因此要考虑不同个体间的共性与异质性，需进一步采用个体固定效应模型。

2. 个体固定效应模型

假定每个个体的回归方程斜率相同，但是截距可以不相同，个体固定效应模型形式为：

$$y_{it} = x'_i + \beta + z'_i\delta + u_i + \varepsilon_{it} (i = 1, \cdots, n; t = 1, \cdots, T)$$

$$\tag{4-13}$$

其中，y_{it} 表示被解释变量，x_{it} 表示解释变量，它们都随时间变化而变化。z_i 表示不随时间而变化的个体特征。扰动项为复合扰动项 $(\varepsilon_{it} + \mu_i)$，其中随机变量 μ_i 代表不同个体的截距项。

若 μ_i 与某个解释变量相关，则为固定效应模型；若 μ_i 与所有解释变量均不相关，则称为随机效应模型。

表 4-13　2002—2016 年制造业分省资本使用成本

地区	2002	2003	2004	2005	2006	2007	2008	2009	2010	2011	2012	2013	2014	2015	2016
全国	12.97%	12.80%	13.31%	12.74%	13.35%	15.08%	11.70%	12.89%	13.87%	13.57%	12.90%	12.84%	12.57%	12.33%	13.01%
北京	13.70%	13.79%	13.78%	12.99%	13.99%	15.19%	10.39%	12.06%	12.84%	12.99%	13.77%	12.80%	13.82%	14.25%	13.63%
天津	14.93%	14.24%	17.19%	17.69%	18.20%	18.23%	12.89%	13.69%	16.60%	17.30%	17.03%	15.22%	15.69%	15.31%	15.03%
河北	15.01%	15.29%	15.38%	15.73%	16.49%	17.88%	13.59%	13.42%	14.06%	14.12%	13.22%	12.96%	12.61%	11.83%	12.58%
山西	12.28%	14.06%	16.19%	14.80%	15.77%	18.01%	14.31%	12.76%	15.59%	16.27%	13.69%	10.44%	8.42%	5.82%	8.63%
内蒙古	12.24%	12.70%	15.11%	17.97%	19.07%	23.54%	17.87%	18.26%	21.91%	22.30%	19.73%	17.07%	14.63%	12.91%	14.11%
辽宁	11.41%	11.27%	12.73%	10.64%	11.12%	13.89%	9.68%	12.14%	13.84%	13.23%	12.21%	11.87%	11.16%	9.56%	8.35%
吉林	13.71%	14.90%	14.47%	12.18%	13.27%	18.23%	11.50%	12.28%	13.34%	13.98%	12.72%	12.07%	12.53%	11.71%	11.21%
黑龙江	33.47%	34.55%	37.05%	39.21%	38.79%	35.75%	30.76%	20.04%	21.41%	21.94%	19.34%	16.57%	15.18%	10.25%	8.11%
上海	15.95%	15.48%	15.55%	13.47%	14.06%	14.18%	9.05%	11.61%	13.08%	12.35%	11.72%	12.81%	13.14%	13.29%	13.75%
江苏	12.71%	12.32%	12.82%	12.70%	13.44%	14.85%	13.07%	12.64%	13.17%	13.53%	12.99%	12.90%	13.24%	13.13%	13.10%
浙江	15.55%	14.48%	14.15%	13.36%	13.69%	14.57%	11.04%	12.47%	13.30%	13.17%	12.31%	12.56%	12.72%	12.70%	13.39%
安徽	13.04%	14.92%	12.90%	13.32%	12.97%	13.92%	12.92%	13.98%	15.56%	14.15%	13.90%	12.54%	12.28%	11.78%	11.85%
福建	15.23%	15.12%	14.04%	13.73%	15.32%	17.71%	13.19%	14.03%	15.47%	15.32%	14.14%	13.07%	13.44%	12.71%	13.56%
江西	9.93%	10.99%	11.26%	12.22%	13.62%	14.45%	13.05%	12.53%	13.41%	13.92%	14.09%	14.01%	14.18%	13.28%	13.56%
山东	15.08%	14.91%	15.81%	16.97%	16.73%	17.06%	13.74%	13.67%	14.56%	14.70%	14.29%	13.97%	13.45%	12.91%	12.59%
河南	13.29%	12.87%	13.98%	15.69%	18.67%	21.89%	17.26%	16.79%	17.07%	16.73%	15.25%	14.82%	14.47%	13.50%	13.25%

续表

地区	2002	2003	2004	2005	2006	2007	2008	2009	2010	2011	2012	2013	2014	2015	2016
湖北	14.17%	12.62%	13.78%	14.67%	14.92%	16.42%	13.87%	14.34%	15.32%	14.24%	13.52%	12.48%	12.68%	12.30%	12.34%
湖南	11.95%	12.07%	12.87%	12.32%	13.11%	15.30%	13.15%	13.18%	15.33%	14.78%	13.65%	11.82%	11.73%	11.58%	11.56%
广东	13.80%	13.16%	13.21%	13.62%	14.13%	15.52%	12.18%	13.65%	14.48%	13.48%	12.74%	12.54%	13.02%	13.27%	12.95%
广西	11.43%	12.77%	15.96%	14.26%	15.28%	17.28%	11.03%	12.27%	16.10%	15.11%	14.00%	12.73%	13.21%	13.59%	13.35%
海南	15.79%	13.82%	17.54%	17.29%	21.36%	18.14%	15.14%	18.81%	18.23%	16.75%	14.44%	13.20%	12.07%	12.21%	11.80%
重庆	11.62%	13.66%	14.18%	13.20%	12.99%	14.62%	12.07%	11.98%	12.22%	12.50%	11.60%	12.82%	13.86%	13.90%	13.95%
四川	13.14%	12.04%	12.53%	14.27%	15.53%	17.10%	13.59%	14.23%	14.82%	15.38%	15.52%	14.02%	13.38%	12.64%	12.39%
贵州	10.48%	11.04%	13.27%	12.89%	14.79%	17.49%	13.57%	13.48%	15.88%	17.60%	19.43%	14.78%	15.09%	15.10%	15.19%
云南	12.42%	13.80%	17.91%	17.27%	18.52%	18.76%	12.57%	14.29%	16.90%	15.89%	13.72%	12.71%	11.59%	11.13%	9.14%
西藏	20.03%	25.00%	26.30%	27.26%	29.79%	32.96%	15.70%	20.32%	25.54%	24.50%	20.19%	11.74%	16.27%	10.23%	16.52%
陕西	16.11%	18.57%	20.71%	24.20%	23.74%	24.97%	23.40%	18.80%	22.51%	23.95%	21.66%	19.80%	17.93%	14.69%	14.82%
甘肃	10.26%	9.92%	12.39%	10.70%	12.79%	16.35%	8.79%	11.16%	11.38%	11.33%	10.65%	10.46%	9.30%	4.21%	6.62%
青海	14.48%	13.03%	23.24%	30.09%	32.47%	32.90%	28.12%	17.86%	21.31%	22.88%	17.87%	15.24%	12.29%	10.03%	10.25%
宁夏	9.76%	9.75%	11.22%	11.52%	11.68%	14.71%	9.95%	13.73%	15.13%	15.31%	11.82%	11.54%	10.46%	8.89%	10.47%
新疆	19.32%	24.38%	30.18%	32.58%	37.78%	35.88%	28.38%	21.03%	24.97%	23.68%	20.89%	17.85%	16.08%	10.85%	10.92%

注：包括全国 31 个省、自治区、直辖市数据，未包括港、澳、台数据。

表4-14　2002—2016年制造业分省资本的企业所得税实际税率

地区	2002	2003	2004	2005	2006	2007	2008	2009	2010	2011	2012	2013	2014	2015	2016
全国	47.24%	47.47%	46.37%	47.08%	45.90%	43.14%	35.89%	34.83%	34.84%	34.34%	35.02%	35.11%	35.76%	36.90%	36.20%
北京	47.17%	47.09%	46.96%	50.06%	48.09%	45.83%	38.82%	36.46%	36.37%	35.69%	34.91%	35.70%	35.21%	35.93%	36.98%
天津	45.32%	45.89%	43.41%	42.89%	42.22%	40.93%	34.38%	33.42%	32.74%	31.64%	31.76%	32.63%	32.86%	33.74%	34.56%
河北	44.73%	44.58%	44.07%	43.94%	42.90%	41.23%	33.82%	33.96%	34.29%	33.60%	34.46%	34.75%	35.60%	37.34%	37.21%
山西	47.76%	45.42%	42.94%	43.87%	42.55%	40.13%	32.65%	33.76%	32.83%	31.64%	32.94%	35.44%	38.36%	46.58%	40.31%
内蒙古	48.27%	47.52%	44.43%	42.32%	41.40%	38.89%	31.35%	31.39%	30.74%	30.06%	30.88%	32.05%	33.30%	35.49%	35.11%
辽宁	49.30%	49.59%	47.11%	50.24%	48.87%	44.02%	38.19%	35.34%	34.72%	34.60%	35.51%	35.76%	36.94%	39.74%	42.50%
吉林	45.78%	44.82%	45.09%	47.72%	46.54%	41.43%	36.52%	35.60%	35.59%	34.35%	35.54%	36.05%	35.93%	37.26%	39.09%
黑龙江	37.97%	37.81%	37.17%	36.96%	36.89%	36.75%	28.64%	31.01%	31.14%	30.48%	31.33%	32.57%	33.63%	39.36%	44.28%
上海	45.48%	45.83%	45.41%	47.47%	46.36%	44.80%	40.13%	36.63%	35.94%	35.99%	36.96%	35.90%	35.88%	36.63%	36.59%
江苏	47.43%	47.61%	46.52%	46.74%	45.47%	42.90%	34.48%	34.92%	35.35%	34.25%	34.90%	35.04%	35.27%	36.32%	36.95%
浙江	45.09%	45.85%	45.74%	46.30%	45.26%	43.00%	35.94%	34.67%	34.88%	34.18%	35.13%	34.93%	35.27%	36.32%	36.40%
安徽	46.98%	44.95%	46.65%	46.06%	45.63%	43.28%	34.13%	33.53%	33.36%	33.66%	33.91%	35.02%	35.77%	37.24%	37.84%
福建	45.32%	45.60%	46.53%	46.86%	44.70%	41.81%	35.01%	34.39%	34.09%	33.69%	34.45%	35.15%	35.16%	36.68%	36.49%
江西	50.79%	48.80%	48.05%	47.09%	45.23%	43.44%	35.02%	35.18%	35.28%	34.22%	34.25%	34.45%	34.80%	36.50%	36.84%
山东	45.00%	45.19%	44.20%	43.37%	43.13%	42.12%	34.42%	34.64%	34.61%	33.72%	34.15%	34.31%	35.14%	36.42%	37.27%
河南	46.20%	46.60%	44.99%	43.92%	41.70%	39.67%	32.17%	32.40%	32.94%	32.72%	33.90%	34.46%	35.14%	36.58%	37.19%
湖北	45.58%	47.62%	46.08%	45.46%	44.90%	42.76%	34.64%	34.10%	33.64%	33.65%	34.32%	35.46%	35.73%	36.96%	37.59%

续表

地区	2002	2003	2004	2005	2006	2007	2008	2009	2010	2011	2012	2013	2014	2015	2016
湖南	47.51%	47.64%	46.26%	47.16%	45.87%	43.08%	34.51%	34.16%	33.73%	33.56%	34.62%	36.41%	36.95%	38.10%	38.64%
广东	46.76%	47.35%	46.68%	46.27%	45.36%	43.02%	35.43%	34.13%	34.45%	34.20%	35.00%	35.29%	35.05%	35.77%	36.72%
广西	48.33%	46.56%	43.34%	45.13%	43.76%	41.15%	35.64%	34.44%	32.83%	32.79%	33.54%	34.43%	34.45%	35.04%	35.88%
海南	45.19%	46.97%	43.42%	43.50%	40.44%	41.60%	33.20%	31.46%	32.54%	32.82%	34.44%	35.19%	36.48%	37.01%	38.01%
重庆	48.64%	46.16%	45.34%	46.46%	46.10%	43.24%	35.19%	35.23%	35.88%	34.77%	35.43%	34.30%	33.96%	34.81%	35.38%
四川	46.65%	48.05%	46.70%	45.01%	43.60%	41.62%	34.03%	33.49%	33.68%	32.71%	32.69%	33.49%	34.46%	36.08%	37.08%
贵州	50.02%	49.24%	45.47%	45.99%	43.51%	40.74%	33.27%	33.19%	32.74%	31.31%	30.69%	32.94%	33.02%	33.82%	34.28%
云南	48.61%	46.85%	43.13%	43.85%	42.37%	41.39%	35.00%	33.64%	32.66%	32.44%	33.66%	34.24%	35.82%	37.15%	41.00%
西藏	44.68%	42.17%	41.65%	41.40%	39.13%	39.53%	36.34%	33.55%	31.46%	31.60%	32.98%	39.16%	34.55%	40.21%	34.46%
陕西	43.47%	42.12%	40.83%	39.64%	39.64%	38.75%	30.14%	31.54%	30.69%	29.92%	30.58%	31.27%	32.15%	34.72%	35.10%
甘肃	50.54%	50.89%	47.22%	50.02%	46.45%	42.29%	40.16%	36.38%	36.47%	35.41%	36.54%	36.46%	38.63%	58.49%	47.09%
青海	44.52%	45.87%	39.23%	37.78%	37.19%	36.70%	28.74%	31.38%	30.60%	29.73%	31.19%	32.38%	34.52%	38.01%	38.64%
宁夏	51.69%	51.08%	48.25%	48.21%	47.35%	42.64%	36.78%	33.10%	33.16%	32.29%	34.74%	35.00%	36.51%	39.94%	38.40%
新疆	42.25%	40.44%	38.42%	38.22%	37.20%	37.10%	29.24%	30.90%	30.38%	30.18%	30.81%	31.66%	32.53%	37.58%	38.20%

注：包括全国 31 个省、自治区、直辖市数据，未包括港、澳、台数据。

3. 面板门槛固定效应模型

如果解释变量与被解释变量之间不是简单的线性关系，那么还需要在个体固定效应模型的基础上，引进门槛变量，定义 $d_{it}(\gamma) = I(q_{it} \leqslant \gamma)$ ，其中 $I(\bullet)$ 为示性函数，对于 $q_{it} < \gamma$ ，$I(\bullet)$ 取 0，否则取 1。

面板门槛固定效应模型形式如下：

$$y_{it} = x'_{it}\beta + x'_{it}I(\gamma)\theta + z'_i\delta + \mu_i + \varepsilon_{it}(i = 1, \cdots, n) \qquad (4-14)$$

其中，$\beta = \beta_2$，$\theta = \beta_1 - \beta_2$。即在门槛值左边与右边，对于 x_{it} 系数不一样。

4. 建模

由于全国的数据量过小，所以采用分省面板数据进行建模。基于以上分析，现在假定被解释变量 I 代表不同省份制造业投资，用《中国固定资产投资统计年鉴》中的制造业分省固定资产投资额代替；解释变量 Fc 代表资本使用成本，RTR 代表资本承担的所得税实际税率，为了保证量纲一致，我们将 I 取对数 lnI，FC 与 RTR 均乘以 100，得到新变量 FCnew、RTRnew，将 FCnew 设为门槛变量，FCnew 和 RTRnew 为核心解释变量，经过检测，发现 FCnew 会受到门槛效应影响，见表 4-15。

表 4-15　门槛效应检测

Threshold estimator（level = 96）:			
Model	Threshold	Lower	Upper
Th-1	8. 1087		

Threshold effect test（bootstrap = 300）：							
Threshold	RSS	MSE	Fstat	Prob	Crit10	Crit5	Crit1
Single	164.9063	0.3665	28.24	0.0000	12.8761	13.9452	17.6899

为此，进行面板数据门槛固定效应回归，将分省数据导入 stata14 后建模，根据表 4-16 得到以下实证结果：

$$\ln I = 0.1987 FCnew - 0.1564 RTRnew + 14.10（FCnew < 8.108）$$

$$\ln I = -0.0789 FCnew - 0.1564 RTRnew + 14.10（FCnew < 8.108）$$

表 4-16　面板数据门槛固定效应回归

Fixed-effects（within）regression					Number of obs = 465		
Group Variable：areaid					Number of Group = 31		
R-sq：within = 0.6803					Obs per group：min = 15		
between = 0.1858					avg = 15.0		
overall = 0.3275					max = 15		
					F（3431）= 305.68		
corr（u_i, Xb）= 0.0456					Prob > F = 0.0000		
lnI	Coef.	Std. Err.	t	P>|t|	[95% Conf.	Interval]	
RTRnew _cat#c. FCnew.	-.1563564	.0054319	-28.78	0.000	-.1670327	-.1456801	
0	.1986563	.0561776	3.54	0.000	.0882392	.3090713	
1	-.0789181	.00858	-9.20	0.000	-.095782	-.0620541	
_cons	14.10091	.2509336	56.19	0.000	13.6077	14.59412	
Sigma_u Sigma_e rho	1.2139717 .61855742 .79388843（fraction of variance due to u_i）						

F test that all u_i=0：F（30, 431）= 53.72　　Prob > F 0.0000.

基于检验的结果，我们可知：资本使用成本在 8.108% 以下时，在其他条件不变的情况下，每增加 1% 的资本使用成本，投资增加 0.1987%，每增加 1% 的实际税率，投资减少 0.1564%。

资本使用成本在 8.108% 以上时，在其他条件不变的情况下，每增加 1% 的资本使用成本，投资减少 0.0789%，每增加 1% 的实际税率，投资减少 0.1564%。

二、企业所得税优惠政策对小微企业发展的影响

小微企业是我国经济发展的重要生力军，我国积极采取多种措施鼓励小微企业的健康发展，税收就是其中常用手段之一。国家通过降低税率、税收减免等方式鼓励小微企业发展壮大。为了分析税收政策效果，本书选取 2013—2016 年的年度数据，以×市国税局所辖范围采取查账征收方式征税的小微企业为研究对象，探讨企业所得税优惠政策对小微企业的绩效影响。

（一）×市小微企业享受所得税优惠的基本情况

2013 年，×市税务局查账征收的企业所得税纳税人有 2443 户，其中小微企业 1929 户，实际享受小微企业税收优惠的有 1637 户，占 84.8%，未享受税收优惠的有 292 户；2014 年查账征收的企业所得税纳税人有 2689 户，其中小微企业 2198 户，实际享受小微企业优惠政策的有 1885 家，占 85.8%；2015 年查账征收企业 2909 户，其中符合小微企业条件的企业 2190 户，实际享受小微企业优惠政策的户数为 2062 户，较前两年有较大幅度增长，占比 94.2%；2016 年，查账征收企业所得税纳税人 3212 户，其中符合条件的小微企业纳税人 2434 户，实际享受小微企业优惠政策的户数为 2226 家，占符合条件小微企业户数的 91.4%，占比稍有下降（见表 4-17）。总体上，2013 年到 2016 年期

间，×市税务局管辖的实际小微企业享受税收优惠面有所提高。

表4-17　2013—2016年××市税务局所辖小微企业享受优惠基本情况

单位：户

年度	所辖查账征收企业户数	符合条件的小微企业户数	实际享受优惠的企业户数	未享受优惠的小微企业户数	享受优惠的小微企业占比
2013	2443	1929	1637	292	84.80%
2014	2689	2198	1885	313	85.80%
2015	2909	2190	2062	128	94.20%
2016	3212	2434	2226	208	91.40%

2013—2016年，小微企业减免税占比[①]分别为7.0%、9.8%、6.7%、8.5%，年所得不超过10万元的小小微企业减免税占比逐年大幅增长，由2013年的8.90%提高到2016年的54.10%（见表4-18）。

表4-18　2013—2016年××市税务局管辖的小微企业减免所得税情况

金额：元

年度	企业类型	条件	年度应纳税所得额	年度应纳所得税额	减免所得税额	减免税占比
2013	小微	应纳税所得额<30万	11619557	2904889	204332	7.00%
	小小微	应纳税所得额<10万	1778393	444598	39569	8.90%
2014	小微	应纳税所得额<30万	147357703	3650617	356658	9.80%
	小小微	应纳税所得额<10万	3289351	822338	117981	14.30%

---

①　减免税占比＝减免税额/应纳所得税额。

续表

年度	企业类型	条件	年度应纳税所得额	年度应纳所得税额	减免所得税额	减免税占比
2015	小微	应纳税所得额<30万	173834484	4345871	1163200	6.70%
	小小微	应纳税所得额<10万	5565729	1391432	726528	52.20%
2016	小微	应纳税所得额<30万	433974410	10849353	3698146	8.50%
	小小微	应纳税所得额<10万	20156400	5039100	2727051	54.10%

与此同时，小微企业的应税所得额、应纳所得税额和减免所得税额的绝对值均在逐年增长，企业所得税优惠力度在增强，见表4-19。

表4-19　2014—2016年小微企业所得税税收优惠力度

单位：元

年度	2014年		2015年		2016年	
内容	增加值	增长率	增加值	增长率	增加值	增长率
应纳所得税额	745728	25.70%	695254	19.00%	6503482	149.60%
减免所得税额	152326	74.50%	806542	226.10%	2534946	217.90%

（二）所得税优惠政策对小微企业绩效影响的实证分析

2013—2016年，×市税务局管辖的小微企业提交的企业所得税年度申报表共有8751份，利用EXCEL中的V-LOOKUP功能将4个年度都符合小微企业条件的企业筛选出来，共有646家，剔除数据不全和分子分母均为0的企业后，最终确定了样本企业数为212家。

1. 模型的构建和指标设置

为了分析企业所得税优惠政策对小微企业绩效的影响，本书以资产收益率和销售利润率为被解释变量，以所得税优惠强度为解释变量，同时控制企业规模、经营税负水平和行业类别后建立回归方程：

$$XSLR_{it}(orZCSY_{it}) = c_i + a_1SSYH_{it} + a_2QYGM_{it} + a_3YYSJ_{it} + a_4GYQY_i + \varepsilon_{it}$$

$$(4-15)$$

其中，i 为 212 家小微企业，t 为 2013—2016 时序，$SSYH$ 是所得税优惠强度，$QYGM$ 是企业规模，$YYSJ$ 是经营税负水平，$GYQY$ 是行业类别，ε 为随机干扰项，c 为截距项。

进一步分析企业类型、纳税规模、时序变迁对 α_1 的影响，并建立模型（4-16）—（4-18）：

$$XSLR_{it}(orZCSY_{it}) = c_i + \alpha_1SSYH_{it} + \alpha_2GYQY_i \times SSYH_{it} + \alpha_3QYGM_{it} + \alpha_4YYSJ_{it} + \alpha_5GYQY_i + \varepsilon_{it}$$

$$(4-16)$$

$$XSLR_{it}(orZCSY_{it}) = c_i + \alpha_1SSYH_{it} + \alpha_2NSGM_i \times SSYH_{it} + \alpha_3QYGM_{it} + \alpha_4YYSJ_{it} + \alpha_5GYQY_i + \varepsilon_{it}$$

$$(4-17)$$

$$XSLR_{it}(orZCSY_{it}) = c_i + \alpha_1SSYH_{it} + \alpha_2T \times SSYH_{it} + \alpha_3QYGM_{it} + \alpha_4YYSJ_{it} + \alpha_5GYQY_i + \varepsilon_{it}$$

$$(4-18)$$

模型（4-16）的 α_1 反映的是非工业企业享受税收优惠对业绩的影响，$\alpha_1 + \alpha_2$ 反映的是工业企业享受税收优惠对业绩的影响。模型（4-17）的 NGSM 是划分小小微企业[①]和小微企业的虚拟变量：当 NGSM 为 1 时，是小小微企业，当 NGSM 为 0 时是小微企业。模型（4-17）的 α_1 反映的是小微企业税收优惠对业绩的影响，$\alpha_1 + \alpha_2$ 反映

---

① 本书将 2013—2016 年间年应税所得小于 10 万元的称为小小微企业，年应税所得额在 10 万—30 万之间的称为小微企业。

的是小小微企业税收优惠对业绩的影响。模型（4-18）的 T 是时期名义变量，2013 年至 2014 年为 0，2015 年至 2016 年为 1；α_2 反映的是随时序变迁下企业税收优惠对业绩的影响。

主要变量见表 4-20。

表 4-20　模型变量解释

变量性质	变量名称	变量具体定义	计算公式
被解释变量	销售利润率	小微企业盈利能力	XSLR＝利润总额/主营业务收入
被解释变量	资产收益率	小微企业投资能力	ZCSY＝利润总额/资产总额
解释变量	税收优惠强度	小微企业优惠程度	SSYH＝减免所得税额/应纳所得税额
解释变量	是否小小微企业	纳税规模	NSGM＝1 为小小微企业；NSGM＝0 为其他
解释变量	反映年度变化	时序变迁	T＝0：2013 — 2014 年；T＝1：2015 — 2016 年
控制变量	资产水平	企业规模	QYGM＝总资产自然对数
控制变量	税金及附加	经营税负水平	YYSJ＝税金及附加/主营业务收入
控制变量	是否为工业企业	企业类型	GYQY＝1 为工业企业；GYQY＝0 为其他

2. 计量方法

基于取得数据的情况，本书采用 Stata12.0 软件进行多元回归分析。用面板数据建立的混合回归模型、固定效应模型和随机效应模型对模型（4-15）—（4-18）进行检验。

3. 实证结果

（1）企业税收优惠强度对小微企业绩效的影响。

首先分析税收优惠强度对销售利润率的影响。似然比检验结果显示，F=2.12，P=0，拒绝原假设，说明固定效应模型不是冗余的，该面板数据用固定效应模型进行分析是合理的。霍思曼检验结果显示P=0.0710，拒绝原假设，故而选择固定效应模型进行回归分析。

表 4-21　销售利润率的回归结果

被解释变量：XSLR	无控制	控制
	0.009*	0.008*
SSYH	（1.72）	（1.66）
		0.002
QYGM		（.073）
		−0.635**
YYSJ		（−1.86）
		−0.012*
GYQY		（−1.65）
	−0.007***	−0.024
C	（−3.40）	（−0.74）
F. E	Controlled	Controlled
Within R²	0.005	0.015
F	2.96*	2.92*
Obs.	848	848
Gro.	212	212

注：t 值为括号内的数值；*、**、***分别表示 10%、5%、1%显著水平。

根据输出结果，我们可以写出固定效应模型的估计结果：

无控制模型：$XSLR = 0.0837234 \times SSYH - 0.0068231 + [CX = F]$

控制模型：XSLR = 0.0837234 × SSYH + 0.0017235 × QYGM - 0.6354782×YYSJ-0.0123127×GYQY-0.0236845+［CX＝F］

在无控制模型中，固定效应模型的组内可决系数为 0.005，F 检验统计量的估计值为 2.96 在 10%水平上显著，说明模型具有一定的整体估计能力。常数项 C 的估计值等于-0.007，其 t 统计量在 1%的水平下非常显著。常数项 C 反映的是 212 家小型微利企业的平均销售利润率水平。解释变量税收优惠强度 SSYH 的系数估计值为 0.009，t 统计量在 10%的水平下显著。

在控制模型中，固定效应模型的组内可决系数为 0.015，较无控制模型有大幅提高。F 检验统计量的估计值为 2.42 在 5%的水平上显著，说明模型的整体估计能力较前模型更强。常数项 C 的估计值等于-0.024 不显著。解释变量税收优惠强度 SSYH 的系数估计值为 0.008，t 统计量在缺少数据的水平下显著。另外，QYGM 系数正不显著，YYSJ 系数负显著，GYQY 也负显著，说明企业规模对企业业绩影响较弱，税金及附加和工业企业类型都显著减少了企业业绩。

总体而言，以上结果说明税收优惠强度对销售利润率有显著的正向影响。若税收优惠强度每增长 1%，则销售利润率将增长 0.008%—0.009%。

其次，分析税收优惠强度对资产收益率的影响。似然比检验结果显示，P＝0，拒绝原假设，说明固定效应模型不是冗余的，该面板数据用固定效应模型进行分析是合理的。霍斯曼检验结果显示，相伴概率 P＝0.0773，拒绝原假设，故而选择固定效应模型进行回归分析。

表 4-22　资产收益率的回归结果

被解释变量：ZCSY	无控制	控制
	0.018 **	0.020 ***
SSYH	(2.40)	(2.59)
		-0.004
QYGM		(-0.99)
		-0.698
YYSJ		(-1.34)
		-0.012
GYQY		(-1.06)
	-0.008 ***	0.047
C	(-2.54)	(-0.95)
F. E	Controlled	Controlled
Within R^2	0.009	0.015
F	5.74 **	2.37 **
Obs.	848	848
Gro.	212	212

注：t 值为括号内的数值，*、**、*** 分别表示 10%、5%、1%的显著水平。

根据输出结果，我们可以写出固定效应模型的估计结果：

无控制模型：ZCSY = 0.0184924×SSYH-0.0077502+［CX=F］

控制模型：ZCSY = 0.020365×SSYH-0.0035667×QYGM-0.698186×YYSJ-0.0120877×GYQY+0.0466803+［CX=F］

在无控制模型中，固定效应模型的组内可决系数为 0.009，F 检验统计量的估计值为 5.74 在 10%水平上显著，说明模型具有一定旳整体估计能力。常数项 C 的估计值等于-0.008，其 t 统计量在 1%的水平下非常显著。解释变量税收优惠强度 SSYH 的系数估计值为 0.018，t 统计量在 5%的水平下显著。

在控制模型中，固定效应模型的组内可决系数为 0.015，较无控制模型有大幅提高。F 检验统计量的估计值为 2.37 在 5% 水平上显著，与前模型的整体估计能力相当。常数项 C 的估计值等于 0.047，不显著。解释变量税收优惠强度 SSYH 的系数估计值为 0.020，t 统计量在 1% 的水平下强显著。另外，QYGM 系数、YYSJ 系数和 GYQY 系数均不显著。

总体而言，以上结果说明税收优惠强度对资产收益有显著的正向影响。若税收优惠强度每增长 1%，则销售利润率将增长 0.018%—0.020%。

（2）小微企业税收优惠政策对不同行业企业绩效的影响。

根据表 4-23 显示，小微企业中的工业企业销售利润率和资产收益率高于非工业企业，但非工业企业享受的税收优惠强度高于工业企业。

表 4-23　小微企业中的不同行业的非参数检验

	均值		中位数		T-test	Z-test
	GYQY=1	GYQY=0	GYQY=1	GYQY=0		
XSLR	-0.003	-0.004	0.004	0.001	-0.52	-3.12***
ZCSY	0.004	-0.003	0.004	0.003	-1.77**	-1.87*
SSYH	0.295	0.336	0.2	0.2	2.06**	1.98**
Obs.	185	663	185	663	—	—

注：*、**、*** 分别表示 10%、5% 与 1% 显著水平。

为此，进一步分析税收优惠强度是否会对不同行业的企业业绩产生不同的影响。而表 4-24 的结果显示，在固定效应模型下，GYQY 和 SSYH 的回归系数都不显著，税收优惠强度对不同行业的影响趋同。

表4-24　税收优惠强度对不同行业的影响

	被解释变量：XSLR	被解释变量：ZCSY
	0.008	0.020**
SSYH	（1.44）	（2.33）
	0.001	-0.001
GYQY×SSYH	（0.01）	（-0.03）
	0.002	-0.004
QYGM	（0.73）	（-0.98）
	-0.636*	-0.698
YYSJ	（-1.86）	（-1.34）
	-0.012	-0.012
GYQY	（-1.43）	（-0.90）
	-0.024	0.047
C	（-0.74）	（0.95）
F. E.	Controlled	Controlled
Within R^2	0.015	0.015
F	1.94*	1.89*
Obs.	848	848
Gro.	212	212

注：*、**、*** 分别表示10%、5%、1%显著水平。

（3）小微企业税收优惠政策对不同规模企业绩效的影响。

根据表4-25的结果，小小微企业与小微企业在销售利润率和资产收益率方面差异不明显，但在税收优惠强度方面，小小微企业明显更高。

表4-25　纳税规模分组下的非参数检验

	均值		中位数		T-test	Z-test
	NSGM=1	NSGM=0	NSGM=1	NSGM=0		
XSLR	-0.005	-0.002	0.001	0.003	0.89	1.39
ZCSY	-0.003	0.001	0.002	0.004	0.73	2.41*
SSYH	0.441	0.133	0.6	0.2	-27.23**	-16.68**
Obs.	536	312	536	312	—	—

注：*、**、*** 分别表示10%、5%与1%显著水平。

为此，进一步分析不同企业规模的绩效是否对税收优惠强度存在敏感性的差异。表 4-26 的回归结果显示，固定效应模型的 NSGM 和 SSYH 的回归系数都不显著，说明税收优惠强度对小小微企业和小微企业的业绩影响程度趋同。

表 4-26   税收优惠强度对不同规模企业的影响

	被解释变量：XSLR	被解释变量：ZCSY
	0.019	0.023**
SSYH	(1.01)	(0.78)
	−0.010	−0.002
NSGM×SSYH	(−0.60)	(−0.09)
	0.002	−0.004
QYGM	(0.68)	(0.32)
	−0.633*	−0.698
YYSJ	(−1.85)	(−1.34)
	−0.012	−0.012
GYQY	(−1.63)	(−1.06)
	−0.023	0.047
C	(−0.72)	(0.96)
F. E.	Controlled	Controlled
Within R^2	0.016	0.015
F	2.01*	1.90*
Obs.	848	848
Gro.	212	212

注：*、**、*** 分别表示 10%、5% 与 1% 显著水平。

（4）税收优惠强度对不同年份小微企业的影响。

表 4-27 显示，随着时间的推移，样本企业的税收优惠强度和业绩都在逐步提高。

表 4-27　不同时期下的非参数检验

		2013	2014	2015	2016
XSLR	均值	−0.008	−0.006	0.001 ***	−0.003
	中位数	0.001	0.001	0.002 ***	0.005 ***
ZCSY	均值	−0.009	−0.007	0.005 ***	0.004 *
	中位数	0.002	0.002	0.003 ***	0.010 ***
SSYH	均值	0.11	0.166 ***	0.528 ***	0.505 ***
	中位数	0.2	0.200 ***	0.600 ***	0.600 ***
Obs.		212	212	212	212

注：*、**、***分别表示10%、5%与1%显著水平。

因此，将2013—2016年分为两个时期，检验税收优惠强度在时序变迁下对小微企业业绩的影响。表4-28回归结果显示，当被解释变量分别为XSLR时，在固定效应模型下的T×SSYH回归系数不显著为正，但当被解释变量分别为ZCSY时，在固定效应模型下的T×SSYH回归系数0.032在10%水平上显著为正。结果部分说明了时序变迁对税收优惠强度的企业绩效效应具有正向影响，即随着税收政策的不断完善和现代企业制度的不断推进，税收优惠政策对企业绩效的拉升作用越来越明显。

表 4-28　时期影响下的回归结果

	被解释变量：XSLR	被解释变量：ZCSY
SSYH	−0.002	−0.017
	（−0.11）	（−0.73）
T×SSYH	0.009	0.032 *
	（0.70）	（1.72）
QYGM	0.002	−0.004
	（0.67）	（−1.12）

续表

	被解释变量：XSLR	被解释变量：ZCSY
	−0.624*	−0.655
YYSJ	(−1.83)	(−1.26)
	−0.013*	−0.013
GYQY	(−1.67)	(−1.13)
	−0.021	0.057
C	(−0.64)	(1.17)
F. E.	Controlled	Controlled
Within R^2	0.016	0.019
F	2.04	2.49
Obs.	848	848
Gro.	212	212

注：*、**、***分别表示10%、5%与1%显著水平。

三、研发费用加计扣除政策对企业研发投入的影响——以某省为例

2008年前我国企业所得税分内外资企业所得税，税收政策不统一。为了体现国民待遇，2008年企业所得税改革后，内外资企业才一视同仁，研发费用加计扣除政策也开始统一。为此，为较好地反映该政策的效果，本书选取的数据期限确定为2008—2015年，除特别注明外，所需要的数据主要来自于到某省税务局调研所获取的2008版、2014版企业所得税申报表及附表中的享受研发费用加计扣除政策企业的数据。[①]

（一）研发费用加计扣除政策实施的基本状况

1. 享受优惠的企业户数和金额呈快速增长态势

根据现行政策，允许企业将研发费用加计扣除与其他优惠叠加享

---

① 席卫群：《研发费用加计扣除税收政策效应分析》，《社会科学家》2017年第6期。

受，并且不受企业盈利或亏损的限制。这一规定促使越来越多的企业具备了享受研发费用加计扣除的条件。据统计，2009—2015 年间某省加计扣除总额增长率分别为 9.65%、42.97%、52.46%、12.30%、48.25%、36.01%、58.32%，2015 年增速创历史新高。其中 2008 年享受研发费用加计扣除的企业仅为 83 户，加计扣除总额为 3.66 亿元；到 2015 年，享受研发费用加计扣除的企业增长至 371 户，加计扣除总额为 31.33 亿元，增长超过 10 倍。具体数据见表 4-29。

表 4-29 2008—2015 年企业研发费用加计扣除概况

项目	2008	2009	2010	2011	2012	2013	2014	2015
享受优惠企业户数（户）	83	93	107	123	147	200	272	371
加计扣除总额（亿元）	3.66	4.01	5.73	8.74	9.82	14.55	19.79	31.33

随着研发费用加计扣除额的不断增加，2008—2015 年期间，某省企业享受研发费用加计扣除合计减税达到 24.41 亿元，其占企业所得税应纳税额的比例也不断攀升，由 2008 年的 1.78% 提高到 2015 年的 4.19%；研发费用加计扣除减税占全部企业所得税减免额的比重由 2008 年的 2.77% 提高到 2015 年的 13.48%（见图 4-6）。

2. 制造业占享受优惠企业的近九成

2008—2015 年期间，该省享受研发费用加计扣除政策的企业主要来自于制造业和建筑业，电力、燃气及水生产和供应业享受加计扣除政策的力度不大，能够扣除的总额不高；技术含量高的信息传输、软件和信息技术服务业，以及科学研究和技术服务业虽然发展速度较快，但由于起点较低、基础薄弱，享受的加计扣除额也并不多。2015

	2008年	2009年	2010年	2011年	2012年	2013年	2014年	2015年
■加计扣除减免税额	0.91	1.00	1.43	2.19	2.45	3.64	4.95	7.83
■企业所得税减免总额	32.84	16.67	26.18	34.7	34.38	35.06	47.14	58.09
■企业所得税应纳税额	51.42	64.95	94.72	129.56	139.56	170.24	178.01	187.15
■加计扣除占比	1.78%	1.54%	1.51%	1.69%	1.76%	2.14%	2.78%	4.19%

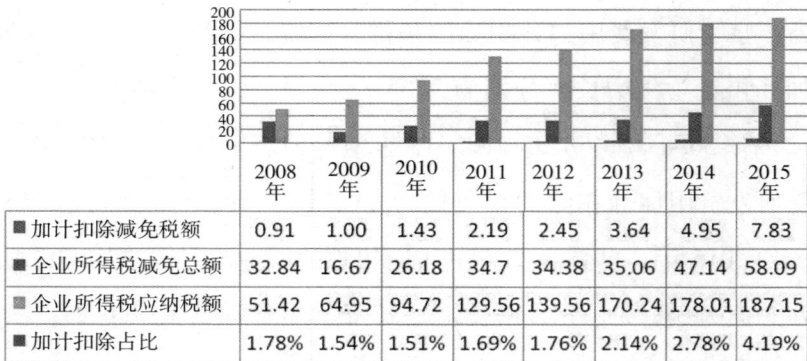

图 4-6　2008—2015 年企业所得税减免情况（单位：亿元）

年共有 330 户制造业享受研发费用加计扣除优惠，占全部享受该优惠企业户数的 88.95%，加计扣除额为 30.17 亿元，占全部加计扣除额的 96.29%，其中汽车制造、飞机制造、光伏、电子设备制造、医药等为主要受益行业；排在第二的行业为信息传输、软件和信息技术服务业，加计扣除额只有 2536.57 万元；其次分别为建筑业 2512 万元，科学研究和技术服务业 2389.76 万元，采矿业 1849.95 万元，电力、热力、燃气及水生产和供应业 1088.21 万元（见表 4-30）。

表 4-30　2008—2015 年研发费用加计扣除分行业情况

单位：万元

行业	2008	2009	2010	2011	2012	2013	2014	2015
采矿业	—	—	19.36	—	6.23	29.77	43.97	1849.95
制造业	30803.12	37400.24	53194.59	84384.94	95227.86	140905.82	191182.73	301727.2
电力、热力、燃气及水生产和供应业	2120.05	204.11	156.33	537.46	62.39	609.98	921.51	1088.21

续表

行业	2008	2009	2010	2011	2012	2013	2014	2015
建筑业	2842.23	2207.36	3802.2	2311.87	1782.06	2491.37	1423.04	2512.02
批发和零售业	682	91.87	—	0.2	—	127.35	80.36	103.78
信息传输、软件和信息技术服务业	14	195.83	112.24	120.54	576.74	552.67	2111.01	2536.57
金融业	—	—	43.72	—	435.55	—	—	—
租赁和商务服务业	5.42	—	—	—	—	—	274.72	895.88
科学研究和技术服务业	—	—	—	50.03	64.34	634.24	1655.27	2389.76
居民服务、修理和其他服务业	26.22	—	—	—	—	—	—	—
教育	75.71	—	—	—	—	—	—	—
卫生和社会工作	—	—	—	—	—	161.67	220.31	235.04
合计	36568.75	40099.41	57328.44	87405.04	98155.17	145512.87	197912.92	313338.41

注："—"表示未享受研发费用加计扣除政策。

3. 内资企业享受的研发加计扣除总额高于外资企业

从调研情况看，该省内资企业享受研发费用加计扣除状况好于外资企业。以 2015 年为例，内资企业享受研发费用加计扣除的户数为 317 户，占比 85.44%，享受加计扣除额为 18.19 亿元，占比 58%；而外资企业享受研发费用加计扣除户数只有 54 户，占比 14.56%，享受加计扣除额为 13.14 亿元，占比 42%。不过值得注意的是，外资企业虽然比重较低，但户均享受的加计扣除额为 2433.33 万元，比内资企业户均享受加计扣除额 573.82 万元高出近 4 倍。

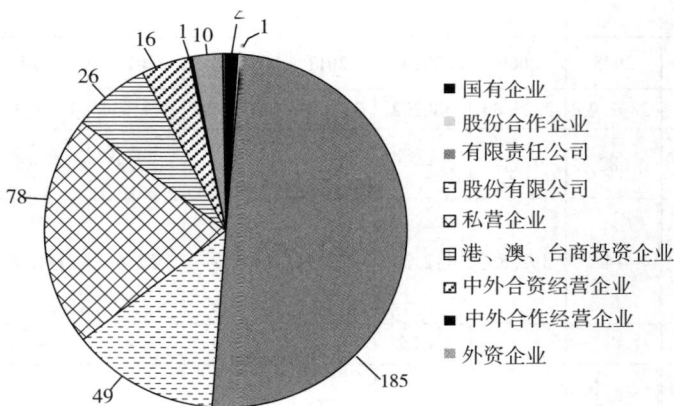

图4-7　2015年度研发费用加计扣除分注册类型情况

4. 加计扣除项目主要集中于材料和人工研发支出

目前该省研发加计扣除的项目主要为企业的研发材料投入和人工投入。2015年，企业研发材料投入为30.43亿元，占整个研发支出的43%；人工投入为17.45亿元，占整个研发支出的25%；而中间试验和产品试制只有8.38亿元，占12%。另外资料和翻译费用为9.04亿元，占13%；研发活动的折旧费是2.80亿元，占4%。这也从另一侧面反映出该省研发支出主要集中在第二产业，以人力资本为主的高附加值第三产业的研发支出比重相对较小。

（二）研发加计扣除政策产生的积极效应

随着竞争的日益加剧，研发活动已成为企业核心竞争力的原动力，对提高企业产出和经济的发展有着积极作用。霍斯曼（Hausman）等运用美国制造业企业8年的数据进行分析，发现研发费用支出与产出绩效之间存在显著关系。[①] 所以，本书对二者的关系就不再赘述，

---

① Hausman J., Hall B., Griliches Z., "Econometric Models for Count Data with an Application to Patent", *Econometrica*, 1984, （2）

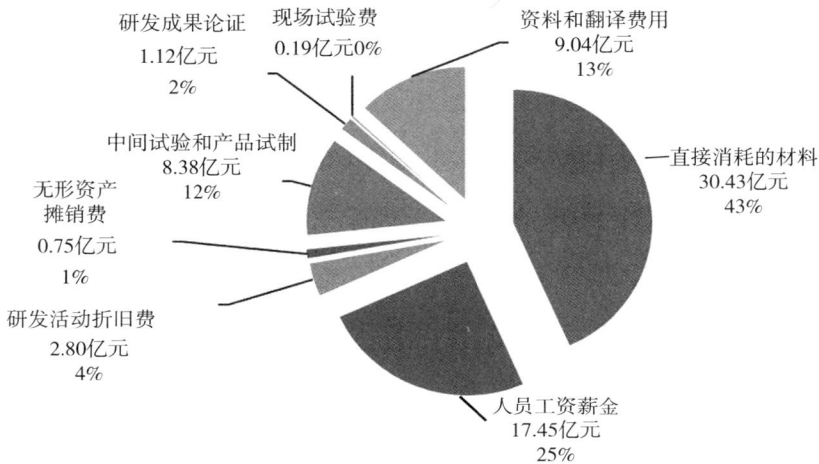

研发成果论证
1.12亿元
2%

现场试验费
0.19亿元0%

资料和翻译费用
9.04亿元
13%

中间试验和产品试制
8.38亿元
12%

无形资产
摊销费
0.75亿元
1%

研发活动折旧费
2.80亿元
4%

——直接消耗的材料
30.43亿元
43%

人员工资薪金
17.45亿元
25%

图4-8　2015年研发费用加计扣除支出项目分类情况

而是着力分析研发费用加计扣除政策对企业产出的影响，通过建立时间序列的多元线性回归模型来分析政策与企业产出的内在关系，所有分析都是通过 Eviews8.0 软件完成的。

企业产出是指企业在某一时期生产的产品，包括已销售的和未销售的库存。由于难以取得企业的库存数据，本书以企业营业收入来代替企业的产出，并作为被解释变量 y_{1t}，以企业的加计扣除费用作为解释变量 x_{2t}，考虑到企业规模也是企业发展的重要因素，并将研发费用加计扣除政策和其他所得税优惠政策进行对比，同时添加研发企业资产总额和其他优惠政策减免所得税额两个变量 x_{1t}，x_{3t}，为了数据更加平稳和消除扰动项的异方差，将解释变量和被解释变量分别取对数放进模型，构建了简单的多元回归模型，具体如下：

$$\ln y_{1t} = c + \beta \ln x_{1t} + \beta_2 \ln x_{2t} + \beta_3 \ln x_{35} + \mu_t \qquad (4-19)$$

其中，β_1 为常数项，μ_1 为随机扰动项。

通过进一步运行 Eviews8 0 软件对该模型的参数值估计见表 4-31。

表 4-31　　回归结果表

	系数	标准误差	P 值	R^2值	DW 值
常量	6. 19	0. 103	0		
x_{1t}	0. 15	0. 436	0.0001	0.934	2. 075
x_{2t}	0. 18	0. 516	0.0013		
x_{3t}	0. 29	0. 425	0.0079		

较小的 P 值表明自变量通过显著性检验，方程有效；R^2 值为 0.934，表明回归方程的拟合程度较高；DW 值为 2.075，表明方程残差序列不相关。回归方程表示为：

$$\ln y_{it} = 6.19 + 0.15\ln x_{1t} + 0.18\ln x_{2t} + 0.29\ln x_{3t} \qquad (4-20)$$

回归方程显示，研发费用加计扣除政策取得了显著成效，具体为：

（1）享受研发费用加计扣除政策的企业资产总额每增加 1%，营业收入将增加 0.15%。由于制造业企业享受的加计扣除额占 88.95%，所以制造业的资产总额越大，其企业规模也越大，研发投入的能力和动力也越强，这也是享受该项优惠政策的企业集中于制造业的主要原因。

（2）研发费用加计扣除额每增加 1%，企业营业收入规模增加 0.18%。研发费用加计扣除政策对企业发展具有较为明显的正向促进作用。从模型的拟合结果和前文数据分析可以看出，8 年间享受该项税收优惠政策的企业户数年均增长率达到 23.9%，加计扣除金额年均增长率达到 35.7%，营业收入规模也呈较快的增长趋势。

（3）不考虑研发加计扣除优惠政策后，其他所得税减免税额每增加 1%，企业的营业收入将增加 0.29%。2015 年该省共有 371 户企业享受研发费用加计扣除优惠政策，获得的减免税为 7.83 亿元，其他优惠政策减免税为 58.09 亿元，这也表明企业不仅受益于研发费用加计扣除政策，也获益于其他优惠政策。

在研发费用加计扣除政策的激励下，该省企业用于 R&D 经费的支出额在数年间几乎翻一番，从 2011 年的 78.35 亿元增长到 2015 年的 148.5 亿元，占全省总 R&D 经费支出的比例从 2011 年的 80.98%增长到 2015 年的 85.75%。具有较强的研发动力和潜力的规模以上工业企业，受益于研发费用加计扣除政策，已成为企业创新活动的中流砥柱。在此带动下，全省 R&D 经费支出占 GDP 比值在 2015 年超过了 1%（见表 4-32）。

表 4-32　2011—2015 年某省企业 R&D 经费支出情况

单位：亿元

项目		2011	2012	2013	2014	2015
R&D 经费支出		96.75	113.65	135.5	153.11	173.18
其中：企业资金		78.35	93.96	111.58	129.55	148.50
R&D 经费支出占 GDP 比值		0.83	0.88	0.94	0.97	1.04
规模以上工业企业	R&D 经费支出合计	—	—	110.64	128.46	147.49
	其中：企业资金	—	—	100.91	119.29	139.47
	新产品销售收入	941.87	1287.13	1682.93	1756.38	2058.60

资料来源：根据 2012—2016 年《江西省统计年鉴》相关数据整理得出。

第五节　研究结论

基于以上分析，我们得出一些重要的研究结论：

一、财政补贴对技术资本的投入和产出都产生了积极效果

（一）财政补贴降低了创新成本、分散了研发风险

无论是 OLS 结果还是 2SLS 回归结果都显示，财政补贴对企业创新投入中的创新员工比率与研发支出比率都有显著正向激励。OLS 回归显示财政补贴对创新员工比率回归系数为 113.064，财政补贴对研发支出比率回归系数为 0.497，均在 1%水平下显著。2SLS 回归结果显示，创新员工比率与研发支出系数分别为 190.884 与 0.781，分别在 5%与 1%水平下显著。

（二）财政补贴鼓励企业进行发明专利的研究

根据 OLS 回归分析结果显示，财政补贴对发明型专利申请量与无形资产比率系数分别为 2.12 与 0.141，并在 10%与 1%水平下显著为正；财政补贴对实用新型与外观设计型专利申请量系数分别为 -2.456 与 -1.763，均在 5%水平下显著为负。

（三）财政补贴对低资本密集度企业的创新研发影响显著

结果显示，财政补贴对低资本密集度企业的创新员工比率与研发支出比率均在 1%水平下显著为正，系数分别为 200.351 与 0.699，发明型专利申请量系数为 4.864。不过，财政补贴对高资本密集度企业研发人员比率与发明型专利申请不显著，对研发投入比率在 1%水平下显著为正，系数为 0.292；系数为 0.206，对无形资产比率在 5%水平下显著。

二、营改增助推了服务业的投资和转型

（一）营改增带来的减税效应成为现代服务业发展的强劲动力之一

自 2013 年 8 月 1 日现代服务业实行营改增试点以来，调研省份

现代服务业呈现快速增长态势。截至 2015 年年底，从事现代服务业务的企业无论开户数、还是销售额都较营改增前有大幅的增长。其中鉴证咨询服务业，开户数增长 6.4 倍，销售额同比增长 83.71%；文化创意服务业开户数增长 3.28 倍，销售额同比增长 27%。

（二）固定资产纳入抵扣范围有效带动服务业投资增长

从营改增行业来看，信息传输、软件和信息技术服务业投资额增速为 70.2%，科学研究和技术服务业增速为 76.47%，卫生和社会工作增速为 51.73%，批发和零售业增速为 42.78%，教育增速为 33.5%。

（三）传统服务业转型升级轻装上阵

生活性服务业中，如住宿、餐饮、邮政、通信等的企业负担普遍减轻，发展后劲明显增强，有利于企业在物流、营销、研发、设计等方面加大投入，促进服务产业从传统走向现代、从低端走向高端。

（四）完善抵扣链条推动了产业间融合

营改增后，制造业购进的服务所承担的增值税可以抵扣，抵扣范围扩大引发税收负担下降。制造企业在税制改革的过程中享受到了改革带来的红利，反过来又以此为依托增强了自身的市场竞争力。服务业和制造业之间的抵扣链条打通，有利于制造企业集中精力和资源做优做强主业，由社会提供辅业，促进市场需求进一步细分，从而提高专业化分工程度。

三、不同行业物质资本承担的使用成本和企业所得税负差异大

（一）不同行业物质资本的使用成本差异大

2008—2015 年期间，总体上资本使用成本由高到低分别是餐饮

业、采掘业、房地产业、批发零售贸易业、制造业、建筑业和电力燃气水生产供应业，六个行业的资本使用成本差异大，以 2015 年为例，最高的餐饮业为 62.50%，最低的建筑业仅 9.99%。但每个行业资本使用成本波动的趋势不同。餐饮业基本保持稳定，均在 62% 左右，制造业、建筑业和批发零售贸易业变动趋势也很小；而采掘业、房地产业主要呈下降趋势；但电力、燃气、水生产供应业却呈上升态势，到 2015 年成为六个行业中资本使用成本第三高的行业。

（二）不同行业资本承担的企业所得税负也有不同

在资本承担的所得税负中，六个行业的差异比资本使用成本的要小，2015 年最高的是采掘业 38.42%，最低的是餐饮业 26.26%。总体上税负最高的是电力、燃气、水生产供应业，然后分别是建筑业、制造业、批发零售业、采掘业、房地产业、餐饮业。但六个行业在 2008—2015 年期间波动也有所不同。采掘业逐年升高，由 2008 年的 28.73% 增长到 2015 年的 8.42%，而电力、燃气、水生产供应业却由 2008 年的 52.12% 下降到 2015 年的 34.68%，制造业、建筑业和房地产业总体略有上升，但批发零售贸易业和餐饮业基本维持不变。

四、2008 年的企业所得税改革显著降低了制造业资本的使用成本和企业所得税负

总体上，2008 年企业所得税改革显著降低了制造业资本的使用成本和承担的所得税负，但省份差异大，并随着时间的推移，影响力逐渐消退。

基于 2002—2016 年省级面板数据进行的门槛固定效应回归，

发现：

（一）制造业资本使用成本对投资的效果呈倒 u 型，临界点是 8.108%

当低于临界点时，资本使用成本的上升会促进投资的增长，在其他条件不变的情况下，每增加 1% 的资本成本，投资增加 0.1987%；而一旦超过临界点，在其他条件不变的情况下，每增加 1% 的资本成本，投资减少 0.0789%。

（二）制造业资本承担的所得税实际税率与投资负相关

在其他条件不变的情况下，每增加 1% 的实际税率，投资将减少 0.1584%。这说明现行企业所得税还有调整的空间。

五、企业所得税优惠对小微企业有明显的激励作用

（一）企业所得税优惠有助于持续提高小微企业的业绩

税收优惠强度和销售利润率、资产收益显著正相关。若税收优惠强度增长 1%，则销售利润率将增长 0.008%—0.009%，资产收益率将增长 0.018%—0.020%。

（二）税收优惠政策的时序变迁和小微企业绩效正相关

随着时间的推进，我国税收政策不断完善，研究表明税收优惠对小微企业的绩效有明显的促进作用，且强度越来越大。

六、研发费用加计扣除政策对企业发展有明显的正向作用

基于调查所掌握的数据进行多元线性回归，发现享受研发费用加计扣除政策的企业，资产总额每增加 1%，营业收入将增加 0.15%；研发费用加计扣除金额每增加 1%，企业营业收入规模将增加 0.18%。

在研发费用加计扣除政策的激励下，调研省份企业的 R&D 经费支出从 2011 年的 78.35 亿元增长到 2015 年的 148.5 亿元，占全省总 R&D 经费支出的比例从 2011 年的 80.98%增长到 2015 年的 85.75%。具有较强研发动力和潜力的规模以上工业企业，受益于研发费用加计扣除政策，已成为企业创新活动的中流砥柱。①

---

① 席卫群：《研发费用加计扣除税收政策效应分析》，《社会科学家》2017 年第 6 期。

第五章 现行财税政策在促进资本
形成过程中存在的问题

如前所述，我国财税政策在促进资本形成效率的提高方面发挥了积极效果，但在运用的过程中也发现还存在不少问题。

第一节 财政补贴分布不均衡

我国对企业的财政补贴范围广、种类多，但是政府对市场行为具有明显偏向性特征，财政补贴分布不均衡，甚至具有明显的偏向性。

一、地方政府运用财政补贴有时不当

财政补贴的目的是对企业难以解决的外部行为进行校正，提高资本形成的效率。但在实际运用时，地方政府有时运用不当。有些企业属于国家引导发展产业，持续经营能力没有问题，亏损只是暂时性的，这时政府伸出援助之手，给予财政补贴可以帮助其起步或渡过难关。但在实际中，有些地方的财政补贴存在"扶富济贫"现象。政策性亏损的企业给予补贴，创新能力强的企业给予补贴，创新能力弱

的企业也还给补贴，甚至不少地方政府把本地有多少上市公司、融到多少资金作为政绩。

二、财政补贴主要集中在国有企业，非国有企业份额较少

根据 Wind 统计数据显示，截至 2015 年年底，上海证券交易所 A 股市场共有 2847 家上市公司，共计获得了财政补贴 1194.47 亿元，其中获得财政补助的上市公司有 2470 家，占所有 A 股上市公司比重为 86.76%。但获得政府补助在"亿元"以上的上市公司只有 195 家，共获得了 802.11 亿元的财政补贴，占所有财政补贴的 67%。在这 195 家企业中，以"中"字头为主的国有企业获得了主要的政府补助。以"两桶油"为例，中国石化获得政府补助 50 亿元，中国石油获得政府补助 48.24 亿元，仅仅这两家国有控股公司获得政府补助占全部政府补助的 8.22%。另外，还有中国远洋获得政府补助 42.57 亿元，上汽集团获得政府补助 29.64 亿元，中国铝业获得政府补助 17.69 亿元。与之相比，其他非国有的上市公司获得的财政补贴甚少。对于那些非上市公司来说，获得财政补贴的机会就更少。

三、财政补贴名目多，但企业申请难度大

目前财政补贴形式多，有财政贴息、技术改造专项资金、节能减排专项资金和以地方层级为主的税收返还等，申请的条件不同，管理的部门也不一样，有中央级的、省级的，还有市县级的。专项资金的申请过程往往很繁琐，需要准备的材料繁多，审批的时间漫长，企业尤其是具体经办人员对此积极性不高。此外，很多小企业由于自身原因，还达不到财政补贴的标准，所以一般能真正享受财政扶持资金的

多是大中型企业。

第二节 营改增后政策存在复杂和多样现象

一、部分行业税负增长需加大政策扶持力度

营改增后，绝大多数行业实现了行业减负，但仍存在部分行业由于可抵扣的进项过少而导致税负有所上升。如交通运输业，由于难以取得全部的燃油和修理等专用发票，以及占成本比较高（一般占总成本的30%以上）的路桥费难以抵扣，[1] 使得整体税负偏高。再如金融业等资金密集型产业，由于计税的销售金额较大，而占成本较高的贷款利息支出不得抵扣进项，导致税负有所上升。

二、税率档次的不一增加了企业涉税风险和税务监管成本

为了保证税负变动不致于过大，营业税政策主要是平移到增值税中，所以营改增完成后，从 2018 年 5 月 1 日起，我国增值税率有16%、10%、6%三档[2]，还有 3%、5%的征收率。税率档次的不统一存在一定的税收漏洞，也增加了税收管理的复杂性。比如交通运输（税率10%）与物流辅助服务（税率6%）、基础电信（税率10%）与增值电信（税率6%）、快递收派服务（税率6%）与交通运输（税率10%），都属于为完成某项业务而产生的辅助业务，在同一企业是很难以划分的，可是在征管中适用不同的税率，这既增加了企业

---

① 公路经营企业一般纳税人收取营改增试点前开工的高速公路车辆通行费，可以选择适用简易计税方法，减按3%的征收率计算增值税。因此交通运输企业难以取得增值税专用发票。

② 从 2019 年 1 月 1 日起，增值税率下调为 13%、9%、5%三档。

的管理成本，也增加了税务的监管风险。

三、现代服务业政策的不一致阻碍了公平环境的产生

知识性、人力资源的高密集度是现代服务业的重要特征，人力成本支出占企业成本支出的比重较大。根据现行的增值税规定，现代服务业除非是从劳务公司购进人力资源，或者通过培训公司对员工进行培训并取得增值税专用发票，否则其人力成本的支出是不可能进行进项税款抵扣的。但现实中，现代服务企业的人力资源主要是通过雇佣员工并进行内部培养而形成的，这基本上是不能取得进项税额加以抵扣的。为了解决这个问题，目前主要是允许动漫企业以及对经人民银行、银监会、商务部批准经营融资租赁业务的一般纳税人，允许其增值税实际税负超 3% 的部分实行增值税即征即退政策。但是其他现代服务业如信息传输、软件和信息技术服务业，科学研究和技术服务业，商业服务业等享受不到这些政策。政策的厚此薄彼，影响了增值税中性作用的发挥，不利于这些行业的健康发展。

第三节　物质资本承担的所得税负
存在行业和地区差异

一、资本所得税负的行业差异在一定程度上阻碍了产业结构的调整

从前面分析可以看出，公用设施、制造业和建筑业资本承担的所得税负高，房地产业的税负较低，同一性质的资本由于进入的领域不

同承担的税负不同。在资本承担的企业所得税负中，总体上税负最高的是电力燃气和水生产供应业，其次，分别是建筑业、制造业、批发零售业、采掘业、房地产业、餐饮业。但在2015年税负最高的是采掘业、然后分别是建筑业，制造业，电、燃气、水生产供应业，房地产业，批发零售贸易业，餐饮业。

这样的税负安排与我国目前的产业结构调整方向不完全一致。近年来，随着供给侧结构性改革的推进，我国进一步优化产业结构，着力推进农业现代化、加快制造强国建设、加速服务业发展、提高基础设施网络化水平、推动传统产业优化升级等，以形成新的经济增长点。但作为需要加强的公共基础设施的电、燃气、水生产供应业资本承担的所得税负2008年最高达到52.1%，此后虽然逐年下降，2015年仍有34.68%，需要优化升级的采掘业以及加快发展的制造业资本承担的所得税负也排在前列，在一定程度上阻碍了产业结构的优化升级。

二、不同行业税后投资收益率差异大，加剧了实体经济的不振

从表5-1可以看出，餐饮业的税后资本收益率最高，2008—2015年均在46%以上，把其他行业远远甩在后面；采掘业税收资本收益率也比较高，但波动非常大，由2008年的22.81%提高到2009年的82.65%后调头向下，一直降到2015年的6.49%；房地产业2008—2013年期间税后资本收益率也还不错，在10%以上，批发零售贸易业波动很小，也均在10%以上；但制造业，建筑业，电力、燃气、水生产供应业税收资本收益率均在个位数。税后资本收益率的差

异，吸引着大量资本投向餐饮、流通领域和房地产业，不利于实体经济的投资和发展。

表 5-1　分行业所得税后资本收益率

项目	制造业	采掘业	电力、燃气、水生产供应业	建筑业	批发零售贸易	餐饮业	房地产业
2008	7.50%	22.81%	2.21%	6.97%	11.42%	46.51%	12.09%
2009	8.40%	82.65%	4.78%	6.80%	11.52%	46.01%	13.73%
2010	9.04%	17.54%	5.90%	6.36%	10.21%	46.96%	13.21%
2011	8.91%	18.52%	5.49%	6.70%	10.58%	46.06%	11.80%
2012	8.38%	15.62%	6.69%	6.54%	10.39%	46.49%	11.49%
2013	8.33%	12.82%	7.72%	6.75%	10.88%	46.07%	13.41%
2014	8.08%	11.05%	3.40%	6.75%	10.31%	46.82%	8.72%
2015	7.78%	6.49%	9.22%	6.16%	10.21%	46.09%	8.29%

三、企业所得税政策加剧了融资贵的现象

在前文资本使用成本和所得税负的测算中，隐含的一个假设是企业都是向银行贷款或发行债券。但在实际融资中，企业的资金来源除了这两种方式外，还有相当一部分是通过其他方式筹措的，如企业内部职工集资、企业之间互相借贷甚至 P2P。对于民营企业来说，能够从银行申请到贷款的可能性很低，据中国人民银行公布的

数据，民营企业得到的贷款占全国银行贷款的总量不到 2%，通过发行股票融资的民营企业占我国上市公司的比例不到 9%。① 所以民营企业的资金主要来源于自筹，或者通过民间融资方式取得，但通过这些渠道取得资金的代价大，其利息费用一般高于同期金融企业贷款利率。根据现行政策，高出部分的利息是不能税前列支的，要承担企业所得税；如果是用留存利润筹资，也没有利息扣除，同样增加了企业所得税。这也是那些资产负债率高的省份为什么所得税后收益率低，进而资本承担的所得税负高的原因。以 2016 年为例，制造业所得税后收益率最低的是甘肃，只有 0.71%，山西其次，1.87%，辽宁 2.08%，黑龙江 2.18%，云南 2.69%，青海3.37%，宁夏 3.56%，新疆 4.04%。这些省份的资产负债率（除了黑龙江）都超过了 60% 以上，其中山西最高，2016 年达 76%（见表 5-2、表 5-3）。

第四节　小微企业的所得税优惠政策存在改进空间

一、不同部门对小微企业的认定标准不统一，增加了企业理解的难度

目前《企业所得税法》对小微企业认定的标准主要根据从业人数、资产总额和年应税所得额三个指标进行划分（见表 5-4），对符合条件的小微企业给予相关的所得税优惠。

---

① 《中国私有企业融资问题研究》，见 http：//www.eliu.info。

表5-2　2002—2016年制造业分省税后收益率

地区	2002	2003	2004	2005	2006	2007	2008	2009	2010	2011	2012	2013	2014	2015	2016
北京	4.56%	5.35%	5.20%	5.08%	5.58%	6.12%	3.85%	5.09%	5.88%	5.79%	6.31%	5.51%	6.40%	7.05%	6.74%
天津	5.22%	5.45%	7.33%	7.44%	7.67%	7.24%	5.14%	5.69%	8.32%	8.46%	8.23%	6.79%	7.34%	7.23%	7.25%
河北	5.12%	6.06%	5.88%	6.01%	6.37%	7.05%	5.66%	5.62%	6.39%	6.16%	5.53%	5.32%	5.22%	4.85%	5.63%
山西	3.30%	5.14%	6.26%	5.12%	5.61%	6.76%	5.91%	4.85%	7.34%	7.45%	5.41%	2.81%	1.28%	-0.50%	1.87%
内蒙古	3.38%	4.38%	5.74%	7.49%	8.12%	10.86%	8.83%	9.33%	12.43%	12.34%	10.39%	8.38%	6.45%	5.38%	6.50%
辽宁	2.78%	3.43%	4.21%	2.65%	2.86%	4.35%	2.81%	4.78%	6.33%	5.62%	1.84%	4.50%	4.07%	2.90%	2.08%
吉林	4.18%	5.76%	5.34%	3.65%	4.43%	7.43%	4.39%	5.02%	6.14%	6.33%	5.41%	4.83%	5.25%	4.68%	4.68%
黑龙江	17.92%	19.40%	20.82%	22.20%	21.82%	19.36%	18.95%	10.84%	12.21%	12.29%	10.28%	8.13%	7.16%	3.63%	2.18%
上海	6.24%	6.63%	6.46%	4.87%	5.16%	4.85%	2.59%	4.64%	5.99%	5.19%	4.81%	5.60%	5.92%	6.26%	6.72%
江苏	3.65%	4.02%	4.14%	3.92%	4.31%	4.91%	5.36%	5.16%	5.86%	5.81%	5.46%	5.36%	5.78%	5.96%	6.13%
浙江	5.74%	5.67%	5.21%	4.45%	4.49%	4.68%	3.68%	4.88%	5.81%	5.40%	4.80%	4.95%	5.22%	5.47%	6.23%
安徽	3.86%	5.82%	4.25%	4.34%	3.91%	4.17%	5.07%	6.03%	7.56%	6.21%	6.04%	4.97%	4.92%	4.76%	5.01%
福建	5.51%	6.21%	5.33%	4.97%	5.87%	7.11%	5.70%	6.44%	7.80%	7.45%	6.51%	5.59%	5.96%	5.62%	6.46%
江西	1.55%	2.96%	2.96%	3.53%	4.42%	4.70%	5.55%	5.15%	6.09%	6.20%	6.37%	6.33%	6.62%	6.20%	6.60%
山东	5.27%	5.88%	6.32%	6.96%	6.67%	6.64%	6.06%	6.17%	7.06%	6.81%	6.54%	6.22%	5.97%	5.74%	5.66%
河南	3.89%	4.32%	4.84%	5.96%	7.89%	9.85%	8.66%	8.40%	8.91%	8.44%	7.45%	7.20%	7.08%	6.48%	6.39%
湖北	4.58%	4.34%	4.95%	5.48%	5.55%	6.28%	6.29%	6.66%	7.43%	6.30%	5.80%	5.07%	5.34%	5.25%	5.49%
湖南	2.91%	3.78%	4.12%	3.65%	4.10%	5.37%	5.46%	5.45%	7.49%	6.82%	6.06%	4.67%	4.72%	4.83%	4.94%

续表

地区	2002	2003	2004	2005	2006	2007	2008	2009	2010	2011	2012	2013	2014	2015	2016
广东	4.55%	4.80%	4.56%	4.69%	4.94%	5.55%	4.75%	5.94%	6.91%	5.73%	5.23%	5.07%	5.46%	5.89%	5.86%
广西	2.58%	4.21%	6.18%	4.98%	5.54%	6.50%	3.57%	4.58%	7.86%	6.82%	5.98%	4.95%	5.43%	5.94%	5.98%
海南	6.00%	5.35%	7.65%	7.29%	9.71%	7.41%	7.00%	9.91%	9.88%	8.51%	6.83%	5.75%	4.94%	5.16%	5.01%
重庆	2.85%	4.97%	5.13%	4.34%	4.04%	4.80%	4.54%	4.56%	5.01%	4.90%	4.13%	5.00%	5.92%	6.19%	6.44%
四川	3.87%	3.86%	3.90%	4.96%	5.72%	6.50%	5.74%	6.28%	6.93%	7.06%	7.18%	5.93%	5.61%	5.31%	5.35%
贵州	1.97%	3.11%	4.30%	3.91%	5.01%	6.53%	5.42%	5.38%	7.59%	8.58%	9.99%	6.48%	6.80%	7.04%	7.31%
云南	3.66%	5.29%	7.89%	7.40%	8.01%	7.87%	5.02%	6.41%	8.59%	7.45%	5.74%	4.85%	4.17%	3.97%	2.69%
西藏	9.83%	13.95%	14.73%	15.28%	16.13%	19.05%	9.06%	12.66%	16.46%	15.54%	12.11%	5.56%	8.76%	3.87%	8.80%
陕西	5.75%	8.21%	9.47%	11.73%	11.36%	11.97%	13.40%	9.94%	12.97%	13.80%	12.06%	10.64%	9.25%	7.01%	7.27%
甘肃	1.86%	2.29%	3.90%	2.67%	3.95%	6.07%	2.27%	4.04%	4.27%	3.85%	3.44%	3.16%	2.41%	-1.30%	0.71%
青海	4.56%	4.28%	10.90%	15.54%	17.07%	17.11%	16.67%	8.93%	11.76%	12.66%	8.77%	6.69%	4.47%	2.97%	3.37%
宁夏	1.55%	2.14%	2.96%	3.10%	3.07%	4.70%	2.70%	5.59%	7.02%	6.80%	4.13%	3.88%	3.13%	2.14%	3.56%
新疆	8.21%	12.55%	16.16%	17.82%	21.27%	19.72%	17.33%	11.73%	15.10%	13.73%	11.47%	8.95%	7.58%	3.79%	4.04%

注：包括全国31个省、自治区、直辖市数据，未包括港、澳、台数据。

表5-3　2002—2016年制造业分省资本负债率

地区	2002	2003	2004	2005	2006	2007	2008	2009	2010	2011	2012	2013	2014	2015	2016
北京	53.30%	53.13%	51.61%	36.69%	38.91%	40.14%	48.12%	50.53%	50.76%	49.95%	51.85%	52.12%	51.07%	46.89%	45.94%
天津	58.10%	58.75%	56.70%	58.49%	57.83%	60.12%	60.77%	63.83%	60.51%	62.48%	63.47%	63.90%	61.72%	62.84%	61.36%
河北	62.41%	61.68%	62.32%	61.14%	61.05%	59.20%	60.98%	60.94%	60.68%	60.18%	59.40%	58.73%	56.80%	56.16%	54.87%
山西	61.26%	63.79%	66.72%	67.58%	67.59%	67.16%	67.08%	66.58%	65.61%	67.32%	69.61%	71.32%	73.64%	75.96%	76.08%
内蒙古	58.21%	59.24%	61.19%	62.23%	61.08%	60.15%	62.51%	60.27%	58.83%	60.79%	61.25%	60.04%	63.69%	63.40%	62.93%
辽宁	59.18%	58.76%	58.92%	58.22%	57.50%	58.64%	58.43%	58.36%	58.11%	37.23%	37.93%	58.49%	58.02%	61.67%	64.16%
吉林	63.70%	62.51%	60.36%	59.49%	54.78%	56.25%	54.36%	55.46%	53.69%	54.50%	53.96%	54.76%	54.73%	58.11%	52.36%
黑龙江	56.34%	55.79%	57.74%	56.06%	54.71%	56.22%	55.75%	56.86%	55.17%	56.24%	57.36%	57.14%	56.96%	56.39%	56.18%
上海	49.17%	49.68%	50.25%	50.53%	50.28%	52.36%	53.09%	52.77%	52.62%	52.28%	50.62%	50.35%	50.29%	48.55%	49.17%
江苏	59.78%	61.95%	62.20%	61.66%	60.58%	60.76%	58.87%	58.14%	57.28%	58.19%	57.26%	56.78%	54.92%	53.14%	51.92%
浙江	55.45%	57.24%	57.83%	59.62%	60.35%	61.43%	61.92%	61.26%	60.66%	61.08%	60.22%	60.01%	58.78%	57.16%	55.14%
安徽	60.20%	61.24%	60.69%	61.63%	62.65%	62.88%	62.61%	61.24%	60.05%	59.53%	59.71%	59.43%	57.99%	57.49%	56.73%
福建	55.82%	54.34%	52.78%	52.71%	53.81%	55.53%	53.72%	53.44%	52.74%	52.20%	53.39%	54.68%	54.37%	53.56%	52.30%
江西	65.23%	66.23%	65.20%	63.18%	60.98%	59.28%	54.61%	56.83%	56.04%	56.03%	55.60%	54.27%	52.32%	49.95%	48.36%
山东	59.68%	59.37%	58.50%	58.37%	57.77%	55.99%	55.01%	53.58%	53.89%	55.65%	55.19%	55.79%	54.48%	54.25%	54.11%
河南	63.88%	64.29%	64.51%	61.58%	60.26%	57.80%	56.47%	56.45%	55.23%	53.88%	51.42%	48.80%	46.93%	47.01%	47.65%
湖北	61.65%	59.17%	58.04%	56.12%	54.86%	54.38%	52.23%	54.01%	58.67%	59.09%	58.63%	56.31%	55.23%	54.97%	53.65%
湖南	65.82%	63.92%	63.57%	61.89%	60.20%	57.45%	58.10%	60.76%	57.55%	56.65%	55.22%	54.04%	53.07%	51.92%	52.29%

续表

地区	2002	2003	2004	2005	2006	2007	2008	2009	2010	2011	2012	2013	2014	2015	2016
广东	55.53%	56.51%	58.11%	57.84%	56.72%	56.78%	57.44%	58.03%	56.00%	59.01%	58.18%	57.29%	58.42%	57.38%	56.17%
广西	65.07%	65.35%	64.74%	61.58%	61.10%	62.23%	64.07%	64.32%	62.46%	62.01%	62.46%	62.89%	62.36%	62.18%	61.32%
海南	52.86%	53.78%	54.49%	55.28%	60.50%	55.31%	57.49%	56.90%	53.16%	52.68%	51.52%	53.41%	53.92%	55.41%	55.65%
重庆	61.33%	61.16%	60.53%	59.72%	59.55%	59.71%	60.04%	60.28%	60.25%	60.72%	63.02%	63.30%	62.36%	61.94%	61.22%
四川	61.76%	61.37%	63.28%	62.40%	60.87%	59.51%	59.28%	60.04%	61.56%	61.24%	61.66%	62.78%	61.04%	60.00%	58.38%
贵州	63.99%	63.12%	66.07%	65.26%	65.80%	64.46%	65.74%	67.00%	64.85%	64.67%	64.90%	63.43%	63.68%	63.52%	63.37%
云南	54.19%	54.88%	54.94%	52.18%	54.86%	54.40%	58.01%	58.33%	59.67%	61.19%	63.13%	64.64%	62.96%	64.81%	63.83%
西藏	27.29%	26.91%	25.72%	24.37%	44.20%	22.87%	23.60%	23.61%	29.15%	28.81%	32.23%	34.03%	39.96%	50.04%	49.57%
陕西	65.75%	63.94%	63.44%	62.15%	59.76%	57.35%	54.97%	56.01%	56.84%	56.61%	56.91%	56.06%	57.08%	56.47%	56.38%
甘肃	63.16%	64.79%	60.93%	58.80%	58.71%	57.91%	55.57%	58.06%	62.59%	64.04%	62.34%	64.35%	63.49%	65.37%	65.86%
青海	67.84%	68.22%	71.03%	67.54%	65.56%	62.80%	61.60%	62.19%	63.74%	63.24%	65.73%	66.24%	68.17%	69.17%	68.41%
宁夏	62.17%	65.57%	64.37%	61.98%	61.54%	63.06%	64.85%	66.34%	64.97%	65.67%	66.59%	66.53%	67.04%	68.26%	67.75%
新疆	58.30%	53.61%	57.13%	52.31%	51.58%	50.61%	51.93%	54.08%	50.79%	53.79%	57.18%	60.51%	62.98%	64.11%	64.10%

注:包括全国 31 个省、自治区、直辖市数据,未包括港、澳、台数据。

表5-4　企业所得税法对小微企业的界定

前提条件	从事国家非限制和非禁止的行业		
标准	从业人数	资产总额	年应纳税所得额
工业	≤100人	≤3000万元	≤300万元
其他行业	≤80人	≤1000万元	≤300万元

但2011年6月18日，工信部、国家统计局、发改委和财政部联合发布的《关于印发小微企业划型标准规定的通知》（〔2011〕300号）则根据不同行业的营业收入、从业人员、资产总额等标准将企业划分为小型和微型企业（未考虑所得指标），划分标准更为复杂，见表5-5。

表5-5　中小微企业划型标准规定

行业	中型企业	小型企业	微型企业
农、林牧、渔业	营业收入500万—20000万元	营业收入50万—500万元	营业收入50万元以下
工业	从业人员300万—1000人且营业收入2000万—4000万元	从业人员20—300人且营业收入300万—2000万元	从业人员20人以下或营业收入300万元以下
建筑业	营业收入6000万—80000万元且资产总额5000万—80000万元	营业收入300万—6000万元且资产总额300万—5000万元	营业收入300万元以下或资产总额300万元以下
批发业	从业人员20—200人且营业收入5000万—40000万元	从业人员5—20人且营业收入1000万—5000万元	从业人员5人以下或营业收入1000万元以下
零售业	从业人员50—300人且营业收入500万—20000万元	从业人员10—50人且营业收入100万—500万元	从业人员10人以下或营业收入100万元以下
交通运输业	从业人员300—1000人且营业收入3000万—30000万元	从业人员20—300人且营业收入100万—3000万元	从业人员10人以下或营业收入100万元以下

续表

行业	中型企业	小型企业	微型企业
仓储业	从业人员 100—200 人且营业收入 1000 万—30000 万元	从业人数 20—100 人且营业收入 100 万—1000 万元	从业人数 20 人以下或营业收入 100 万元以下
邮政业	从业人员 100—300 人且营业收入 2000 万—10000 万元	从业人员 10—100 人且营业收入 100 万—2000 万元	从业人员 10 人以下或营业收入 100 万元以下
住宿业	从业人员 100—300 人且营业收入 2000 万—10000 万元	从业人员 10—100 人且营业收入 100 万—2000 万元	从业人员 10 人以下或营业收入 100 万元以下
餐饮业	从业人员 100—300 人且营业收入 2000 万—10000 万元	从业人员 10—100 人且营业收入 100 万—2000 万元	从业人员 10 人以下或营业收入 100 万元以下
信息传输业	从业人员 100—2000 人且营业收入 1000 万—100000 万元	从业人员 10—100 人且营业收入 100 万—1000 万元	从业人员 10 人以下或营业收入 100 万元以下
软件和信息技术服务业	从业人员 100—300 人且营业收入 1000 万—10000 万	从业人员 10—100 人且营业收入 50 万—1000 万	从业人员 10 人以下或营业收入 50 万元以下
房地产开发经营业	营业收入 1000 万—200000 万元且资产总额 5000 万—10000 万元	营业收入 100 万—1000 万元且资产总额 2000 万—5000 万元	营业收入 100 万元以下或资产总额 2000 万元以下
物业管理	从业人员 300—1000 人且营业收入 1000 万—5000 万元	从业人员 100—300 人且营业收入 500 万—1000 万元	从业人员 100 人以下或营业收入 500 万元以下
租赁和商务服务业	从业人员 100—300 人且资产总额 8000 万—120000 万元	从业人员 10—100 人且资产总额 100 万—8000 万元	从业人员 10 人以下或资产总额 100 万元以下
其他未列明行业	从业人员 100—300 人	从业人员 10—100 人	从业人员 10 人以下

从表5-5可以看出，不同政府部门制定的政策标准不一致，导致企业对小微企业的认识产生偏差，影响了企业所得税优惠政策的实施便利度。

二、小微企业的所得税优惠政策调整频繁，企业难以适应

为了鼓励和扶持小微企业的发展，企业所得税法中专门制定了小微企业税收优惠政策，但这些政策在实施的过程中调整频繁，往往政策的实施期未到，适用的标准就进行了调整，尤其是小微企业适用的20%低税率政策中应税所得额的标准，多次调整（见表 5-6），征纳双方疲于应对。

表 5-6   2008 年起我国促进小微企业发展的企业所得税主要优惠政策

实施时间	优惠内容	政策依据
2008 年 1 月 1 日	符合条件的小型微利企业减按20%税率征收	《企业所得税法》《企业所得税法实施条例》《关于小型微利企业所得税预缴问题的通知》（国税函〔2008〕251 号）
2009 年 4 月 30 日	创业投资企业采取股权投资方式投资于高新技术企业 2 年以上（含 2 年），凡符合相关条件的，可按其对中小高新技术企业投资额的 70%抵扣该创业投资企业的应纳税所得额	《关于实施创业投资企业所得税优惠问题的通知》（国税发〔2009〕87 号）
2009 年 8 月 21 日	对于金融企业的涉农贷款、中小型企业的贷款损失准备金都将在税前被扣除，并且相对应政策的执行时间将延长到 2013 年年底	《关于金融企业涉农贷款和小微企业贷款损失准备金税前扣除政策的通知》（财税〔2009〕99 号）
2011 年 1 月 1 日	自 2011 年 1 月 1 日起至 2011 年 12 月 31 日，对于对应应纳税所得额低于 3 万元（含 3 万元）的小型微利企业，将其所得按 50%计入应纳税所得额，按 20%的税率缴纳企业所得税	《关于继续实施小型微利企业所得税优惠政策的通知》（财税〔2011〕4 号）
2012 年 1 月 1 日	自 2012 年 1 月 1 日至 2015 年 12 月 31 日，年应纳税所得额在 6 万元以下的小微企业，企业所得税应纳税所得额减半计征，税率为 20%	《关于小型微利企业所得税优惠政策有关问题的通知》（财税〔2011〕117 号）

续表

实施时间	优惠内容	政策依据
2014 年 1 月 1 日	自 2014 年 1 月 1 日至 2016 年 12 月 31 日年应纳税所得额在 10 万元以下的小微企业，企业所得税应纳税所得额减半计征，税率为 20%	《关于贯彻落实小型微利企业所得税优惠政策的通知》（税总发〔2014〕58 号）
2015 年 1 月 1 日	自 2015 年 1 月 1 日至 2017 年 12 月 31 日，年应纳税所得额在 20 万元以下的小微企业，企业所得税应纳税所得额减半计征，税率为 20%	《关于小型微利企业所得税优惠政策的通知》（财税〔2015〕34 号）
2015 年 1 月 1 日	对四个领域重点行业（轻工、纺织、机械、汽车）小型微利企业 2015 年 1 月 1 日后新购进的研发和生产经营共用的仪器、设备，单位价值不超过 100 万元（含）的，允许在计算应纳税所得额时一次性全额扣除；单位价值超过 100 万元的，允许缩短折旧年限或采取加速折旧方法	《关于进一步完善固定资产加速折旧企业所得税政策有关问题的公告》（国家税务总局公告 2015 年第 68 号）
2015 年 10 月 1 日	自 2015 年 10 月 1 日起至 2017 年 12 月 31 日，对年应纳税所得额在 20 万元到 30 万元（含 30 万元）之间的小型微利企业，其所得减按 50% 计入应纳税所得额，按 20% 的税率缴纳企业所得税	《关于进一步扩大小型微利企业所得税优惠政策范围的通知》（财税〔2015〕99 号）
2015 年 10 月 1 日	自 2015 年 10 月 1 日至 2017 年 12 月 31 日，符合规定条件的小型微利企业，无论采取查账征收还是核定征收方式，均可以享受财税〔2015〕99 号文件规定的小型微利企业所得税优惠政策	《关于贯彻落实进一步扩大小型微利企业减半征收企业所得税范围有关问题的公告》（国家税务总局公告 2015 年第 61 号）
2017 年 1 月 1 日	科技型中小企业开展研发活动中实际发生的研发费用，未形成无形资产计入当期损益的，在据实扣除的基础上，2017 年 1 月 1 日至 2019 年 12 月 31 日，再按照实际发生额的 75% 在税前加计扣除；形成无形资产的，在上述期间按照无形资产成本的 175% 在税前摊销	《关于提高科技型小微企业研究开发费用税前加计扣除比例的通知》（财税〔2017〕34 号）

实施时间	优惠内容	政策依据
2017 年 1 月 1 日	自 2017 年 1 月 1 日至 2019 年 12 月 31 日，将小型微利企业的年应纳税所得额上限由 30 万元提高至 50 万元，对年应纳税所得额低于 50 万元（含 50 万元）的小型微利企业，其所得减按 50% 计入应纳税所得额，按 20% 的税率缴纳企业所得税	《关于扩大小型微利企业所得税优惠政策范围的通知》（国家税务总局公告 2017 年第 23 号）
2017 年 3 月 21 日	符合条件的小微企业融资（信用）担保机构按照不超过当年担保费收入 50% 的比例计提的未到期责任准备，允许在企业所得税税前扣除，同时将上年度计提的未到期责任准备余额转为当期收入	《关于小微企业融资（信用）担保机构有关准备金企业所得税税前扣除政策的通知》（财税〔2017〕23 号）
2018 年 1 月 1 日	自 2018 年 1 月 1 日至 2020 年 12 月 31 日，对年应纳税所得额低于 100 万元（含）的小型微利企业，其所得减按 50% 计入应纳税所得额，按 20% 的税率缴纳企业所得税	《关于进一步扩大小型微利企业所得税优惠政策范围的通知》（财税〔2018〕77 号）
2019 年 1 月 1 日	自 2019 年 1 月 1 日至 2021 年 12 月 31 日，对其年应纳税所得额不超过 100 万元、100 万元到 300 万元的部分分别减按 25%、50% 计入应纳税所得额，按 20% 的税率缴纳企业所得税	《关于实施小型微利企业普惠性所得税减免政策有关问题的公告》（国家税务总局公告 2019 年第 2 号）

但在现实中，相当部分小微企业是家庭式企业，财力资金有限，管理松散，对会计的业务素质要求也不高，很多是请兼职会计，又进一步影响了企业对税收优惠政策的掌握和理解，出现不少小微企业应享受但未享受税收优惠的情况。而在这种情况下，主管税务机关往往会认为企业是自动放弃税收优惠的，导致税收优惠政策的落实大打折扣。

第五节　研发费用加计扣除政策实施力度有待提高

尽管研发费用加计扣除政策在促进企业加大研发投入方面效果显著，但在实施过程中仍暴露出一些不足：[1]

一、中小企业享受优惠激励效果有限，政策受惠面偏窄

调研中发现（见表5-7），2015年调研省营业收入大于10亿元的企业有179户，申请享受研发费用加计扣除政策的有36户企业，占比20.11%，研发费用加计扣除额为22.29亿元，占全部研发费用加计扣除额的比重为71.23%。营业收入在1000万元以下的企业有124084户，申请享受研发费用加计扣除政策的企业只有23户，占比仅为0.02%，研发费用加计扣除额为0.08亿元，仅占全部研发费用加计扣除额的0.27%。总体上，规模越大企业申请享受研发费用加计扣除政策的金额越高，中小企业难以享受，政策的受惠面明显偏窄。

表5-7　2015年度研发费用加计扣除分企业规模情况

单位：户

营业收入	查账征收企业户数	享受研发费用加计扣除优惠户数	户数占比	加计扣除总额（单位：万元）	占全部加计扣除总额比重
大于10亿元	179	36	20.11%	222935.05	71.15%
大于5亿元小于等于10亿元	218	29	13.30%	27207.81	8.68%

---

① 席卫群：《研发费用加计扣除税收政策效应分析》，《社会科学家》2017年第6期。

续表

营业收入	查账征收企业户数	享受研发费用加计扣除优惠户数	户数占比	加计扣除总额（单位：万元）	占全部加计扣除总额比重
大于1亿元小于等于5亿元	1870	119	6.36%	40996.81	13.08%
大于1000万元小于等于1亿元	13149	164	1.25%	21361.96	6.82%
1000万元以下（含1000万元）	124084	23	0.02%	836.76	0.27%
合计	139500	371	0.27%	313338.39	100.00%

二、加计扣除额占实际研发支出的比重有待提高

由于企业会计准则所指的研发费用是广义概念，它包括运行研发机构所发生的所有常规费用，也包括研发项目所发生的费用；而税法上准予加计扣除的研发费用是狭义的概念，是针对研发项目而发生的费用。研发过程中使用设备、仪器、相关房屋的折旧费及相关固定资产的运行维护、维修等费用在会计处理时都计入研发费用，而税法规定的研发费用加计扣除不包括房屋、建筑物的折旧费；与研发活动直接相关的会议费、差旅费、办公费、注册费、研发人员培训费、培养费、专家咨询费等超过可加计扣除研发费用总额10%的部分也不得享受研发费用加计扣除政策。税法和会计归集口径的不一致，容易导致企业在归集研发费用加计扣除范围时产生错误，也使得研发费用加计扣除额达不到实际支出的50%。

根据税务局所提供的企业年度申报表，发现企业填报的研发支出会计金额和实际能够享受加计扣除政策的研发金额有较大差距。以制造业为例，2015年发生研发费用支出的企业有1238户，研发费用支

出金额为 92.64 亿元，而实际申请享受研发费用加计扣除政策的企业 330 户，比重为 26.03%，享受加计扣除政策的研发费用金额 30.17 亿元，仅占全部研发费用支出的 32.57%。

表 5-8　部分行业研发费用会计金额与税法金额对比情况

单位：亿元

行业	比较项目	2014		2015	
		户数	金额	户数	金额
制造业	研发费用支出（会计）	1113	58.87	1268	92.64
	研发费用支出（税法）	244	19.12	330	30.17
	占比	21.92%	32.48%	26.03%	32.57%
信息传输、软件和信息技术服务业	研发费用支出（会计）	50	0.69	75	1.19
	研发费用支出（税法）	16	0.21	19	0.25
	占比	32.00%	30.43%	25.33%	21.01%
科学研究和技术服务业	研发费用支出（会计）	14	0.33	21	0.53
	研发费用支出（税法）	5	0.16	9	0.24
	占比	35.71%	48.48%	42.86%	45.28%

注：根据调研获得的数据整理得出。

三、政策设计较复杂，影响企业申报的积极性

通过调研发现，部分高新技术企业未享受研发费用加计扣除的优惠。应该来说，企业取得高新技术企业资格要求研发支出达到销售收入的一定比例，其研发支出一般情况下也可申请享受加计扣除的优惠。究其原因：一是加计扣除优惠政策较为复杂。企业在实施研发费用加计扣除政策的过程中，离不开内部各部门如生产、财务以及研发部门的协作，企业缺乏专门性人才；二是考虑企业核心技术保密要求。税收筹划是企业战略发展的一部分，企业综合考虑申

报加计扣除有可能带来技术的泄密，可能倾向于选择放弃享受税收优惠政策；三是企业未形成良好的财务管理机制。申请研发费用加计扣除为事后备案事项，企业可先自行享受政策。企业财务从自身利益出发，为避免申报错误带来的涉税风险，而不积极申请税收优惠。

四、政策的实施加剧了地区发展的不均衡

目前，我国地区间行业分布不均，高科技企业主要分布在东部地区和中部一些省份，因此，科技创新的税收优惠政策主要受益的是经济和科技发达地区。根据科技部科技评估中心的调查，东部地区 2012 年享受优惠政策的企业数量占比达 79.91%，减免企业所得税额的比重为 78%，而中部地区仅分别为 14.83%、16.3%。① 又根据《中国统计年鉴》的数据显示，2015 年软件行业减税最多的地区是深圳、长江经济带等；广东省的研发费用支出最多，达1520.55 亿元；而西藏最少，只有 2602 万元，广东是西藏的 5844倍。所以，尽管当前的税收优惠政策主要是全国一盘棋，区域导向很少，但由于各地区经济和科技发展的差异，税收优惠政策实际上进一步拉大了区域经济的差距，人才、技术和资金主要流向经济和科技发达地区，真正需要产业结构转型、产业结构升级换代的地区发展更为艰难。

此外，研发费加计扣除等政策的落实需要一定的执行成本，并会在一定程度上影响当地的财政收入，因此经济实力相对偏弱的中西部

---

① 科技部科技评估中心：《科技创新政策实施情况评估监测与分析报告》，2014 年 3 月。

地区，尤其是税源控制较紧的地方，政策的执行力度会受到影响。地区间政策落实的不平衡，可能会影响到科技资源的市场配置，从而进一步拉大区域科技创新能力和经济发展的差距。①

①　席卫群：《研发费用加计扣除税收政策效应分析》，《社会科学家》2017 年第 6 期。

第六章　其他国家促进资本形成效率提高的财税政策与借鉴

第一节　发达国家提高资本形成效率的财税政策与借鉴

为了提高资本形成的效率，促进经济的可持续发展，发达国家积极运用财税政策引导发展模式的转变，并取得了很好的效果。

一、美国提高资本形成效率的财税政策

美国是世界上经济最发达的国家，在提高资本形成效率方面不遗余力，着力点是促进中小企业投资、产业结构转型、技术研发和人力资本等。

（一）鼓励物质资本形成的财税政策

早在 20 世纪 50 年代中期，美国国会就通过了《小企业投资法案》。该法案授权联邦政府设立小企业管理局，由小企业管理局审查和核发小企业投资公司的经营许可证。获得特许的投资公司可以从联邦政府获得很优惠的信贷支持。1958 — 1963 年期间，小企业管理局核发了 692 个小企业投资公司的许可证，共募集私人权益资金 4.64

亿美元。此外，法律还规定获得许可证的小企业投资公司，可以得到小企业管理局启动基金的融资支持，资金支持的具体形式有低息贷款、管理局购买或担保基金发行公司债券等。规定小企业投资公司只能投资净资产不超过 1800 万美元、过去两年平均税后利润不超过 1000 万美元的小企业。小企业投资公司不能长期直接或间接控制所投资的企业，也不能投资于地产、信贷、外资及同业的其他小企业投资公司。通过政府的支持，小企业投资公司造就了苹果电脑、美国在线、英特尔和联邦快速等赫赫有名的大公司。①

为了鼓励投资，1986 年的税制改革法案制定了大规模的减税计划：（1）缩减公司所得税税率区间，从 15%—46% 超额累进税率变为 20%—34% 的超额累进税率；（2）降低资本、利息和遗产税税率；（3）公司支付的股息允许免税，并将资本收益税的税率从 28% 降到 17.5%；（4）对企业投资给予税收优惠，购买机器设备等给予 6%—10% 的减税，缩短固定资产的折旧年限。

进入 20 世纪 90 年代，随着能源供应的紧张，美国开始重视对新能源的开发和投资。1992 年出台了一项规定：承诺对太阳能和地热能项目给予 10% 的永久减税；风能和生物质发电、符合条件的新的可再生能源及属于州政府和市政府所有的电力公司和其他非营利的电力公司给予为期 10 年的减税。在 2005—2014 年期间，联邦政府向全美的能源企业提供了 146 亿美元的减税额度。与此同时，鼓励社会积极购买新能源设备。其中企业购进太阳能和风能设备所支付的金额允许抵免，投资于太阳能、风能、地热和潮汐的发电技术，可再生能源

---

① 席卫群：《部分（地区）促进风险投资发展的财税政策及借鉴》，《涉外税务》2001 年第 9 期。

的投资、生产和利用，生物柴油和可再生柴油，机动车能源转换装置等都给予税收抵免。购买符合节能环保型的机动车在计征州税和联邦消费税时允许提高扣除额，购置污染控制设备的，免除部分或全部财产税或销售税。

2008 年爆发的金融危机极大地冲击了经济。为了帮助企业渡过难关，制定了《美国复苏和再投资》法案，对企业 2009 年新购置的资产给予特别扣除，允许企业在 2008 年和 2009 年发生的经营亏损向前结转 5 年。对新招聘的越战老兵和 16—24 岁的无业青年给予就业税收优惠。中小企业可获得总额为 500 亿美元的税收优惠。为了促进产业结构的转型，纳税人购买节能的制冷和取暖设备、绝缘材料等产品可以享受 1500 美元的税收抵免。对购买更加节能的充电式混合动力车者，给予最高达 7500 美元的税收抵免。①

特朗普执政后，为了鼓励制造业回归美国，进行了大幅度的减税。公司所得税方面的改革主要有：（1）联邦公司所得税实行 21% 的比例税率，取消超额累进税率。（2）废除公司最低替代税制。（3）允许企业除不动产外的资本性投资作费用化处理，一次性地在公司所得税前扣除，政策实施期限为 5 年，5 年以后可扣除的比例逐年降低。（4）规定企业亏损结转的限额和利息支出税前扣除的限额。（5）独资企业、合伙企业和 S 型公司等小企业实行所得减征 20% 的优惠。（6）实行属地征税原则，对美国企业控股超过 10% 的海外企业的股息红利所得给予免税。（7）跨国企业的海外利润汇回美国，按照低税率一次性征税。其中现金及现金等价物适用 15.5% 的

---

① 席卫群：《应对金融危机的税收政策评价与思考》，《税务与经济》2010 年第 3 期。

税率，非现金资产适用8%的税率。

（二）鼓励技术资本形成的财税政策

美国一直都非常重视科学技术在经济发展的推动作用，为此，不为遗力的鼓励社会从事技术的研究与开发。1981年出台的《经济复兴税收法》明确规定，高科技企业可以采取加速折旧，用于研发的新投资可以享受程度更高的投资抵免。

为了提高各方从事研究开发的积极性，允许企业向高等院校和以研究工作为目的的非营利机构捐赠的科研新仪器、设备等，作为慈善捐赠支出，在公司所得税前扣除。与贸易、商业活动或高新技术有关的研究或试验支出允许直接在公司所得税前扣除；高新技术产业研究开发用仪器设备实行快速折旧，折旧年限为3年。如果当年研发支出超过前3年的研发支出平均值的，其增加部分给予25%的税收抵免，该项抵免可以向前结转3年，后结转15年。[1]对于研发活动，除了给予税收扶持外，美国政府还通过财政补贴进行鼓励。2009年8月，政府对新型电动车及其电池、零部件的研发补贴24亿美元；对煤炭清洁利用方面的技术研发补贴20亿美元。在2005—2014年期间，政府提供了不超过50亿美元的援助用于研发，其中，洁能技术及新核能的研究开发得到了政府提供的贷款保证和补贴，煤炭清洁利用方面的技术研发得到了政府20亿美元的援助。

（三）鼓励人力资本形成的财税政策

美国一贯重视教育和人力资本的开发，特别是从里根到克林顿等几位总统都宣称要成为教育总统，不断增加教育投资。2000年，美

---

[1]　席卫群：《促进生产性服务业自主创新的税收支持体系探析》，《经济研究参考》2012年第9期。

国的教育投资约占 GDP 的 7%，在发达国家中位居首位。增加智力投资、改革教育体制、提高全民文化素质，是美国经济保持强大活力的重要因素。小布什执政时期，制定的改革教育体制目标是：地方政府在发展教育中应承担更多的责任并拥有更大的自主权，鼓励父母更多地参与子女教育并对学校有更多的选择权，增强对学校和教师教育质量的考核和监督，提高联邦政府的教育投资效率，降低大学生的贷款利率，资助低收入家庭子女入学等一系列措施。[①] 为此，美国在教育方面的税收优惠政策主要表现为：（1）个人教育支出享受税收优惠。在计算个人所得税所得时，所得的奖学金等不计入所得项目；纳税人接受职业教育、职业培训而发生的支出可从其所得中扣除；个人对教育科研机构的捐赠等允许税前扣除；教育贷款利息也允许税前扣除，并取消对学生贷款利息扣除的限制。个人或家庭对未成年子女的抚养和教育费用可获得税收宽免。另外，收入在 13 万—16 万美元之间的纳税人，高等教育费在 2000 美元以上的，超过部分可以税收扣除。同时可获得税收优惠的教育储蓄账户限额由 500 美元增加到 2000 美元。通过这些不同环节的税收优惠来达到鼓励个人继续教育及提高子女受教育程度。（2）鼓励社会捐助教育。教育和宗教机构开办的公司可免缴公司所得税，企业委托大学或科研机构进行某些基础研究，研究费用的 65% 可直接抵免公司所得税。企业对公益性事业的捐赠扣除未超过应税所得的 10% 可以税前扣除，超过部分允许后转 5 年。捐赠给大学或符合规定的研究机构，用于生物、物理和应用科学的教育、研究和科学实验的，可不受 10% 限额的规定。[②]

[①]　席卫群：《西方国家促进教育的财税政策与借鉴》，《涉外税务》2002 年第 2 期。
[②]　席卫群：《西方国家促进教育的财税政策与借鉴》，《涉外税务》2002 年第 2 期。

特朗普为了减轻个人的税收负担，在个人所得税方面又进行了力度较大的改革：（1）提高标准扣除额，单身申报的标准扣除额提高到 12000 美元，夫妻联合申报的标准扣除额提高到 24000 美元。（2）降低税率，在保留七档税率的同时调整不同档次的税率，其中最高边际税率降低了 2.6 个百分点。（3）提高个人最低替代税标准，单身申报的应税所得提高到 70300 美元，夫妻联合申报的应税所得提高到 109400 美元。（4）提高子女和抚养人口的税收抵免，子女税收抵免标准提高到每人每年 2000 美元，抚养人口税收抵免额为每人每年 500 美元。

二、日本提高资本形成效率的财税政策

第二次世界大战结束后，日本重振经济，进入经济高速发展阶段。但到 20 世纪六七十年代，失业率开始上升，劳动力的成本不断增加，社会投资下降，消费需求疲软，高耗能企业的粗放经营行为对环境造成了严重的破坏。为了保护环境，日本政府运用税收优惠政策和财政补贴等措施来鼓励、培育新兴产业发展，减轻石油化工、钢铁等行业过剩产能，促进产业结构的转型以提高资本形成的效率。

从 20 世纪 80 年代开始，日本逐步将法人税税率从 42% 减少到 2001 年的 30%，2015 年又降至 23.9%，2016 年、2017 年降至 23.4%，2018 年降至 23.2%。① 为了减少金融危机的冲击，2009 年 4 月 1 日至 2011 年 3 月 31 日期间，年所得不超过 800 万日元的中小企业适用的所得税率由 22% 降至 18%，2009 年 2 月 1 日起重新对中小

---

① 秦大磊：《供给侧改革模式与财税政策实施效应的国际借鉴》，《税务研究》2016 年第 9 期。

企业实行亏损退税政策。①

与此同时，积极运用财政手段鼓励节能环保产业的发展，促进产业结构的调整：

（一）财政补贴

自 2000 年以来，日本每年给予环保方面的补贴近 130 亿美元，其中生产废弃物再资源化的工艺设备可享受相当于生产、实验费 1/2 的补助；引进先导型能源设备的企业可获取 1/3 的补助，补贴金额上限为 2 亿日元。中小型企业从事有关环境技术开发的项目可申请研发费用 1/2 左右的补贴；生产企业采用高效使用技术可获得 2/3 的补贴，补贴金额上限为 1 亿日元。对太阳能发电设备安装成本给予 50% 的补贴。根据 2010 年 1 月推出的低碳型创造就业产业补助金制度，电动车用锂离子电池、太阳能电池、LED 芯片等战略性新兴产业也可以申请补助。

（二）低息或贴息贷款

针对 3R 化产品的开发项目和工业废物处理技术的研制，政策投资银行、国民生活金融公库等政策性金融机构提供低息或贴息贷款。从事循环经济研发、工艺改进、设备投资的企业可享受政策性贷款利率，融资比例为 40%；若向商业银行贷款，政府提供贷款担保。

（三）特别扣除

企业引进、安装国家指定节能设备的，其设备购置费可以在应缴所得税中扣除 7%，或者给予 14%—20% 不等的特别折旧率；购置的节能技术设备可以按 30% 的比率加速折旧。

---

① 席卫群：《应对金融危机的税收政策评价与思考》，《税务与经济》2010 年第 3 期。

（四）退税

对废弃物处理的设备除一般的退税外还给予特别退税。其中，废纸、废饮料瓶类制品再商品化设备制造业，废家电再生处理设备和生态水泥制造设备给予取得价格 25% 的特别退税；对购置废塑料制品分类再生处理设备的给予取得价格 14% 的特别退税。

（五）税收减免

允许节能开发技术抵免应纳所得税的 6%，减免公害防治设施的固定资产税，引进再循环设备的企业也享受固定资产税和所得税的减免。用水再循环设备的投资可以抵免其他产品的所得税。

此外，日本还大力扶持尖端技术的研发。2001 年 6 月，制定了《今后的经济财政运作以及经济社会的结构改革的基本方针》，设置专项资金来对尖端技术的研发进行补贴，对特定机械信息产业实施税收和金融优惠，降低利率水平，扩充中小企业贷款机构，设立新的公共资金制度。2009 年至 2012 年期间，法人税允许的研发费用抵免比例从 30% 提高到 40%，不足抵免结转的期限由 1 年延长到 3 年。

与此同时，日本积极运用税收政策提升人力资本效率。2001 年，个人所得税最高税率由 50% 下降至 37%，免征额由 300 万日元提高至 330 万日元。与此同时，降低继承税与赠予税税率；上调保险费，建立起可持续的养老金。[①]

三、德国提高资本形成效率的财税政策

20 世纪 90 年代东西德统一后，由于劳动密集型产业转移和劳动

---

① 秦大磊：《供给侧改革模式与财税政策实施效应的国际借鉴》，《税务研究》2016 年第 9 期。

成本上升等因素，德国面临产能过剩、经济衰退、结构失衡的严峻形势。其中，1992—1994 年的通货膨胀率分别为 5.1%、4.5% 和 2.6%，连续三年超过联邦银行规定的 2% 的警戒线，同时失业率也在 1997 年最高攀升至 9.8%。[1] 为了促进经济的发展，德国针对性地采取相关措施，着力于鼓励人力资本投资、扶持中小企业和控制货币供给。为此，积极整顿财政，压缩开支，实施《减税法》。

为了推进产业结构的升级，德国对钢铁、煤炭、造船、纺织等产能过剩部门进行调控，严格控制财政补助金，压缩生产、人员和设备；对农业、采煤等有战略需求的部门采取有目的的保存；大力推动电子、核电站、航空航天等新兴工业的发展，努力推广汽车、纺织等产业的自动化生产技术，将制造业的产能利用率由 1982 年的 75% 左右提高到了 1989 年的约 90%。[2] 与此同时，对企业在环保方面的支出给予税收优惠。其中，企业安装的环保设施允许加速折旧，提高折旧比例，并免征三年环保设施的固定资产税；企业生产的减少环境危害的产品可免缴消费税，2009 年购置或生产的固定资产实行 25% 的余额递减法计提折旧。[3]

为了鼓励和扶持中小企业的发展，德国还专门设立了专项基金来资助中小企业的研发投入。

在人力资本形成方面，德国也采取了一系列的财税鼓励政策。施罗德政府自 1998 年执政以来，在教育方面采取了一系列重大举措：（1）提高对财力较弱的市镇教育基础设施方面的投资，以缩小地区

---

①　贾康、张斌：《供给侧改革：现实挑战、国际经验借鉴与路径选择》，《价格理论与实践》2016 年第 4 期。

②　王秋波、魏联合：《德国的供给侧改革》，《政策瞭望》2016 年第 4 期。

③　席卫群：《应对金融危机的税收政策评价与思考》，《税务与经济》2010 年第 3 期。

之间基本公共服务领域的差距。（2）给予孩子津贴。政府每月对有孩子的家庭发给孩子津贴。如果孩子在 19 岁到 27 岁还没有正式工作，父母仍可以得到孩子津贴，如果孩子服役，可以延长到 28 岁。（3）领取培训资金。孩子上大学后，如果其父母的月毛收入达不到最低收入标准，父母可以每月从政府部门那里领取培训资金补助。（4）重视从业者的培训和再培训。对从业者给予全时或部分时间参与培训的资助，如果有关人员日后独立开业，政府提供的借款还可以免予归还。① （5）降低个人所得税和工资税的累进税率，提高免征额度，基础免税额从 2016 年的 8652 欧元增加到 2017 年的 8820 欧元，2018 年继续提高到 9000 欧元。②

通过这些措施，德国 80% 以上的中小企业管理者受过高等教育，90% 以上的技术人员受过大专以上教育，90% 以上的职工受过培训。③

四、英国提高资本形成效率的财税政策

20 世纪 80 年代，英国经济低迷。为了重振经济，英国采取了一系列经济改革。

为了减轻公司的税收负担，撒切尔执政时期把公司所得税率由52% 逐年减少到 35%。为了促进中小企业的发展以及营造公平竞争的市场环境，政府还把小企业的公司税税率由高位时的 40% 减少到1990 年的 29%。从 1999 年起，英国又逐步调低公司所得税税率，2012 年为 24%，2013 年为 23%，2014 年为 21%，2015 年为 20%，

---

① 席卫群：《西方国家促进教育的财税政策与借鉴》，《涉外税务》2002 年第 2 期。
② 景婉博、于雯杰、刘翠微：《国际财税政策动态及其要点——聚焦德国、日本、韩国、巴西的财税新政》，《财政科学》2017 年第 4 期。
③ 席卫群：《西方国家促进教育的财税政策与借鉴》，《涉外税务》2002 年第 3 期。

2017 年降至 19%，2020 年将降至 17%。

为了鼓励中小企业的发展，出台了一系列税收抵免和补贴计划。从 2001 年起，政府每年拿出 5000 万英镑建立能源效率基金，一个项目最多可以申请 10 万镑；企业进行研发节能技术和购置节能设备的，可以申请零利率贷款。

为了迎头赶上，英国政府还积极鼓励各种形式的风险资金向高科技项目投资：（1）实施和扩大"企业扩大计划""个人权益投资计划"和"免税特种专款"等，鼓励各种风险资金投资于科技开发公司。（2）通过清算银行发行"国家科技开发债券"，对获得英国工贸部奖励的科研项目进行投资。（3）成立科技开发投资公司，通过发行股票和企业债券筹措资金。企业债券属于可兑换债券，允许债券持有人将债券兑换成科技开发公司的股票。（4）对投资者从中小型科技开发公司取得的资本增值收入，给予减轻资本收益税的优惠。①

为了减轻家庭的子女教育负担，鼓励人力资本的投资，英国发放免税儿童福利补助，并从 2001 年 4 月起推行针对孩子的税收抵免。16 岁以下孩子的税收抵免为每周 8 英镑，但不得超过父母应税收入的 10%；如果父母一方收入超过高税率的起征点，每超过 15 英镑，孩子税收抵免就减少 1 英镑；离异夫妇经过协商后，孩子税收抵免可由一方享受，双方也可根据与孩子居住时间长短进行分配。此外，父母向 18 岁以下子女或 18 岁以上但仍在上学的子女进行赠予可享受赠予税的免税。②

---

① 席卫群：《部分（地区）促进风险投资发展的财税政策及借鉴》《涉外税务》2001 年第 9 期。

② 席卫群：《西方国家促进教育的财税政策与借鉴》，《涉外税务》2002 年第 2 期。

　　与此同时，为了进一步减轻劳动者的税收负担。撒切尔执政时期将个人所得税的基本税率从 33% 减到 30%，进而又减到 25%；最高税率也从 83% 减少到 60%，进而又减到 40%；同时把个人所得税扣除标准由 8000 英镑提高到 1 万英镑。2008 年 12 月 1 日至 2009 年 12 月 31 日期间，社会保障税的免征和减征收入额的上、下限进一步提高，其中雇员的免征额由周薪 90 英镑提高到 95 英镑，自由职业者的免征和减征收入额由年所得 5345—40040 英镑提高到 5715—43875 英镑。2013 年起个人所得税的免税额增加 1 万英镑；2015 年开始提高个人津贴扣除标准，2016 年提高至 10600 英镑。

五、借鉴

　　从上述介绍可知，尽管发达国家提高资本形成效率的做法各不相同，但归纳起来，仍有经验可供我国借鉴。

　　（一）建立或修订相关法律法规

　　发达国家法制比较健全，因此在运用财税政策提升资本形成的效率时，首先是制定或修改相关法律，无论是美国的《经济复兴税收法》《美国复苏和再投资法案》等，以及德国的《减税法》，都是根据经济的发展变化进行制定或修订，以保证政策出台有法可依。

　　（二）财税政策手段多样

　　发达国家运用财税政策时，往往灵活地将财政补贴、低息或免息贷款、税收抵免、降低税率、加计扣除、特别折旧、调整免税扣除等手段结合起来，有针对性地实施。

　　（三）财税政策有所侧重

　　尽管发达国家在不同阶段面临的问题不同，但近三十年来，各国财税政策都着力于产业结构的转型，引导节能环保产业的发展，扶持中小企业的发展，鼓励尖端技术的研发，降低人力资本投入的税收成本，努力提高资本形成的质量。

第二节　其他金砖国家提高资本形成效率的财税政策与借鉴

在经济发展的道路上，金砖国家表现亮眼，经济竞争力持续上升，成为全球最大的新兴市场国家，保持着比较强劲的经济增长速度，运用财税政策提高资本形成效率的做法可圈可点。

一、俄罗斯提高资本形成效率的财税政策

1991 年苏联解体后，俄罗斯经历了一段过山车式的大滑坡后，重整旗鼓，从计划经济转型为市场经济。目前，俄罗斯是全球第一大天然气出口国和钯、铂、钛的第一大出产国，以及第二大石油出口国，是资源丰富的大国。但是，资源的丰腴却导致经济的增长过度依赖能源和原材料，特别是油气出口。为了提高经济的抗风险能力，俄罗斯大力推行经济结构的调整，努力减少对能源行业的依赖程度，提高资本形成的质量，尽可能促进经济的稳定增长。

在普京的第一个任期内，他适时推出了"国家重点工程"，明确2006 年用于国家重点工程的支出为 50 亿美元。其中，对教育工程和农业工程的支出分别增加 30%。2008 年 11 月 17 日批准的《俄罗斯联邦至 2020 年长期社会经济发展构想》提出财政政策目标为：增加用于消除基础设施和制度性障碍的国家支出，为经济的创新发展、提

高居民生活水平和质量创造条件；用于人力资源发展的预算支出将从 2007 年 GDP 的 8.6% 增加到 2020 年的 11%—11.7%；用于社会政策的支出要从 2007 年占 GDP 的 8.2% 提高到 2020 年的 9%—9.8%；为了实现经济现代化和取消基础设施限制，国家投资总量要求保持不低于 GDP 的 4% 的水平；增加用于基础和应用科学研究的国家支出，从 2008 年占 GDP 的 0.7% 提高到 2020 年 1.3%。总的来说，用于发展和创新的预算到 2015 年约占 GDP 的 14%，2020 年增加到 14.2%—15%。[1]

另外，俄罗斯政府于 2010 年批准了 2011—2013 年的税收政策基本方向，决定免除所有科学、教育和卫生领域企业，包括商业机构的利润税，税收优惠期限到 2020 年；纳税人使用节能设备允许免除三年的财产税，用于制造科技产品的设备实行零财产税率；开展创新工作的纳税人的保险缴费总税率在 2015 年前（个别纳税人在 2020 年前）降至 14%。

二、巴西提高资本形成效率的财税政策

巴西是拉丁美洲的经济发展大国，曾经是一个石油资源相对短缺的国家，能源严重依赖进口。但到 2006 年，巴西却实现了能源独立，在新能源领域走在世界前列，成为世界上第二大乙醇燃料生产国和第一大出口国。这一巨大的转变主要归功于长期实施的国家发展乙醇计划，不遗余力地发展以生物燃料为主的新能源产业和大量盐下层油田的开采。

---

[1]　郭连成：《俄罗斯财税政策及其影响》，《俄罗斯东欧中亚研究》2013 年第 5 期。

早在 1975 年，巴西就启动了发展乙醇计划，为甘蔗的种植提供补贴，强制要求大中城市的加油站提供乙醇，并积极研发以乙醇为燃料的车辆发动机。到 20 世纪 80 年代初，巴西国内销售的车辆有 85%使用了乙醇燃料。2004 年，巴西正式将生物柴油的发展列入日程，提出了国家生物柴油生产和使用计划，在全国 23 个州建立了生物柴油技术开发网络，以法律的形式规定燃料油必须强制性添加一定比例的生物柴油。

在生物能源的发展取得成功后，巴西又开始大力鼓励风能的发展，制定了管理风电场发展的政策。国家电力公司 Eletrobrás 与风电场签订了 20 年的购电协议，价格极具竞争力。从 2005 年 1 月开始，法律要求风电场设备和服务总投资的 60%必须在巴西国内采购，2007年后，比例提高到 90%。[①]

在巴西的经济改革过程中，还非常重视教育投资，并专门制定国家教育计划。宪法明确规定联邦政府最少将全部收入的 18%、州政府和市级政府将收入的 25%投资于教育，目前教育投资占 GDP 的6.2%，根据教育计划，到 2024 年，至少 GDP 的 10%将投资于教育。2016 年国会批准的教育预算为 998 亿雷亚尔，2017 年教育预算比2016 年增长 7%，增加大约 90 亿雷亚尔。[②]

三、印度提高资本形成效率的财税政策

印度是世界上人口第二大国，为了鼓励经济发展，印度政府积极

① 《巴西发展新能源启示录》，《中国科技财富》2010 年 1 月 8 日。
② 景婉博、于雯杰、刘翠微：《国际财税政策动态及其要点——聚焦德国、日本、韩国、巴西的财税新政》，《财政科学》2017 年第 4 期。

运用财税政策扶持产业发展，取得了卓有成效的成绩。其中信息产业和医药产业得到飞速发展，已在国际上处于先进水平，实现了 20 年来平均每年 5.6% 的经济增长速度。

自 20 世纪 80 年代中期以来，印度历届政府都把发展信息技术产业，尤其是软件产业置于优先地位。专门组建了信息技术部和国家信息技术特别工作组，制定了《计算机软件出口、开发和培训政策》和《信息技术行动计划》，电子部软件发展局每年安排一笔专款用于开拓国际市场，并形成了完整的财税支持体系。

（一）给予税收优惠

1. 所得税减免

为了鼓励出口，印度的《所得税法案》规定，企业新生产的产品如果全部出口，出口收益可获得所得税 10 年全免的待遇。从 2003 年 4 月 1 日起，90% 的出口收益给予所得税减免，优惠政策在 2012 年 4 月 1 日已到期。自 2005 年 4 月 1 日开始运营的经济特区内的制造业和服务业企业，前 5 年出口利润所得税全免，后 5 年减半。如果利润留在经济特区，还可以延长五年优惠。

2. 加速折旧

企业购买的计算机及其软件第一年允许按照账面价值的 60% 计提折旧。

3. 降低关税

1995 年起，所有软件产品的进口关税率降到 10%，硬件产品的进口关税率降到 40%—55%；2000 年，计算机成品和零部件的进口关税率分别降为 15% 和 0。此外，信息技术软件的进口还免征基础关税。

4. 消费税减免

一般电子产品里的套装软件征收 8% 的消费税，但按客户需求量身设计的软件和从网上下载的软件免消费税。

5. 服务税减免

对计算机软硬件工程师提供的咨询服务和计算机软件设计和开发相关的商业附属服务免征服务税。

（二）投资建立软件技术园区，加强信息基础设施建设

为了促进计算机软件产业的成长、鼓励软件的出口，印度政府于 1987 年正式推出了软件技术园区计划，并于 1991 年 6 月在班加罗尔创建了第一个软件技术园区，以优惠价格向企业提供工厂和办公大楼，并提供网络、孵化中心、数据通信、电力、供水等方面的优良设施和发展环境。目前，印度政府已在全国建立了 51 个软件技术园，铸成软件产业的"孵化器"。

为了提高数据传输的速度，1991 年印度投资兴建微波通讯网络，推行"电信港"计划（由高宽带通讯设施、跨国通信网络、数字交换与传输设施、卫星地面站所组成的网络系统），允许各软件人才培训公司、教育公司、IT 人才培训公司使用卫星和基于网络的有线电视。所有在全国性网络中枢计划的投资视为对基础设施的投资，享受财税优惠。①

（三）大力发展风险投资基金

为筹集软件产业的发展资金，1986 年财政部拨款 1 亿卢比成立了印度第一家风险投资基金，之后每年增拨 1 亿卢比资金。1998 年 7

---

① 刘喜丽：《印度：产业政策支持软件突起》，《中国电子报》2011 年 12 月 2 日。

月，印度政府又提供 10 亿卢比资金设立了金融风险基金。此外，还对风险投资基金公司实行特殊的所得税优惠政策。政策的引导收到了良好的效果，据统计，进入印度的风险投资从 1998 年的 1.5 亿美元，提高到 1999 年的 3.2 亿美元、2000 年的 10 亿美元。[①]

（四）重视能源基础设施的投资

印度非常重视能源基础设施的投资。在第 10 个五年计划（2002 —2007 年）期间，印度投资了 1.7 万亿卢比（约合 354.2 亿美元），用于发展和改善能源基础设施。"十一五"（2007 —2012 年）期间，向煤炭、石油、核能、水电和其他新能源领域投资了 1000 亿美元。除了直接投资外，印度还对新能源给予价格补贴。计划在资金方面补贴约 10 亿美元，补贴力度为 0.07 美元/瓦，以增加可再生能源能力 15000 兆瓦。截至 2008 年 4 月，印度对 1 兆瓦联网风能的补贴达到 62.5 万美元，1 兆瓦联网小型水力的补贴则为 37.5 万美元，联网的太阳能电力也给予了补贴。此外，印度还运用税收优惠来激励再生能源的发展。免除了风电设备制造业和风电业的增值税，通过认证的企业为技术研发所采购的国产物品免税，风电整机设备的进口在关税方面享受 25%的优惠，允许安装风力发电的基本设备加速折旧，企业的研发费用和支付给科研机构的研发费用允许 100%的税前扣除以及所得税免税。

四、启示

（一）在促进资本形成的过程中，政府处于主导地位

在经济的发展过程中，金砖国家都积极发挥政府的主导作用，通

---

① 刘喜丽：《印度软件产业财税支持政策探析》，《北方经贸》2012 年第 2 期。

过制定产业计划来积极引导，充分运用财税政策进行调节，通过直接投资或运用财政补贴、优惠贷款和税收优惠等方式，提高资本形成的质量，实现经济结构的调整和优化。

（二）财税政策激励形式丰富

金砖国家灵活运用各种财税政策，如直接投资、财政补贴、政府采购、税收减免、税前扣除、加速折旧等手段，引导资本投资经济发展过程中的优先产业，如基础设施、信息产业、新能源产业等，以期达到财税政策激励作用的最大化。

第七章 构建合理的财税政策，促进我国资本形成效率的提高

基于资本资源错配的现实，在综合要素率（技术进步贡献率）偏低情况下，经济的增长应逐步由物质资本刺激为主转变为人力、技术资本投资为主导，提高资本形成的效率，促进经济的可持续发展，因此应充分发挥财税政策的收入效应和替代效应，构建基于物质资本、人力资本、技术资本三个维度的调控资本形成效率的财税体系。

第一节 构建合理的财税政策应遵循的原则和目标

一、遵循的原则

长期以来，我国通过构建一系列的财税政策来调控经济。为了进一步发挥财税政策的效果，提高资本形成的效率，应进一步加强规划，统一安排，为此，本书认为可遵循以下原则：

（一）分清政策主次，分类施策

在促进资本形成的过程中，财政政策和税收政策都可以起到较好的激励作用，但它们又各具特点，具有不同的适用性。国际经验来看，西方发达国家对企业的激励模式经历了一个由"政府主导型"

向"市场主导型"的过渡过程，政府对企业的财政补贴力度并不是很大，更多的是通过实施税收优惠政策激励资本形成效率的提高。总体上讲，税收优惠的效应要优于财政补贴的效应。税收优惠较之于财政补贴，覆盖面广，企业受益的程度取决于自身行为，在一定程度上可以纠正市场中政府失灵行为；相对来说，财政补贴是政府的直接干预，与企业的努力关联度不大。因此，在促进资本的形成和效率提高的过程中，采取税收优惠为主、财政政策为辅的政策体系更为合理。一方面，调整财政补贴的管理办法，根据补贴对象的发展特点分段发放补贴资金，可分为初期、中期和项目结题后发放，也可以采用事后补助的方式，减少和控制企业利用虚假项目或蓄意夸大项目等手段来骗取财政补贴的现象。另一方面，可以通过政府购买方式，对需鼓励和扶持的资源和技术进行政府购买，提高财政政策的效果。更重要的是用好税收优惠政策，根据产品特征和产业特征量身定做，对固定资本占比较大的产业，可以实行资本折旧式的税收政策；对流动资本占比较大的产业，可以从产品价格的角度实行减免。

（二）统筹规划

企业生产经营过程中涉及多个税种，其中增值税、消费税、企业所得税对企业的影响最大，因此，税收政策的调整应统筹规划，根据各税种的特点进行调整，提高政策间的协调，从而形成合力。与此同时，财政政策的运用也要根据企业和行业发展的阶段进行规划。在行业或企业的发展初期，财政补贴政策往往承担着推动行业或企业发展的主要动力来源，但是随着资本大量注入，容易出现生产成本居高不下，供给大于需求，产品质量参差不齐等现象，在创新力度不足的情况下，将导致相关行业或企业处于一种进退两难的境地，这时财政补贴等政策就应及时退出。财政政策的制定不是直接干预企业的运行，而是充分掌握行业和企业在发展过程中存在的阻力因素，比如融资不足、公共服务不完善、还是外部劳动力市场出现错配等，在此基础上，针对这些阻力因素客观制定财政补助政策。

（三）保持政策的长期性

近些年来，为了应对日益复杂的经济社会形势，我国财税政策调整频繁，虽然说明政府反应迅速，但也干扰了企业的投资和决策预期，加大了企业掌握政策的难度，影响了财税政策作用的发挥。因此，应适时优化有优惠期限和优惠标准的税收政策，减少不必要的调整，提高企业的投资预期。

（四）实行区别对待，突出重点

不管是传统经济增长理论还是新经济增长理论，财政政策都是推动经济发展的一种制度安排，对于鼓励企业创新，提升产业比较优势，具有非常重要的意义。戴翔（2015）利用世界投入产出数据库提供的世界投入产出表，发现我国劳动密集型制造业拥有较强的出口竞争能力，资本密集型制造业虽然还没有显著的比较优势，但已由"弱比较劣势"临界水平向"中性比较优势"阶段发展。不过知识和技术密集型产业领域，目前比较劣势还十分显著，与发达国家相比还有相当大的差距。[①] 因此，财政政策的调整应区别对待，应着力于鼓励高科技制造企业，鼓励企业研发，提高我国高端制造企业的国际竞争力；而对那些长期享受大额财政补助政策，但一直以来绩效情况不明显的行业，应停止或者减少财政补助。

---

① 戴翔：《中国制造业国际竞争力——基于贸易附加值的测算》，《中国工业经济研究》2015年第1期。

二、优化财税政策的目标

财税政策不是万能的，为了提高资本形成的效率，必须选准目标、找准行业以及分清阶段，保证政策实施的效果。要充分评估政策受益对象：一是受益产业企业应属于初创期，中后期的成熟产业项目不应该纳入财税政策扶持范围；二是政府对产业的扶持带来正效应，通过财税政策所带来的社会效益应大于所支付的政府补助成本，从而能够实现社会整体效益提高；三是受益对象属于产业链的龙头位置，它的成长具备典型示范效应，具备较好的经济效益和社会价值，对提高整个产业竞争力或者国际竞争力有显著作用。

（一）财税政策扶持应倾向于主导性产业

主导性产业是经济发展中的主要力量，该产业生产的产品属于供给和需求的中心位置，该产业依靠自身科学技术进步能力辐射到其他产业，具备引领发展的功能。因此，政府对主导性产业进行财政补贴和税收优惠的支持，可推动企业加大投资力度，进行设备更新改造和技术升级，从而提高企业生产率，带动其他相关产业的发展。通过这种前拉后推的功能，将新技术扩展到整个产业链，引领整个产业技术的更新，带动产业结构升级，最终提高资本的形成效率。

（二）财税政策的扶持应倾向于技术创新领域

内生增长理论业已证明财政政策对技术创新领域扶持的重要性。因此，一方面，通过构建技术创新领域的财政扶持体系，通过制度的形式加强财政投入和税收优惠政策的制定，持续关注技术创新领域，比如高端制造计划、新一代信息技术、绿色低碳和数字创意等等。另一方面，要聚焦技术创新人才的培养和活力的发挥。财政对技术创新领域的支出重点是增加人力资本投资，释放管理人员、科学研发人才的活力。另外，我们还要加快推进科研经费管理制度改革，提高科研人员参与技术创新的积极性。

（三）财政补贴应打破企业性质

当前我国税收政策基本上已实行国民待遇，不论企业性质同等对待，但财政补贴在实施过程中还存在区别对待现象，国有企业所获得的财政补贴水平要高于非国有企业。因此，应打破"国有"和"非国有"的补贴范畴，改变分条分块局面，提高技术创新的协同效应；开放垄断领域，增强市场竞争程度，鼓励民营企业和外资参与国有企业"把持"的公用事业领域的市场经济活动。通过发展壮大中小企业经营能力和经济效率，提高资本形成效率。

第二节　引导物质资本流向高端、高品质产能的财税政策安排

作为一国的经济主体，制造业在提升国家竞争力中发挥着重大作用，而制造业的发展离不开现代服务业的配合。作为经济发展的重要产业和制造业的黏合剂，现代服务业的发展是产业结构高度化和经济服务化的结果，是生产力发展水平的一个重要标志。改革开放40年来，我国制造业和现代服务业的发展取得了瞩目的成绩，我国已经成为世界规模第一的制造业大国，现代服务业也形成了一定的规模。但是，制造业大而不强，现代物流、金融、保险、计算机数据服务等知识技术密集型的生产服务业在国际市场上的竞争力还很薄弱。在2013年至2014年，工信部联合中国工程院、国家质检总局开展了"制造强国战略研究"重大咨询研究项目，构建了制造业评价体系，

该体系由规模发展、质量效益、结构优化、持续发展等 4 项一级指标、18 项二级指标构成，并将全球主要制造业国家分为三大阵营。2012 年美国的综合指数是 156，日本、德国分别是 121、111，中国是 81（2016 年提高到近 90 左右）。在世界制造业排名中，我国处于第三方阵，与第二方阵有较大差距。① 近年来，我国制造业增加值率仅为 21.5%，远低于工业发达国家 35% 的平均值，在全球产业链条中处于相对较低的分工地位。②因此，充分发挥财税政策的导向扶持作用，引导物质资本流入高端制造业和现代服务业，是把握现代服务业的后发优势、提升制造业的竞争能力、提高资本形成效率促进经济发展的关键。当然，在引导和扶持的过程中，不限于大企业，对中小企业更要大力鼓励。

一、提高财政政策的引导作用

运用财政资助手段，鼓励传统制造企业将副业剥离，科技服务、现代物流、国际贸易、金融等生产性服务业等由社会来发展，推进专业化分工。整合财政专项资金和存量资金，重点支持各项公共服务平台的建设，完善金融、网络信息、现代物流等配套产业和服务体系；安排电子商务专项资金，大力推行电子商务试点。③

运用财政担保、贴息等手段，缓解制造业和现代服务业融资难问题。完善贷款抵押机制，尝试推行信用担保、商标担保等方式，尽快

---

① 许召元：《中国制造靠什么实现"弯道超车"》，国研网。
② 周民良：《积极加快制造强国建设：国际环境、国内要素与政策匹配》，《经济纵横》2016 年第 4 期。
③ 席卫群：《促进现代服务业发展的财税政策重构：基于国际比较视野》，《赣江财税论坛》，经济科学出版社 2015 年版。

形成较为成熟的知识产权质押贷款模式。鼓励信用担保机构的发展，财政上安排中小企业信用担保资金和中小企业金融服务专项资金，对符合一定条件的中小企业，根据其前3年或5年的累计纳税规模，由中小企业信用担保机构提供担保，给予企业相应规模的贷款。①

发挥创业投资引导基金作用，吸引社会资本对中小企业投资扶持。中小企业是推动经济发展的重要一极，尤其是高成长型、创新型中小企业，孕育着未来的经济增长点。对中小企业的扶持，应当遵循市场规则，发挥政府创业投资引导基金的引导和放大作用，吸引社会资本挖掘和培育具有成长潜力的中小企业。放大后的创投基金在向中小企业投资时，资金金额通常较大。通过引导基金在创投基金中不占控股地位。由社会资本挖掘企业并决策投资，可以利用市场的智慧，将资金配置到最有发展潜力的中小企业群体。同时，企业获取政府基金的投资后，提升了融资信用，可吸引金融机构和社会资本加大投资，进一步放大财政资金支持企业融资的作用。

完善政府采购，鼓励各级政府采购国产商品，规定国产通用软件政府采购比例下限，明确政府采购合同份额的一定比例必须给予小企业，并要求大企业将政府采购合同份额的规定部分比例转包给小企业。②

对大型骨干企业，重点是扶持其不断提升核心竞争力，巩固在行业中的龙头地位。由于大型骨干企业资金实力雄厚，因此，对企业实施零散的项目补助和有限的基金投入只能是"锦上添花"，起不到关

---

① 席卫群：《促进现代服务业发展的财税政策重构：基于国际比较视野》，《赣江财税论坛》，经济科学出版社2015年版。

② 席卫群：《促进现代服务业发展的财税政策重构：基于国际比较视野》，《赣江财税论坛》，经济科学出版社2015年版。

键性的扶持作用。根据大型骨干企业的特点，政府补助政策可与企业的税收贡献能力挂钩，实施政策刺激，引导大型骨干企业筹划税收，拢聚税源。充分利用好政府安排的财源建设资金及相关的配套资金，支持和推动大企业的项目建设，增强政府财源经济的发展战略思路。结合大企业税收贡献规模、税收增长贡献度等指标，对企业实施差别化的财源政策，进一步调动各类大型骨干企业发展创收的积极性。

二、进一步优化税收制度，提高改革的效应

近年来我国积极调整税收政策，如营改增的完成，增值税的税率由四档调整为三档并下调税率，小规模纳税人年销售额标准提高到 500 万元，对装备制造等先进制造业、研发等现代服务业符合条件的企业和电网企业在一定期限的进项留抵税额，予以一次性退还；企业所得税小微企业所得减半征收标准的提高、资本费用化处理的门槛调整、境外所得税投资抵免政策的调整；以及大力减少行政许可审批权和行政性收费，降低社会养老保险缴费率等措施，在一定程度上改善了企业的营商环境。为了实现由制造大国迈向制造强国的目标，还需进一步完善税制，加大减税降费的力度，改善营商环境，提高我国企业的竞争力。

（一）继续深化增值税改革

在当前服务业涉及增值税不同税率的情况下（比如交通运输业 10%，物流辅助 6%），为减少多档税率的困扰，应鼓励企业将处于辅助地位的生产性服务业从主业剥离出来，推进服务业的专业化分工，切实享受"营改增"带来的实惠。同时利用好增值税的简易计税方法和即征即退政策，进一步加大对现代服务业的投入，通过服务业的

发展进一步促进制造业减税效应的发挥。在推动制造业产业升级的过程中不断深化生产性服务业的发展，通过服务业与制造业的融合发展来推动经济发展的新增长点。

与此同时，进一步加快增值税税率优化进程。继续适当降低制造业和相关服务业（如交通运输、建筑等）以及能源产品的增值税税率，并最终将税率合并为两档；参照亚太水平，[①] 结合我国税制结构的特点，建议增值税标准税率调整为 12% 和 5% 两档，同时保持简易计税的 3% 征收率。

（二）进一步完善企业所得税

虽然在前文测算的 2008—2015 年期间的固定资产承担的所得税负中，制造业的资本使用成本低于餐饮业、采掘业、房地产业、批发零售贸易业，在资本承担的所得税负中，制造业低于电力、燃气、水生产供应业和建筑业，在 6 个行业中属于中间水平（由于数据的可取得性，未测算现代服务业的资本使用成本和承担的所得税负），但由于我国现行制造业资本使用成本（除个别省份）超过了临界点，资本承担的所得税实际税率仍偏高，因此，未来还应进一步完善企业所得税，继续降低制造业资本承担的所得税负和资本使用成本以鼓励企业投资。

1. 适当降低企业所得税的名义税率

随着国际税收竞争的日益加剧，各国竞相改革，降低税率、鼓励创新，导致世界上公司所得税税率普遍呈现下降趋势，税率趋同性日

---

① 21 个亚太经合组织成员中，有 18 个国家和地区开征增值税（文莱、中国香港和美国除外）。除中国外，其余 17 个实行增值税的成员国和地区的平均标准税率为 11.15%。其中日本 8%、新加坡 7%、泰国 7%、韩国 10%、印度尼西亚 10%、菲律宾 12%。席卫群：《流转税对居民消费影响的实证分析》，《学海》2014 年第 2 期。

益明显。根据毕马威会计师事务所的数据，全球公司所得税的平均税率（包括地方所得税等税率）从 2006 年的 27.5%下降到 2015 年的 23.7%（我国位居第 63 位），其中欧盟 28 个成员国的公司所得税平均税率由 2006 年的 24.83%降到 2015 年的 22.1%，OECD 成员国由 2006 年的 27.67%降到 2015 年的 24.8%。特朗普税改后，美国公司所得税率由 35%下调到 21%，又有一些国家跟进，全球公司所得税率水平还有下降的趋势。因此，与世界水平相比，我国企业所得税名义税率有下降 2—3 个百分点的空间。

2. 适当扩大低税率的适用范围

目前我国对符合条件的小微企业的所得税优惠政策经常调整，还不如直接将税率降到 10%，并采用《中小企业划型标准规定》界定企业所得税小微企业标准，保持政策的稳定性，以便于企业操作。此外，国家重点扶持的高新技术企业和技术先进性服务企业适用 15%低税率的条件高，在实际操作中难度大，受益面并不广；再加上西部大开发政策以及比照该政策地区符合条件的企业享受 15%税率，导致政策复杂，地区税收竞争激烈。因此，建议统一和扩大 15%低税率的条件，尽量将中小制造企业和服务业都纳入此范围，提高资本的收益率。

3. 适当扩大融资费用的税前扣除标准

在前文资本使用成本和所得税负的测算中，隐含的一个假设是制造业都是向银行贷款或发行债券。但在实际融资中，企业的资金来源除了这两种方式外，还有相当一部分是通过其他方式筹措的，如企业内部职工集资、企业之间互相借贷甚至 P2P。对于民营企业来说，能够从银行申请到贷款的可能性很低，据中国人民银行公布的数据，民营企业得到的贷款占全国银行贷款的总量不到2%，通过发行股票融资的民营企业占我国上市公司的比例不到9%。① 所以民营企业的资金主要来源于自筹，或者通过民间融资方式取得，但通过这些渠道取得资金的代价大，其利息费用一般高于同期金融企业贷款利率。根据现行政策，高出部分的利息是不能税前列支的，要承担企业所得税；如果是用留存利润筹资，也没有利息扣除，同样增加了企业所得税。这也是那些资产负债率高的省份为什么所得税后收益率低，进而资本承担的所得税负高的原因。因此，为了鼓励民营企业的发展，建议适当提高融资费用税前扣除标准，缓解民营企业融资贵的问题。

4. 进一步扩大资本费用化的力度

资本费用化政策的调整极大地调动了企业投资的积极性，但对于我国急需发展的高端和先进制造企业而言，购买的设备单价往往不止500万元。因此，建议对属于国家鼓励的制造业购置所需仪器设备的单位价值提高到1000万元，甚至允许全部作为费用一次性税前扣除，以鼓励企业投资。

5. 进一步消除股息红利的重复征税，鼓励直接投资

随着税收政策的调整，我国目前实际上只有个人投资者从非上市公司取得的股息以及持有上市公司不足一年股票所分得的股息存在重复征税，因此逐步缓解直至消除股息重复课税问题，有利于促进民间投资，优化市场资源的配置。一般消除股息重复征税有三种方法：

一是采用免税法，对个人股东取得的股息收入免征个人所得税。

① 《中国私有企业融资问题研究》，见 http：//www.eliu.info。

这种方案相对来说影响较小，容易实行，有一定的基础，而且股息重复征税也得到消除。二是股息扣除法，即允许企业支付给股东的股息在企业所得税前扣除，实际把股息当成支付的利息，也能消除重复征税现象，但企业需要进行会计调整。三是抵免法，允许在个人股东就取得的股息计算个人所得税时，股息承担的企业所得税可以全部或部分抵免。这是大多数国家采用的方法，对财政收入的影响小，但是就我国现行的征管条件来看，实际征管成本会比较高。

就目前情况看，实现免税法比较适宜，对财政收入的冲击也不大。外国投资者和国有股、法人股股东取得的税后利润已经免税，而个人股东取得的股息是非常有限的。因此就个人取得的股息征收个人所得税，财政收入意义并不大。反之，实现免税还可在一定程度上鼓励投资者长期投资。

实行免税法后，消除了股息重复征税，使得投资者的税收负担趋向于合理，不仅鼓励直接投资，有利于资本的形成，而且减少了税收逃避动机，最终将有助于税收征管。

随着条件的成熟，比如个人财产登记制的完善、征管力量的提高和我国资本市场发育的基本成熟、可考虑实行抵免法。

（三）适当改革其他税种

可考虑适当降低城建税的税率；进一步完善企业资产重组中的印花税、契税等相关税种的优惠政策；适当降低城镇土地使用税适用税额标准；配合个人所得税的改革，在提高费用扣除标准和增加专项扣除的基础上，完善股票期权所得税政策，加大对高端制造和现代服务业人才的所得税激励效果。

三、灵活运用政策组合拳，进一步降低企业的综合成本

企业在生产经营过程中有很多成本，税收成本仅是其中的一项，此外制度性成本、收费成本、财务成本、社会保障成本、电力成本、物流成本等都极大地影响着企业的经营效益。目前我国制造业成本与美国相比，除了劳动力成本尚有一定优势，能源成本、融资成本都比美国高，而且原材料成本、物流成本、制度性交易成本等也面临着沉重负担。财政部和发改委对娃哈哈集团及所属企业的缴费情况进行核实，2015 年娃哈哈实际缴费项目为 317 项，剔除掉重复计算，实际共有缴费项目 212 项，缴费金额 7412.07 万元。[1] 中国财政科学研究院于 2016 年 4、5 月赴 12 个省、19 个市进行降成本的调研，发现从全国层面看，纳入一般公共预算收入的非税收入有七款，七款之一的行政事业性收费又分为 62 项，每一项下又有若干"目"级收入。粗略估计，仅行政事业性收费的种类不下 500 项。[2] 当然经过近两年的清理，涉企的行政事业收费有了显著下降，但仍存在部分涉企收费项目重复征收、征收比例过高现象。

因此还应继续清理和规范涉企收费和基金，简化行政审批程序，规范审批、资格认定、检测测试等环节收费项目和红顶中介收费标准；健全中小企业融资机制，降低融资成本；适当降低"五险一金"缴费率，降低人工成本；进一步降低电力价格，规范高速收费，降低物流成本。通过各种努力，进一步降低企业的综合成本，增强企业的活力，提高企业的应对能力。

---

①　《制造业税费负担调查》，《财经》2017 年 1 月 25 日。
②　中国财政科学研究院：《2017 年"降成本"大型调研》，《财政科学》2017 年第 9 期。

第三节　促进技术资本效率提高的财税政策安排

一、创新财政支持体系，提高资金使用效率

（一）整合完善促进技术开发的财政专项资金扶持政策

对于技术含量高、投入周期长、资金需求大的产业，财政应当充分利用财政预算资金，设立鼓励技术研发的专项基金，加大扶持力度。制定科学、合理的专项资金使用办法，在企业的研发、生产、销售及服务等环节给予资助或奖励。比如可以建立"节能技术基金"，提升节能设备生产企业研发、创新能力；为中小企业成立碳基金，用于咨询节能技术和购置节能设备，实行零利率贷款。建立天使投资引导资金，以财政资金为主，不以营利为目的，重点用于引导社会资金发起组建天使投资组合基金合伙企业，主要对科技企业孵化器中符合战略性新兴产业发展方向、处于初创期（0—36个月）、拥有创新技术与创新商业模式、具有成长潜力的科技型企业进行资金支持。通过引导社会资本支持企业创新，鼓励企业把技术改造的专项资金用于购买专项设备、优化生产工艺和技术研发等，不仅能加快企业技术改造的进程，还能提高财政预算投入资金的使用效率。

（二）建立推动产业结构升级转换的科研基金

根据产业结构调整战略，国家对属于鼓励类、限制类和淘汰类范畴的行业制定了不同的财政支出政策。因此，有必要整合现有的财政专项资金，对科技自主创新能力、低能耗优势产业及符合可持续发展的产业进行集中扶持，对不同产业和企业可以采取不同的财政支持方式。可以考虑使用奖补结合、先补后奖等激励机制，进一步拓展财政

资金"先建再补""以奖代补"等对产业结构调整的支持方式，提高企业进行技术改造和创新以及节能减排等的积极性。鼓励省级政府设立专门的科研基金，主要用于支持企业前沿技术的开发、自主知识产权的创造、对传统重点行业的技术升级及新兴战略产业的发展等。同时，借鉴美国、韩国等经验，建立产业结构升级转换专项资金的稳定增长机制，将科研基金纳入财政预算，根据预算支出额度，每年按一定比例安排财政预算。

二、优化税制，提高税收对技术资本的引导作用

（一）发挥增值税在促进技术开发方面的作用

扩大增值税实际税率超过3%部分即征即退范围，将半导体、信息传输、信息技术等纳入优惠范围，引导资金更多地投向高科技产品和先进技术，增强企业的竞争力。

允许企业由于购进先进技术设备导致的进项税款不足抵扣部分，予以退税，而不是结转下期继续抵扣。

鼓励企业先进技术、设备的进口，免征进口的增值税，而不是仅限于高等院校、科研机构购进用于教学、科研相关的设备免征进口增值。

（二）优化企业所得税，提高对技术研发的扶持力度

降低金融业对其他企业创新活动支持的风险。提高银行的贷款损失准备和核销的企业所得税税前扣除比例，对金融机构的技术创新项目贷款，尤其是对中小企业的技术创新项目贷款给予一定的税收优惠；金融机构为企业科技创新的研发活动提供贷款所取得的利息收入，以及担保机构为研发贷款提供担保所取得的担保收入，给予免征

印花税、增值税和企业所得税的待遇。①

允许企业按企业投资额或营业额的一定比例提取的技术准备金用于集成创新技术开发和传统技术改造，可以税前扣除，并规定三年到期仍未使用的部分，计入企业所得，防止企业提而不用。对用于信息系统建设的资金，允许抵免企业所得税或允许税前扣除。②

对企业将部分利润进行研究开发投资的，实行免税优惠，免税额可相当于用于研究开发投资额的 30%，但不能让所得税为负；如用一部分所得作为资本再投资，该部分所得可适当降低企业所得税率。③

允许企业向高等院校和以研究工作为目的的非盈利机构捐赠的科研新仪器、设备等，在企业所得税前扣除。④

进一步提高企业所得税的研发费用加计扣除比例，或适当扩大加计扣除 75% 比例的范围；逐步统一研发费用加计扣除与会计核算的口径。目前我国研发费用归集中存在着会计核算、高新技术企业认定核算、加计扣除核算等众多口径，不仅增加了企业会计核算的负担，还增加了企业申请税收优惠的风险。在逐步统一口径后，可以有效减轻上述现象。同时，研发费用的资本性支出部分，也可考虑比照费用化支出处理，在企业所得税前一次性扣除，而不是作为资本性支出在

---

① 　席卫群：《促进生产性服务业自主创新的税收支持体系探析》，《经济研究参考》2012 年第 9 期。

② 　席卫群：《促进生产性服务业自主创新的税收支持体系探析》，《经济研究参考》2012 年第 9 期。

③ 　席卫群：《促进现代服务业发展的财税政策重构：基于国际比较视野》，《赣江财税论坛》，经济科学出版社 2015 年版。

④ 　席卫群：《促进生产性服务业自主创新的税收支持体系探析》，《经济研究参考》2012 年第 9 期。

后期逐步摊销。①

　　适当放宽认定标准，简化认定程序，鼓励更多企业积极申报高新技术企业和技术先进型服务企业，享受15%的企业所得税优惠税率。当前对技术服务型企业的税收优惠，所规定的条件如"具有大专以上学历的员工占企业职工总数的50%以上，从事《技术先进型服务业务认定范围（试行）》中的技术先进型服务业务取得的收入占企业当年总收入的50%以上，从事离岸服务外包业务取得的收入不低于企业当年总收入的50%"等，② 一般只有成熟企业才能达到。再如享受国家重点扶持的高新技术企业优惠税率的条件中"具有大学专科以上学历的科技人员占企业当年职工总数的30%以上，其中研发人员占企业当年职工总数的10%以上；研究开发费用占销售收入的比例不低于规定比例。近三个会计年度研究开发费用总额占销售收入总额的比例符合如下要求：最近一年销售收入小于5000万元的企业，比例不低于6%；最近一年销售收入在5000万元至20000万元的企业，比例不低于4%；最近一年销售收入在20000万元以上的企业，比例不低于3%；新技术产品（服务）收入占企业当年总收入的60%以上"等，③ 一般刚进入研发阶段和中试阶段的企业是很难具备上述条件的。建议适当放宽标准，鼓励更多的企业享受15%的低税率。

---

　　① 席卫群：《研发费用加计扣除税收政策效应分析》，《社会科学家》2017年第6期。
　　② 财政部国家税务总局商务部科技部国家发展改革委《关于完善技术先进型服务企业有关企业所得税政策问题的通知》（财税〔2014〕59号），国家税务总局网站。
　　③ 科技部 财政部 国家税务总局《关于修订印发〈高新技术企业认定管理办法〉的通知》（国科发火〔2016〕32号），国家税务总局网站。

第四节　提高人力资本效率的财税政策安排

一、完善财政政策，提高人力资本形成的效率

（一）完善财政体制，缩小各地公共服务水平的差异

虽然我国户籍制度改革有了明显进步，但地方政府提供给社会成员的公共服务，比如义务教育、最低生活保障、住房保障、社会保障水平、医疗卫生等在很大程度上还是和户籍挂钩，尤其是义务教育，绝大多数城市都明确要求本地户口，排斥居住、工作在当地的非本地户籍人口。由于各地经济发展水平不一导致不同地方提供的公共服务水平、教育资源和就业机会差异相当大，总体上东部地区提供的公共服务水平高于中部地区，中部地区高于西部地区，导致长期以来人口向东部发达地区流动，人力资本的分布存在显著的地区差异。因此，应改革财政体制，建立合理的公共服务成本分担机制，提高中西部落后地区公共服务水平，减少人力资本不正常流动现象。

1. 科学合理地划分中央和地方事权，建立"自上而下"的公共服务成本分担机制

尽管我国初步划分了中央和地方的事权，但目前中央政府与地方政府的职责权限并不十分明了，中央政府该负责哪些事务及支出，地方政府该负责哪些事务及支出，一直没有一个明确的规定。因此，必须科学合理划分事权。原则上，中央政府提供全国性的公共品，地方政府提供地方性公共品，具有区域外溢性的公共品由中央和地方共同提供。其中，在人力资本相关的公共产品提供方面，中央政府和经济发达地区的地方政府应承担更多的责任。这是因为由于人均物质资本

水平低，人才外流现象严重，导致落后地区所提供的与人力资本相关的公共产品在一定程度上是为发达地区做了嫁衣。

2. 建立规范的转移支付制度，平衡地区间的公共服务水平

进一步完善转移支付制度，应根据人口、收入、经济发展、公共服务差异等指标综合考虑设计出一套科学的公式，以此确定转移支付的数额；并逐步取消税收返还、体制补助（上解）等转移支付形式，提高均衡性转移支付的比重，减少专项支付的比重，逐步缓解并缩小地区间、城乡间公共服务供给的差距，引导人口合理的流动，促进区域的协调发展。

3. 完善地方税体系，增强地方政府的财政能力

完善地方税体系，通过税收来保证地方政府一定的财力以满足支出的需要。地方税体系的建设是一个宏大工程，应根据党的十八届三中全会的财税改革布局逐步推进，结合预算管理制度和地方债务管理，在"营改增"已完成、分类综合个人所得税已推开的基础上，渐进开展房地产税的立法工作，完善各项配套制度，加速税收信息化的建设，消除征管瓶颈，为房地产税创造征管条件。由于地方主体税种的培育需要长期的过程，当前有必要先确立大共享税的分税制模式，形成"共享税分成为主、地方税补充"的多元化地方财力格局。随着地方税的培育、发展成熟，再过渡到"地方专税为主、共享税分成为辅"的模式。即近期以共享税为主，逐步培养地方主体税种；长期以成熟的地方主体税种为主，共享税为辅。通过逐步扩大地方专税收入占比，形成大共享税分成与地方税收入占比大体相当的格局。[①]

---

① 王乔、席卫群：《对我国地方税体系模式和建构的思考》，《税务研究》2016 年第 6 期。

（二）建立财政专项资金，鼓励技术人才的培养

运用财政政策资助人才的培训，可建立应用型人才培训基金，资助技术人才的培养；对企业引进"海外工程师"实行的年薪计划给予财政资助，以鼓励先进制造、总部经济、现代服务等急需的人才的引进。可借鉴安置下岗职工等人群的税收减免政策，对企业增加的技术人才就业岗位给予税收返还。[①]

二、完善税收政策，提高人力资本的形成效率

（一）扩大企业所得税中职工教育经费支出据实扣除范围

现实中，很多高端和先进制造业每年投入大量经费进行职工培训，但受限于职工教育经费支出扣除限制，往往要调增企业所得税。因此，建议将职工教育经费支出据实扣除政策扩大到所有制造企业以及信息、科学研究等行业，而不是仅限于软件企业。鼓励企业加大培训力度，提高在职职工的素质，促进人力资本形成效率的提高。

（二）进一步优化个人所得税，提高教育投入的回报率

配合个人所得税的改革，在提高费用扣除标准和增加专项附加扣除的基础上，对个人进行科技创新的转让所得给予优惠，如允许对知识产权（专利权、著作权、非专利技术使用权等）转让所得或特许权使用费所得，以及科技人员个人在技术转让和技术服务方面的所得可比照稿酬所得给予减征 30% 的优惠；完善股票期权所得税政策，鼓励技术人员和经营管理人员实施职务科技成果入股、科技成果折股、股权奖励、股份期权、分红权等多种形式的激励，所取的收益免

---

　　① 席卫群：《促进现代服务业发展的财税政策重构：基于国际比较视野》，《赣江财税论坛》，经济科学出版社 2015 年版。

税，增加对高端制造人才的所得税激励效果。通过这些举措来提高教育投入的回报率，以激励人力资本的自我投入。①

（三）运用税收政策，鼓励社会对人力资本的培育和开发

1. 鼓励民间办学

在我国现阶段财政困难，教育经费严重不足的情况下，鼓励民间办学是发展我国教育事业的一条重要途径。对于企业、个人和社会团体投资兴办的各种学校和培训机构，其取得的收入和所得给予增值税和所得税减免的优惠。

2. 优化对教育公益捐赠的扣除政策

企业、个人和社会团体等对学校、教育培训机构和科研机构的公益性捐赠支出，准予据实在企业或个人应纳所得税前扣除。②

（四）开征教育税，为国家教育提供尽可能充裕的财力基础

我国目前已征收的教育费附加和地方教育费附加实际上已具有准税收性质。开征教育税的目的实际上是通过对这些项目的合理归并，回归税收本质。第一，可以规范纳税人的纳税行为，并增强纳税人的教育投资意识和对教育经费使用的监督责任。第二，可以进一步降低征管成本，提高教育资金的使用效益。第三，可以增强政府对教育的宏观调控能力，优化教育资源的合理配置。开征教育税后，可以实行专税专用，税基由国家统一规定，税率可由省级政府根据需要和可能自主决定，中央不参与此项收入的分配。③

---

① 席卫群：《促进生产性服务业自主创新的税收支持体系探析》，《经济研究参考》2012年第9期。

② 席卫群：《西方国家促进教育的财税政策与借鉴》，《涉外税务》2002年第2期。

③ 席卫群：《西方国家促进教育的财税政策与借鉴》，《涉外税务》2002年第2期。

第五节　优化政府职能，营造良好发展环境

一、加强财政专项资金管理

（一）建立健全政府信息公开机制

政策出台过程中要广泛征求社会各界意见，政策出台后应广而告之，向社会公开发布，让制度在阳光下运行，形成财政补贴申报全方位公开的硬约束，让所有企事业具有知情权、参与权和监督权。

（二）降低财政专项资金的申报门槛

财政专项资金的申报尽可能不设置或少设置限制性条件，让绝大多少企事业单位具备资格条件，避免申报过程的"玻璃门""弹簧门"和"旋转门"，让所有符合条件的企业都可以申请财政补贴。

（三）建立健全第三方机构独立评审机制

要深入开展竞争性分配改革，将项目的选择权下放到中介机构关闭运行，探索异地评审模式，防止暗箱操作和寻租现象。此外，还要规范中介收费，减少申报企业的成本。财政专项资金项目经评审通过后，要在一定的范围内予以公示，接受人民群众的监督。

（四）建立健全对财政专项资金的评估机制

在机制上明确财政专项资金管理办法有效期不超过5年，对于存在3年以上的财政补贴资金，应建立中期评估制度，对设立依据、资金绩效以及社会经济影响要全面评价，绩效情况好的，予以保留，绩效情况差的，要坚决予以剔除。

二、加强政府部门的沟通，优化程序

（一）尽量简化相关资格认定手续

在五证合一的基础上，继续统一各部门需要提供的文件标准和口径，在政府网站相关栏目上以图表等方式公布不同资格认定或申报应具备的条件、需要提交的资料、涉及的相关部门和享受的优惠政策等内容，并制定成宣传册放在政府办事大厅，供社会成员免费索取。进一步取消一些难以提供、对申报影响不大的证明材料或改变提供的方式，实现申报材料在不同政府部门之间共享。对已上网公示了的材料应取消提供纸质证明材料的要求，减少企业申报的难度。同时在一定的行政区域内，定期在媒体上公开资格认定情况、专业权威的认定检测机构等，接受社会各方面的监督。

（二）全面深化税务行政审批制度改革

优化审批流程，减少审批时限，改进各种税收优惠的备案方式，实行涉税资料清单管理，推动涉税资料电子化报送。与此同时，建立统一、规范、高效的电子税务局，提供便捷的网上办税服务厅，实现纳税人就近办理涉税事项，减少纳税成本。

三、加强政策的宣传力度，提高政策的知晓度

政府相关部门要以合适的形式和途径及时公开财政和税收政策的相关信息，加大综合治税的力度，建立快捷的涉税信息获取渠道，减少企业和个人对政策理解的偏差，可以针对不同行业的需求，有的放矢地实行分类服务和分类辅导。比如研发费用加计扣除税收政策的宣传，就可以明确规定研发费用归集的节点，帮助企业建立健全财务核算制度，减少企业的涉税风险。有条件的地方，可考虑在税务部门成

立"研发费用专家组",鼓动中介机构提供专业服务,深入开展税收优惠政策的宣传和培训,对研发活动较强的行业、企业进行专门培训,加大对企业高管和财务人员的政策宣讲力度;同时进一步提高科技部门和税务部门人员的政策水平、业务能力和管理水平,构建全方位的政策宣传、培训和辅导一体的政策服务体系。①

---

① 席卫群:《研发费用加计扣除税收政策效应分析》,《社会科学家》2017 年第 6 期。

参考文献

1. 安体富、郭庆旺：《内生增长理论与财政政策》，《财贸经济》1998 年第 11 期。

2. 安同良、周绍东、皮建才：《R&D 补贴对中国企业自主创新的激励效应》，《经济研究》2009 年第 10 期。

3. 白景明：《经济增长、产业结构调整与税收增长》，《财经问题研究》2015 年第 8 期。

4. 白晓荣：《促进中小企业技术创新的税收优惠政策研究》，《科学管理研究》2014 年第 4 期。

5. 保罗·克雷·罗伯茨：《供应学派革命：华盛顿决策内幕》，上海人民出版社 2011 年版。

6. 程婉静、冯烽：《新常态下中国税收与经济增长的关系——基于结构向量自回归模型的实证分析》，《技术经济》2015 年第 9 期。

7. 陈林峰：《我国现行激励企业技术创新税收政策评析》，《税务研究》2017 年第 3 期。

8. 陈亚雯：《税收对中国投资的影响》，《经济问题探索》2006 年第 6 期。

9. 陈远燕：《加计扣除政策对企业研发投入的影响——基于某市

企业面板数据的实证分析》，《税务研究》2015 年第 11 期。

    10. 陈远燕：《激励研发的企业所得税政策国际经验借鉴与启示——基于"一带一路"沿线国家与 OECD 国家比较的视角》，《财税研究》2017 年第 18 期。

    11. 陈涛：《中关村自主创新税收优惠政策效应分析》，《税务研究》2016 年第 6 期。

    12. 陈洋林、宋根苗、张长全：《税收优惠对战略性新兴产业创新投入的激励效应评价——基于倾向评分匹配法的实证分析》，《税务研究》2018 年第 8 期。

    13. 陈志国、张云军、李爱兰：《物质资本和人力积累过程中的公共支出政策——基于内生经济增长理论的分析》，《河北大学学报（哲学社会科学版）》2007 年第 3 期。

    14. 崔志坤、经庭如、管永昊：《促进小微企业发展：财税支持政策角度的转变》，《财政研究》2012 年第 5 期。

    15. 戴晨、刘怡：《税收优惠与财政补贴对企业 R&D 影响的比较分析》，《经济科学》2008 年第 3 期。

    16. 邓力平：《新发展理念与供给侧结构性改革下的税收定位》，《东南学术》2016 年第 4 期。

    17. 杜军、王皓妍：《税收优惠政策促进高新技术企业发展的实证研究——以江苏省常州市为例》，《税务研究》2013 年第 3 期。

    18. 杜寿考：《关于企业高储蓄向投资转化的几点思考》，《生产力研究》2007 年第 13 期。

    19. 樊丽明、张斌：《经济增长与税收收入的关联分析》，《税务研究》2000 年第 2 期。

20. 范子英、彭飞：《"营改增"的减税效应和分工效应：基于产业互联的视角》，《经济研究》2017 年第 2 期。

21. 菲利普·阿吉翁、彼得·霍依特：《内生增长理论》，北京大学出版社 2004 年版。

22. 付文林、赵永辉：《税收激励、现金流与企业投资结构方向》，《经济研究》2014 年第 5 期。

23. 高培勇：《中国财税改革 40 年：基本轨迹、基本经验和基本规律》，《经济研究》2018 年第 3 期。

24. 郭连成：《俄罗斯财税政策及其影响》，《俄罗斯东欧中亚研究》2013 年第 5 期。

25. 国家税务总局税收科学研究所课题组：《拉美和东亚国家中等收入阶段宏观税负、税收制度和政策比较研究》，《国际税收》2015 年第 9 期。

26. 郭庆旺、赵志耘：《论我国财政赤字的拉动效应》，《财贸经济》1999 年第 6 期。

27. 郭庆旺、吕冰洋：《经济增长与产业结构调整对税收增长的影响》，《涉外税务》2004 年第 9 期。

28. 韩学勇：《完善我国小微企业税收优惠政策研究：基于公平的视角》，《税收经济研究》2012 年第 6 期。

29. 郝春虹：《中国税收与经济增长关系的实证检验》，《中央财经大学学报》2006 年第 4 期。

30. 郝秀琴：《河南省经济增长、财政支出与税收收入的动态计量分析》，《经济经纬》2011 年第 4 期。

31. 何东琪：《消费储蓄理论：一个生命周期描述模型的理论思

考——兼论中国社会福利制度改革的重点》,《西北大学学报（哲学社会科学版)》2004 年第 5 期。

32. 何其春:《税收、收入不平等和内生经济增长》,《经济研究》2012 年第 2 期。

33. 何晴、张斌:《试析 2002—2012 年中国税收收入与经济增长的关联》,《税务研究》2013 年第 10 期。

34. 侯荣华:《消费、储蓄和消费函数理论》,《中央财政金融学院学报》1996 年第 5 期。

35. 胡华夏、余跃洋、洪荭、郭春飞:《研发费用加计扣除政策实施的影响因素分析》,《税务研究》2017 年第 2 期。

36. 胡怡建、田志伟:《我国"营改增"的财政经济效应》,《税务研究》2014 年第 1 期。

37. 黄冠豪:《促进小微企业发展的税收政策研究》,《税务研究》2014 年第 3 期。

38. 姜亚南:《小微企业税收优惠政策现状及改进建议》,《税务研究》2016 年第 8 期。

39. 蒋占华、黄阳:《基于博弈模型的"企业研发经费加计扣除"政策分析》,《煤炭经济研究》2013 年第 1 期。

40. 蒋震、安体富、杨金亮:《从经济增长阶段性看收入分配和税收调控的关系》,《税务研究》2016 年第 4 期。

41. 景婉博、于雯杰、刘翠微:《国际财税政策动态及其要点——聚焦德国、日本、韩国、巴西的财税新政》,《财政科学》2017 年第 4 期。

42. 蓝相洁:《中国与东盟国家直接税的比较与协调》,《税务研究》2016 年第 3 期。

43. 李成、王哲林：《税收政策变动影响我国国有企业固定资产投资的实证研究》，《税务研究》2010 年第 6 期。

44. 李超民、胡怡建：《特朗普税制改革取向及其影响》，《税务研究》2017 年第 1 期。

45. 李大明：《强化税收自动稳定器在宏观调控中的作用》，《宏观经济研究》2008 年第 3 期。

46. 李昊洋、程小可、高升好：《税收激励影响企业研发投入吗？——基于固定资产加速折旧政策的检验》，《科学学研究》2017年第 11 期。

47. 李嘉明、甘慧：《企业所得税改革对内资企业资本投资结构的影响》，《税务研究》2007 年第 9 期。

48. 李峰、周梅锋：《基于 SWOT 分析的小微企业税收优惠政策研究》，《国际税收》2015 年第 9 期。

49. 李绍荣、耿莹：《中国的税收结构、经济增长与收入分配》，《经济研究》2005 年第 5 期。

50. 李锁云：《论储蓄增长原因的理论假说及启示》，《山西财经学院学报》1996 年第 4 期。

51. 李涛、黄纯纯、周业安：《税收、税收竞争与中国经济增长》，《世界经济》2011 年第 4 期。

52. 李涛、孙研：《我国政府投资与资本形成效率的实证分析》，《兰州学刊》2014 年第 9 期。

53. 李万甫：《税收调控的协调机理分析》，《税务研究》1997 年第 3 期。

54. 李小胜：《创新、人力资本与内生经济增长的理论与实证研究》，经济科学出版社 2015 年版。

55. 李旭红、马雯：《税收优惠与小微企业成长能力的实证分析》，《税务研究》2014 年第 8 期。

56. 李永友：《我国税收负担对经济增长影响的经验分析》，《财经研究》2004 年第 12 期。

57. 刘溶沧、马拴友：《论税收与经济增长——对中国劳动、资本和消费征税的效应分析》，《中国社会科学》2002 年第 1 期。

58. 梁东黎、刘和东：《税收—税率结构对企业部门税负的影响研究》，《东南大学学报（哲学社会科学版)》2002 年第 5 期。

59. 梁若莲：《特朗普税改方案对我国的影响与对策建议》，《税收经济研究》2017 年第 3 期。

60. 梁玉涛：《扶持小微企业发展的税收优惠政策现状、问题与对策——以广西为例》，《税收经济研究》2015 年第 6 期。

61. 廖体忠、韩霖：《OECD 最新报告：税制改革趋势发生明显改变》，《国际税收》2017 年第 3 期。

62. 林洲钰、林汉川、邓兴华：《所得税改革与中国企业技术创新》，《中国工业经济》2013 年第 3 期。

63. 刘放、杨筝、杨曦：《制度环境、税收激励与企业创新投入》，《管理评论》2016 年第 2 期。

64. 刘家新：《财政理论应重视对政府储蓄的研究》，《经济学家》2003 年第 6 期。

65. 柳光强、杨芷晴、曹普桥：《产业发展视角下税收优惠与财政补贴激励效果比较研究——基于信息技术、新能源产业上市公司经营业绩的面板数据分析》，《财贸经济》2015 年第 8 期。

66. 刘红芹：《财政收支的经济后果：分税制、土地财政与地方政府产业偏好》，《经济研究导刊》2018 年第 10 期。

67. 刘慧凤、曹睿：《企业所得税制度改革对投资的激励效果——基于上市公司数据的实证检验》，《税务研究》2011 年第 3 期。

68. 刘金玲、李东波：《完善我国小微企业所得税优惠政策的建议》，《税务研究》2012 年第 12 期。

69. 刘军：《我国税制结构、税收负担与经济增长的实证分析》，《财政研究》2006 年第 2 期。

70. 刘喜丽：《印度软件产业财税支持政策探析》，《北方经贸》2012 年第 2 期。

71. 刘圻、何钰、杨德伟：《研发支出加计扣除的实施效果——基于深市中小板上市公司的实证研究》，《宏观经济研究》2012 年第 9 期。

72. 刘怡、侯思捷、耿纯：《增值税还是企业所得税促进了固定资产投资——基于东北三省税收政策的研究》，《财贸经济》2017 年第 6 期。

73. 刘永涛：《研发费用税前加计扣除政策及会计政策研析》，《税务研究》2018 年第 1 期。

74. 吕冰洋、陈志刚：《中国省际资本、劳动和消费平均税率测算》，《财贸经济》2015 年第 7 期。

75. 马海涛、姜爱华：《促进科技成果转化与产业化的税收支持方式研究》，《税务研究》2010 年第 8 期。

76. 马嘉楠、翟海燕、董静：《财政科技补贴及其类别对企业研发投入影响的实证研究》,《财政研究》2018 年第 2 期。

77. 马拴友、于红霞:《地方税与区域经济增长的实证分析——论西部大开发的税收政策取句》,《管理世界》2003 年第 5 期。

78. 马玉琪、扈瑞鹏、赵彦云:《财税激励政策对高新技术企业研发投入影响效应分析——基于广义倾向得分法的实证研究》,《中国科技论坛》2017 年第 2 期。

79. 马悦:《完善我国科技创新税收优惠政策的对策研究》,《经济纵横》2015 年第 12 期。

80. 毛德凤、彭飞、刘华:《税收激励对企业投资增长与投资结构偏向的影响》,《经济学动态》2016 年第 7 期。

81. 潘明星:《营业税改征增值税:效应分析与改革建议》,《财政研究》2013 年第 12 期。

82. 庞凤喜、张念明:《结构性减税政策的操作路径解析》,《税务研究》2013 年第 2 期。

83. 庞凤喜、凌瑜明:《中国服务业"营改增"理论效应分析与制度设计》,《税务与经济》2015 年第 2 期。

84. 齐绍洲:《西方储蓄—投资理论演变的借鉴意义》,《经济研究参考》1997 年第 27 期。

85. 秦大磊:《供给侧改革模式与财税政策实施效应的国际借鉴》,《税务研究》2016 年第 9 期。

86. 石绍宾、周根根、秦丽华:《税收优惠对我国企业研发投入和产出的激励效应》,《税务研究》2017 年第 3 期。

87. 苏明:《我国小微企业发展支持政策研究》,《经济研究参考》2015 年第 8 期。

88. 孙德仁:《税收政策在企业创新中的作用与优化模式》,《税务研究》2015 年第 12 期。

89. 孙德仁:《完善促进企业创新税收政策的建议》,《经济研究参考》2016 年第 12 期。

90. 孙隆英:《企业研发费用税收政策的国际比较》,《国际税收》2014 年第 11 期。

91. 孙永君:《资本效率对我国财政政策选择影响分析》,《地方财政研究》2014 年第 5 期。

92. 孙亚华、范久红、林晓岚等:《对江苏部分企业研发费用加计扣除政策实施情况的调查》,《国际税收》2014 年第 11 期。

93. 汤贡亮、曹明星:《把握经济转型的时代定位推进税收体制的全面改革》,《涉外税务》2012 年第 12 期。

94. 汤吉军:《财税政策与企业投资优化行为分析》,《地方财政研究》2017 年第 5 期。

95. V. P. 甘地等:《供应学派的税收政策》,中国财政经济出版社 1988 年版。

96. 万华林、朱凯、陈信元:《税制改革与公司投资价值相关性》,《经济研究》2012 年第 2 期。

97. 王苍峰:《税收减免与研发投资:基于我国制造业企业数据的实证分析》,《税务研究》2017 年第 11 期。

98. 王敏、李亮:《激励中小企业技术创新的税收优惠政策效应研究》,《统计与决策》2014 年第 24 期。

99. 王敏杰:《面向科技中小微企业的普惠性税收政策国际经验与启示》,《中国财政》2016 年第 13 期。

100. 王麒麟:《生产性公共支出、最优税收与经济增长》,《数量经济技术经济研究》2011 年第 5 期。

101. 王维国、杨晓华:《中国税收负担与经济增长关系的计量分析》,《财经问题研究》2006 年第 11 期。

102. 王玺、张嘉怡:《税收优惠对企业创新的经济效果评价》,《财政研究》2015 年第 1 期。

103. 王再进、方衍:《企业研发费加计扣除政策实施问题及对策研究》,《科研管理》2013 年第 1 期。

104. 武建龙、于欢欢、王宏起:《面向企业创新创业的政策工具效果研究》,《科技进步与对策》2016 年第 10 期。

105. 周克清、杨昭:《世界各国新一轮减税浪潮:比较与启示》,《税务研究》2017 年第 8 期。

106. 周文贵、麦聪:《1980—2012 年期间中印经济增长差异研究》,《广东外语外贸大学学报》2014 年第 6 期。

107. 汪柱旺:《我国税收结构、人力资本与经济增长的关联分析》,《税务研究》2011 年第 12 期。

108. 汪柱旺、于瀚尧:《财政支出与社会物质资本形成及经济增长关系的实证研究》,《当代财经》2012 年第 12 期。

109. 魏志华、吴育辉、曾爱民:《寻租、财政补贴与公司成长性——来自新能源概念类上市公司的实证证据》,《经济管理》2015 年第 1 期。

110. 魏志梅:《企业研究开发费用加计扣除税收政策研究》,《国际税收》2014 年第 11 期。

111. 吴俊培、郭柃沂:《论效率与公平的税收制度》,《税务研究》2016 年第 1 期。

112. 吴玉霞、杨华：《税收的经济增长效应——基于经济增长理论的一个述评》，《税务与经济》2011 年第 5 期。

113. 吴祖光、万迪昉、吴卫华：《税收对企业研发投入的影响：挤出效应与避税激励——来自中国创业板上市公司的经验证据》，《研究与发展管理》2013 年第 5 期。

114. 西蒙·詹姆斯、克里斯托夫·诺布斯：《税收经济学》，中国财政经济出版社 2000 年版。

115. 席卫群：《我国企业资本承担所得税实际税负的测算》，《财经研究》2005 年第 5 期。

116. 席卫群：《研发费用加计扣除税收政策效应分析——以江西省为例》，《社会科学家》2017 年第 12 期。

117. 夏杰长：《经济发展与财税政策》，中国城市出版社 2002 年版。

118. 谢波：《税收收入、产业结构和经济增长关系的实证检验》，《经济问题》2013 年第 2 期。

119. 行伟波：《税收激励、资本价格与投资行为——基于中国省级面板数据的实证分析》，《世界经济文汇》2012 年第 4 期。

120. 许多奇：《新税制改革与创新驱动发展战略》，《中国社会科学》2018 年第 3 期。

121. 徐国良、孙林岩、吴福象、朱蕾：《小微企业技术创新政策服务体系理论研究》，《宏观经济研究》2011 年第 6 期。

122. 胥良：《储蓄—投资转化的理论分析与现实思考》，《金融研究》1998 年第 8 期。

123. 徐晓、李远勤：《研发费加计扣除政策的实施效果与存在问题分析》，《科技进步与对策》2011 年第 10 期。

124. 严成樑、龚六堂：《税收政策对经济增长影响的定量评价》，《世界经济》2012 年第 4 期。

125. 严成樑、王弟海、龚六堂：《政府财政政策对经济增长的影响——基于一个资本积累与创新相互作用模型的分析》，《南开经济研究》2010 年第 1 期。

126. 严成樑、胡志国：《创新驱动、税收扭曲与长期经济增长》，《经济研究》2013 年第 12 期。

127. 杨博、薛薇：《英国研发支出税收激励计划及对我国的启示》，《会计之友》2012 年笫 10 期。

128. 杨春梅、杨志宏：《激励企业技术创新的税收政策取向》，《当代经济研究》2010 年第 11 期。

129. 杨杨、曹玲燕、杜剑：《企业所得税优惠政策对技术创新研发支出的影响：基于我国创业板上市公司的数据分析》，《税务研究》2013 年第 3 期。

130. 杨志勇：《税收理论的发展研究：公平视角》，《税务研究》2016 年第 1 期。

131. 尹淑平、季建辉：《中英研发支出税收优惠政策比较分析》，《国际税收》2018 年第 8 期。

132. 于海峰、谭楚玲：《欧盟与中国支持小微企业技术创新财税政策的比较研究》，《税务矸究》2009 年第 11 期。

133. 余显才：《所得税劳动供给效应的实证研究》，《管理世界》2006 年第 10 期。

134. 袁燕军：《中关村高新技术企业研究开发费加计扣除政策落实情况分析与建议》，《科技与企业》2012 年第 4 期。

135. 岳树民、安体富：《加入 WTO 后的中国税收负担与经济增长》，《中国人民大学学报》2003 年第 2 期。

136. 岳树民：《税收调控问题的思考与认识》，《税务研究》2014 年第 2 期。

137. 岳树民：《构建适应市场经济发展的现代税收制度》，《郑州大学学报（哲学社会科学版）》2015 年第 4 期。

138. 岳希明、任若恩：《测量中国经济的劳动投入：1982—2000 年》，《经济研究》2008 年第 3 期。

139. 张斌：《积极财政政策影响资本形成、居民消费需求的动态效应分析》，《广东行政学院学报》2013 年第 2 期。

140. 张国钧：《促进自主创新的税收优惠政策研究》，《税务研究》2015 年第 12 期。

141. 张伦俊：《结构调整中的税收与经济增长关系》，《统计研究》2005 年第 1 期。

142. 张伦伦、李建军、钟毅：《小微企业税收优惠的依据评判及政策选择》，《税收经济研究》2013 年第 1 期。

143. 张晋武、高书生：《税收理论研究的回顾与探新》，《当代财经》1992 年第 3 期。

144. 张军：《增长、资本形成与技术选择：解释中国经济增长下降的长期因素》，《经济学季刊》2002 年第 1 期。

145. 张军：《资本形成、工业化与经济增长：中国的转轨特征》，《经济研究》2002 年第 6 期。

146. 张军：《资本形成、投资效率与中国的经济增长》，清华大学出版社 2005 年版。

147. 张俊瑞、陈怡欣、汪方军：《所得税优惠政策对企业创新效率影响评价研究》，《科研管理》2016 年第 3 期。

148. 张平竺、王志扬：《财税政策激励对企业研发支出影响探讨》，《税收经济研究》2017 年第 8 期。

149. 张文春、余彦龙、徐小兵：《金融危机前后的全球税收趋势——世界银行 2015 年全球营商报告分析》，《税收译丛》2015 年第 1 期。

150. 张新、安体富：《"营改增"减收效应分析》，《税务研究》2013 年第 10 期。

151. 张馨：《财政公共化改革：理论创新·制度变革·理念更新》，中国财政经济出版社 2004 年版。

152. 张胜民：《我国税收结构变动的经济增长效应分析——兼论税收结构变动与区域经济非均衡增长》，《财贸经济》2013 年第 9 期。

153. 张同斌、高铁梅：《财税政策激励、高新技术产业发展与产业结构调整》，《经济研究》2012 年第 5 期。

154. 张雄：《OECD 国家激励研发支出的税收政策及借鉴》，《涉外税务》2004 年第 12 期。

155. 曾繁英、张静、贾志涛：《研发费用加计扣除政策对企业科技创新的影响效应研究》，《科技与经济》2018 年第 2 期。

156. 赵彤、范金、周应恒：《长三角地区企业研发费用加计扣除政策实施效果评价与对策建议》，《中国科技论坛》2011 年第 6 期。

157. 赵志耘、郭庆旺：《税制改革分析的理论基础》，《税务研究》2001 年第 3 期。

158. 赵志耘、杨朝峰：《经济增长与税收负担、税制结构关系的脉冲响应分析》，《财经问题研究》2010 年第 1 期。

159. 钟玮、王子林：《我国企业研发费用加计扣除的税收优惠新政分析》，《财政科学》2016 年第 2 期。

160. 周克清、景姣：《税收优惠政策对 R&D 的激励效果检验：以创业板上市公司为例》，《税务研究》2012 年第 6 期。

161. 周克清、杨昭：《世界各国新一轮减税浪潮：比较与启示》，《税务研究》2017 年第 8 期。

162. Aghion, Bonds, Klemma, et al., "Teachnology and Financial Structure: Are Innovative Firms Different?", *Journal of the European Economic Association*, 2004.

163. Akai, N., and M., Sakata, "Fiscal Decentralization Contributes to Economic Growth: Evidence from State-Level Cross-Section Data for the U-nited States", *Journal of Urban Economics*, No. 3, 2002.

164. Asghedom Ghebremichael, Karen Potter-Witter, "Effects of Tax Incentives on Long-run Capital Formation and Total Factor Productivity Growth in the Canadian Sawmilling Industry", *Forest Policy and Economics*, Issue 2, 2009.

165. Arrow, K. J., "Applications of Control Theory to Economic Growth", in G. B. Dantzig and A. F. Veinott, eds., *Mathematics of the Decision Science*, 1968.

166. Atkinson, A. B., and A. Sandmo, *Welfare Implications of the Taxation of Savings*, *Economic Journal*, 1980.

167. Auerbach, A. J. & K. Hassett, "Tax Policy and Business Fixed Investment in the Unite Statees", *Journal of Public Economics*, No. 2, 1992.

168. Baldwin, R., "Agglomeration and Endogenous Capital", *European Economic Review*, No. 2, 1999.

169. Barro, Robert J., "Economic Growth in a Cross Section of Countries", *Quarterly Journal of Economics*, No. 2, 1991.

170. Barro, R. J., and J. W., Lee, "International Data for Education Attainment: Updates and Implications", *Oxford Economics Papers*, No. 3, 2001.

171. Bas Jacobs, "Public Finance and Human Capital", *Scholar Research Seminar*, No. 10, 2000.

172. Besley, Timothy & Case, Anne, "Incumbent Behavior: Vote-Seeking, Tax-Setting, and Yardstick Competition", *American Economic Review*, *American Economic Association*, No. 1, 1995.

173. Boatslnan, Jalnes, R. and Sanjay GuPta, "Taxes and Corporate Giving to Charity: Empirical Evidence from Micro-level Panel Data", *National Tax Journal*, No. 2, 1996.

174. Boskin, M. J., "Notes on the Tax Treatment of Human Capital", *National Bureau of Economics Research*, 1975.

175. Bosworth, B. P., *Tax Incentives and Economic Growth*, Brooking Institution, 1984.

176. Brown, B. C. Petersen, "Cash Holdings and R&D Smoothing", *Journal of Corporate Finance*, No. 7, 2011.

177. Brueckner, J. K., "Fiscal Federalism and Capital Accumula-

tion", *Journal of Public Economic Theory*, No. 2, 1999.

178. Burgess, R. and N. Stern, "Taxation and Development", *Journal of Economic Literature*, No. 13, 1993.

179. Capozza, D. R. & Helsley, R. W., "The Fundamentals of Land Prices and Urban Growth", *Journal of Urban Economics*, No. 26, 1989.

180. Chrinko, R. S., S. M. Fazzari & A. P. Meyer, "How Responsive is Business Capital Formation to Its User Cost: An Exploration with Micro Data", *Journal of Public Economics*, No. 74, 1999.

181. Clausen, Tommy H., "Do Subsidies have Positive Impacts on R&D and Innovation Activities at the Firm Level?", *Structural Change & Economic Dynamics*, No. 4, 2009.

182. Cordon, R. H and D. Jorgenson, "The Investment Tax Credit and Countercylical Policy", *Harvard Institute of Economic Research Discusion Paper*, 1974.

183. Cravo, Tulio, "SMEs and Economic Growth in the Brazilian Micro-regions", *Regional Science*, No. 4, 2010.

184. Cummins, J. G., K. A. Hassett & R. G. Hubbard, "Tax Reforms and Investment: Across-country comparison", *Journal of Public Economics*, No. 62, 1996.

185. Elwin Tobing, Taxation, "Human Capital Formation, and Long-run Growth with Private Investment in Education", *Journal of Asian Economics*, No. 22, 2011.

186. Jorgenson, D. W., "Capital Theory and Investment Behavior", *American Economic Review*, No. 5, 1963.

187. Guellec, D. and Van, P. , "The Impact of Public R&D Expenditure on Business R&D", *Economics of Innovation and New Technology*, No. 3, 2003.

188. Guellec D. , B. van Pottelsberghe, "The Impact of Public R&D Expenditure on Business R&D", *Economics of Innovation and New Technologies*, 2010.

189. Hall B., "Investment of Research and Development", *Oxford Review of Economic the Financing Policy*, 2002.

190. Hausman J. , Hall B., Griliches Z., "Econometric Models for Count Data with an Application to Patent", *Econometrica*, No. 2, 1984.

191. Hiroyuki kasahara, Katsumi shimotsu, michio suzuki, "Does an R&D Tax Credit Affect R&D Expenditure? The Japanese R&D Tax Credit Reform in 2003", *Journal of the Japanese and International Economies*, No. 31, 2014.

192. Jose, *Do Public Subsidies Complement Business R&D Meta Analysis of the Econometric Evidence*, Blackwell Publishing, No. 2, 2004.

193. Liehtenberg, "The Effect of Government Funding on Private Industrial Research and Development: A Reassessment", *Journal of Industrial Economies*, No. 1, 1987.

194. Marsden K. , "Links between Taxes and Economic Growth: Some Empirical Evidence", *Washington: World Bank*, 1983.

195. McAdam R. , Antony J. , Kumar M. , "Absorbing New Knowledge in Small and Medium-sized Enterprises: A Multiple Case Analysis of Six Sigma", *International Small Business Journal*, No. 1, 2014.

196. Michael, "Taxation and Aapital Structure Choice—Evidence from a Panel of German Multinationals", *Economics Letters*, No. 12, 2009.

197. Nirupama Rao, "Do Tax Credits Stimulate R&D Spending? The Effect of the R&D Tax Credit in its First Decade", *Journal of Public Economics*, No. 140, 2016.

198. Ren Rong, "Public Policy under the Emergence of the Third Sector", *Administration and Law*, No. 7, 2004.

199. Romer P. M., "Increasing Returns and Long-run Growth", *Journal of Political Economy*, No. 5, 1986.

200. Rosen, H. S., "What is Labor Supply and do Taxes Affect It?", *American Economic Review*, No. 2, 1980.

201. Sandmo, A., "The Effects of Taxations on Savings and Risk Taking", in A. J. Auerbach and M. Feldstein, eds., *Handbook of Public Economics*, 1985.

202. Schultz T. W., "Investment in Human Capital", *American Economic Review*, No. 1, 1961.

203. Simeon Niches and Lara Gold Mark, "Small Firm in Developing Countries", *World Development*, No. 9, 2009.

204. Thomas Kathleen Delaney, "Presumptive Collection: A Prospect Theory Approach to Increasing Small Business Tax Compliance", *Tax Law Review*, No. 3, 2013.

205. Williams S., "Small and Medium-Sized Enterprises and Sustainability: Managers' Values and Engagement with Environmental and Climate Change Issues", *Business Strategy and the Environment*, No. 3, 2013.

后　记

　　本书是在江西财经大学席卫群教授主持的国家社科基金项目《供给侧结构性改革下提升资本形成效率的财税政策研究》研究报告（项目编号 16BJY148）的基础上修改而成的。

　　近年来，我国经济由高速增长进入中高增速阶段，实际上是一个物质资本深化速度过快和投资收益递减的结果，不能完全归结为短期的总需求不足。针对这一问题，我国政府作出了加快经济结构调整的决策，希望通过战略性调整来提高经济的整体素质和竞争能力。在经济调整的过程中，提升资本形成效率就成为关键因素。长期以来，我国运用财税政策来促进资本的形成，但效果不尽如人意。在经济新常态下，对我国促进资本形成的财税政策进行重新反思，就具有重要的理论意义。本书从供给侧角度出发，通过《中国统计年鉴》《中国科技统计年鉴》《中国人口和就业统计年鉴》等所提供的数据分别测算了我国物质资本、技术资本和人力资本的形成效率，发现我国资本形成效率较低，且存在构成、地区、行业等差异（即资源错配），对经济的发展产生了较大影响。基于统计年鉴、wind 数据库和调查研究方法取得的数据，实证分析财政政策对技术资本形成效率的影响、营改增对服务业结构转型的影响、企业所得税对资本形成效率的影响，并在实证分析的基础上论述现行财税政策在促进资本形成过程中存在的问题，进而提出构建合理财税政策的对策，以促进我国资本形成效率的提高。

　　本书之所以能够顺利出版，是很多部门和同志鼎力支持的结果。首先，感谢江西财经大学财税与公共管理学院的鼎力支持，资助本书出版；其次，对支持我们调研工作的江西省财政厅、国家税务总局江西省税务局和企业表示衷心感谢！这些部门为项目开展的调查研究提供了大量便利和协助；再次，感谢为本项目提出宝贵意见的各位专家，江西财经大学的王乔教授、陶长琪教授、李春根教授等为项目的研究把脉问诊，提出了极具建设性的建议；最后，对参与此项研究工作并付出辛勤努力的各位老师及同学致以由衷的谢意，尤其是匡小平教授、廖汗成副教授、彭元教授、江云博士和廖韫琪、廖蔚根、张寒冰等同学都付出了大量的劳动，群策群力保证了项目的圆满完成！最后，还要感谢人民出版社的吴焰东编辑为本书的出版所付出的努力，使报告得以成书。当然，本书仅是对提升资本形成效率的财税政策进行了初步的研究，今后还需随着经济增质提效的发展和政策的变化进一步追踪研究。还望读者多提宝贵意见，帮助我们提高研究水平，在此，一并致以谢意！

作　者

2019 年 8 月